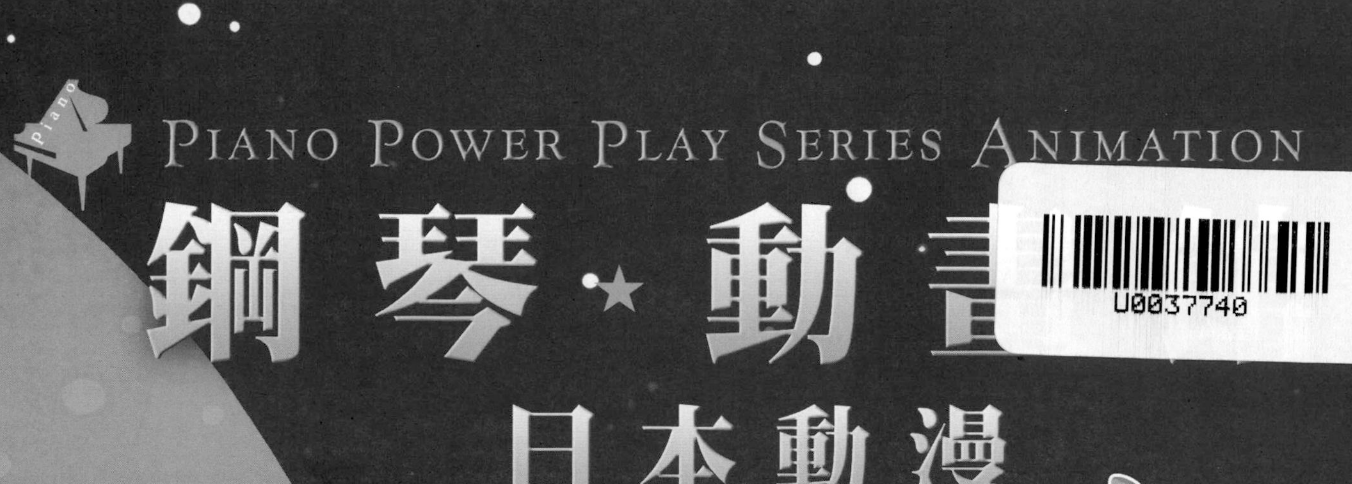

鋼琴★動畫

日本動漫

★左右手鋼琴五線套譜★

★原曲採譜、重新編曲、適合進階彈奏者★

★內附日本語、羅馬拼音歌詞★

★附MP3全曲演奏示範★

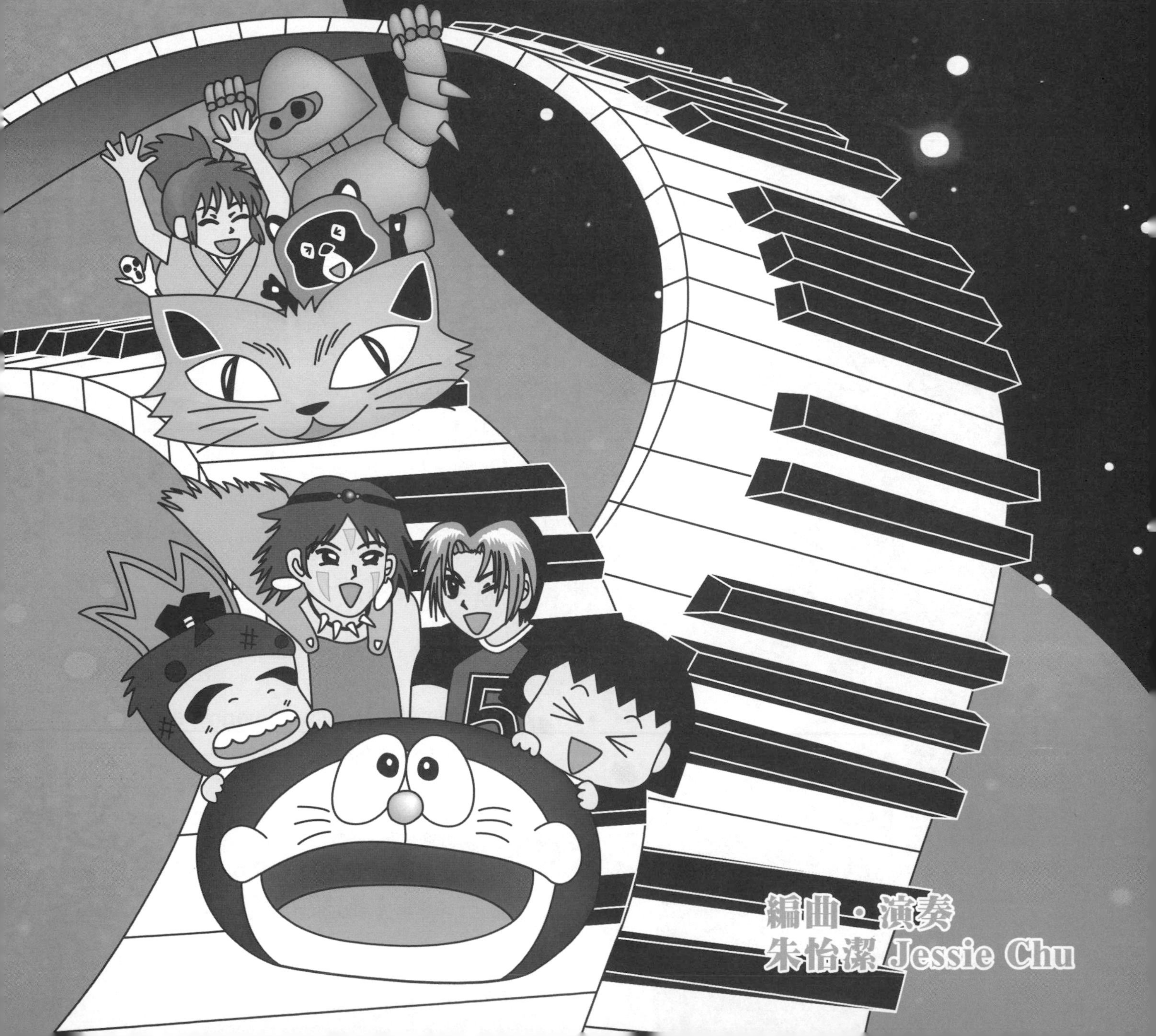

編曲．演奏
朱怡潔 Jessie Chu

PIANO POWER PLAY SERIES ANIMATION

目錄

CONTENTS

示範音檔QR Code說明

完整的演奏示範音檔MP3請至「麥書文化－好康下載」處下載，共有3個壓縮檔。（須加入麥書文化官網免費會員）

https://bit.ly/2v0pkvX

作者序

一本書，是一個夢想的實現。

音樂的路走來不易，卻處處充滿驚奇。七歲時，因為不肯練貝多芬的「給愛莉絲」（**Für Elise**），被媽媽拿玩具刀滿屋子追殺。當時的我對鋼琴沒什麼好感。長大才發現，原來鋼琴就像青梅竹馬的玩伴—吵吵鬧鬧，卻永遠最重要。

多少次為了玩音樂險些荒廢學業，多少次在音樂廳裡感動掉淚，多少次發下宏願，要寫出流芳百世的名曲……最孤單的時候，音樂肯定了我的存在。

成長過程中，很幸運地擁有一群良師益友，喚醒我的音樂靈魂。他們的耐心傾聽，幫助我更清楚地聽見自己。如果我的人生是一首歌，他們就是其中最具張力的和聲。因為他們，曲子才有了深度。

打開一本譜，每顆音符都有無限可能，被不同的演奏（唱）者賦予不同生命。每一種個性化的詮釋，都將讓這本譜變得獨特。我珍惜寫譜人與讀譜人之間這份微妙互動，也期待各路英雄不吝賜教。

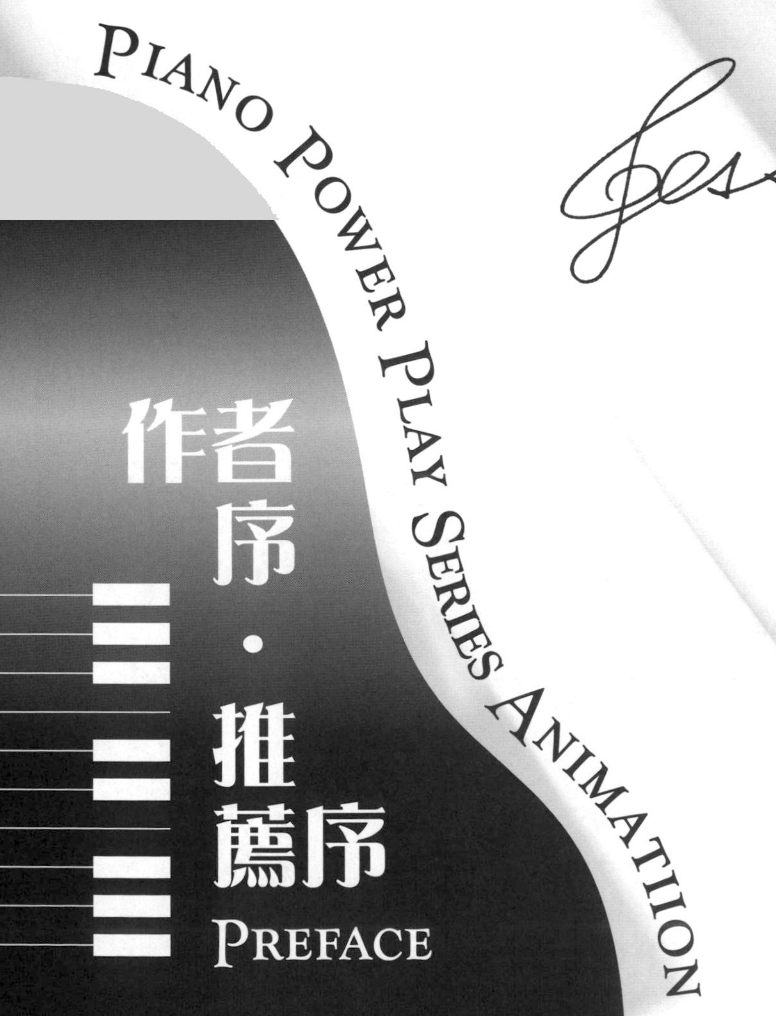

Jessie

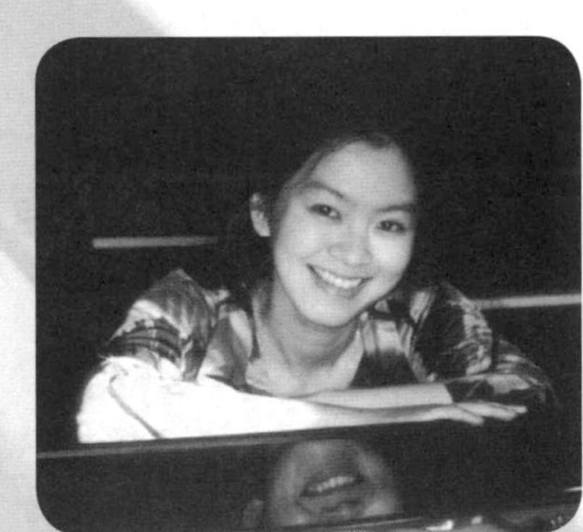

朱怡潔

星座
有點叛逆的獅子座

血型
可以捐給任何人的O型

最愛的一句話
生命就該浪費在美好的事物上

最欣賞的音樂人
久石讓、Secret Garden、Ennio Morricone

著作
鋼琴動畫館（日本、西洋）
超級星光樂譜集
交響情人夢鋼琴演奏特搜全集
愛星光精選—昨天今天明天
Hit 101《中文流行鋼琴百大首選》
經典電影主題曲30選
iTouch《就是愛彈琴》鋼琴雜誌
婚禮主題曲30選

推薦序

Jessie頭一天來上鋼琴課，我有種一見如故的感覺。一問之下，原來我們很早就見過了。四年前，我去幫學生買琴，她正好在那家琴行打工。

真正認識她，是從鋼琴課開始。教過這麼多學生，Jessie是最古靈精怪的一個。從小按部就班修習正統音樂的我，很難想像Jessie彈琴怎能那樣輕鬆？她視譜能力超強！拿到一分新譜，大夥兒還在一顆一顆數著豆芽菜，她已經搖頭晃腦彈得有來有去，準確度高於百分之九十。

她也擁有過人的聽力。流行歌、卡通歌對她而言，就像信手拈來的小玩藝兒，哪個小節該用哪個和弦，她一聽便知。

Jessie這個人天不怕地不怕，有一點叛逆。偶爾少根筋，卻總能運用她的聰明化險為夷。她說自己粗枝大葉，但她聽見我運動過度、手臂酸痛無法練琴，竟然細心到為我送來一瓶按摩藥膏。更驚人的是：她還能燒一手好菜！

跟Jessie的關係與其說是師生，倒不如說是相互琢磨的朋友。在她身上，我找到許多自己沒有的東西。對她除了惜才之心，還有幾分羨慕。她腦子永遠轉得飛快，裝滿點子和夢想。看見她第一本書付梓，我衷心為她高興，也祝福她的理想一一成真。

王犁檔案：

華裔加拿大青年鋼琴家

（1974年出生於北京 ，其父王燕樵亦為當代著名華人音樂家。）

獲獎紀錄：

2003 愛爾蘭都柏林國際鋼琴大賽亞軍　愛爾蘭交響樂團大獎

2002 美國第九屆密蘇里國際鋼琴大賽亞軍

2001 第八屆巴西聖保羅自由藝術國際鋼琴大賽冠軍

2001 匈牙利布達佩斯國際李斯特鋼琴大賽決賽入圍

1999 加拿大首屆蕭邦鋼琴大賽冠軍

1997 第三十七屆巴塞隆納國際鋼琴大賽季軍

Oct 22. 2004

Toronto

【哆啦A夢 Doraemon】主題曲 

哆啦A夢之歌

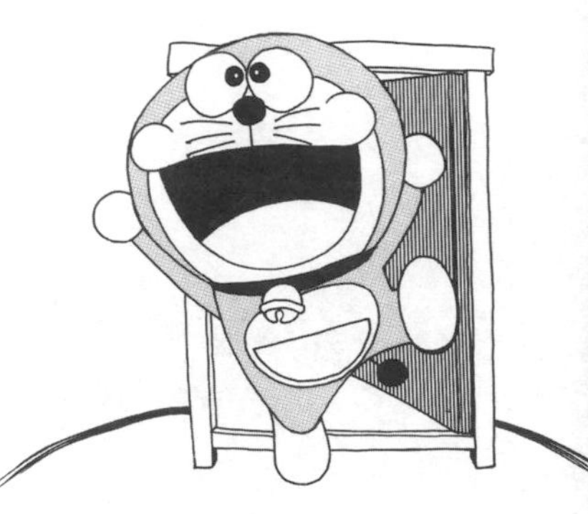

曲目解析

第7小節的反向音階略具難度，如果覺得太難，左手可只彈和弦根音（A）。第9小節旋律開始，左手低音可加入些許斷奏。曲子出現大量三連音和附點八分音符，務必留意拍子的準確度，才能表現出流俐活潑的立體感。

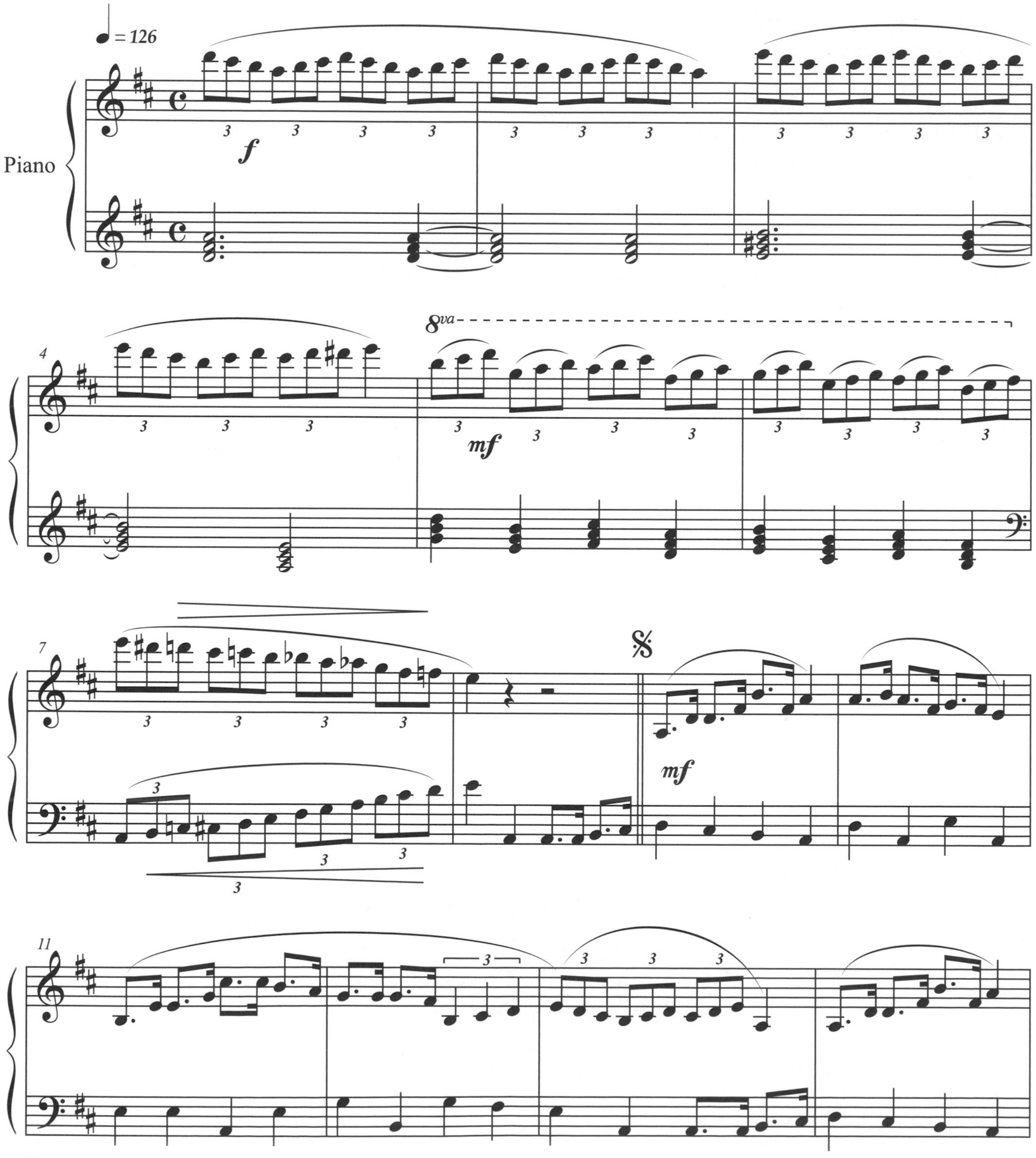

♩= 126

Piano

f

4

8va

mf

7

𝄋

mf

11

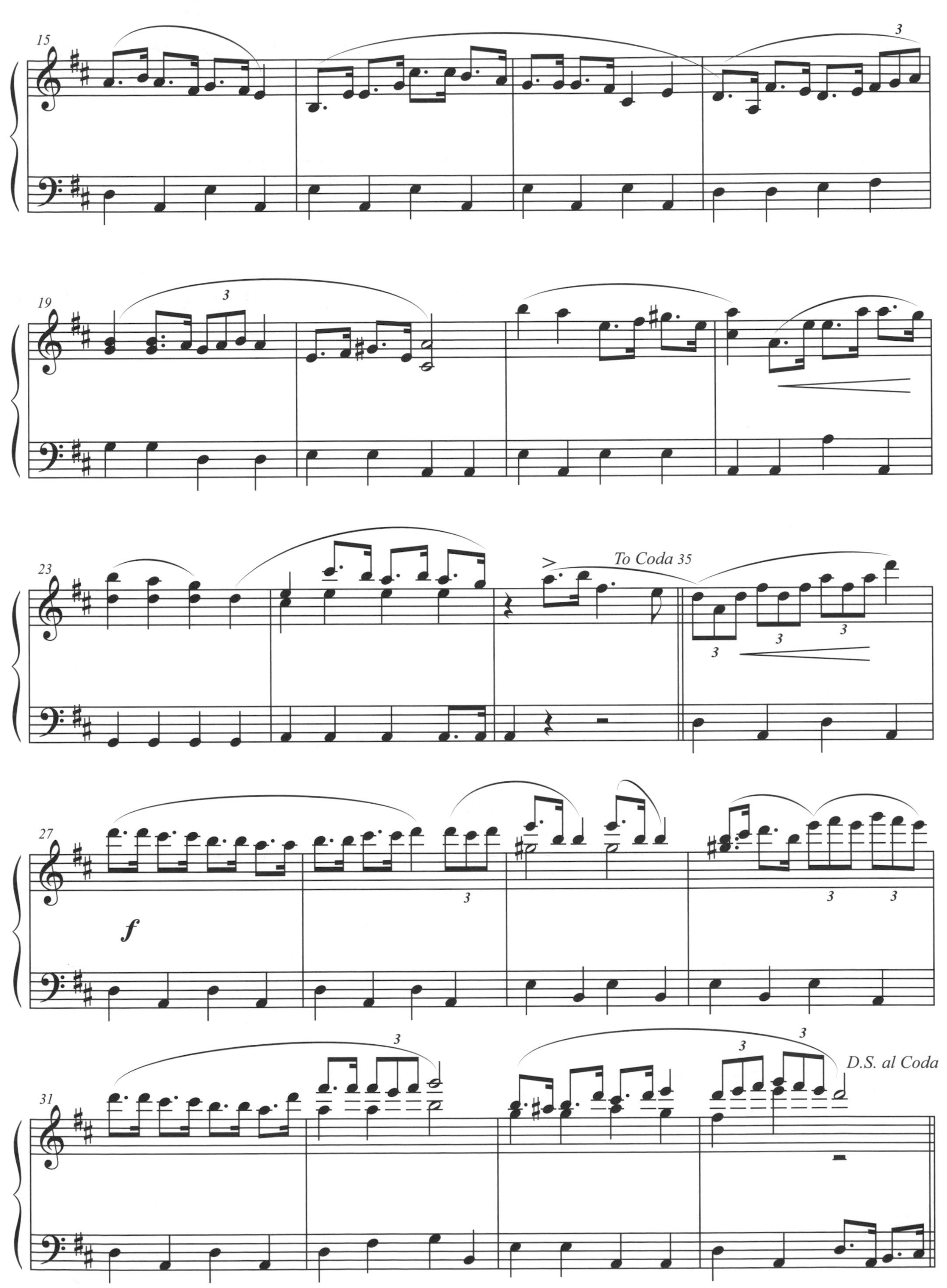
15
19
23
To Coda 35
27
f
31
D.S. al Coda

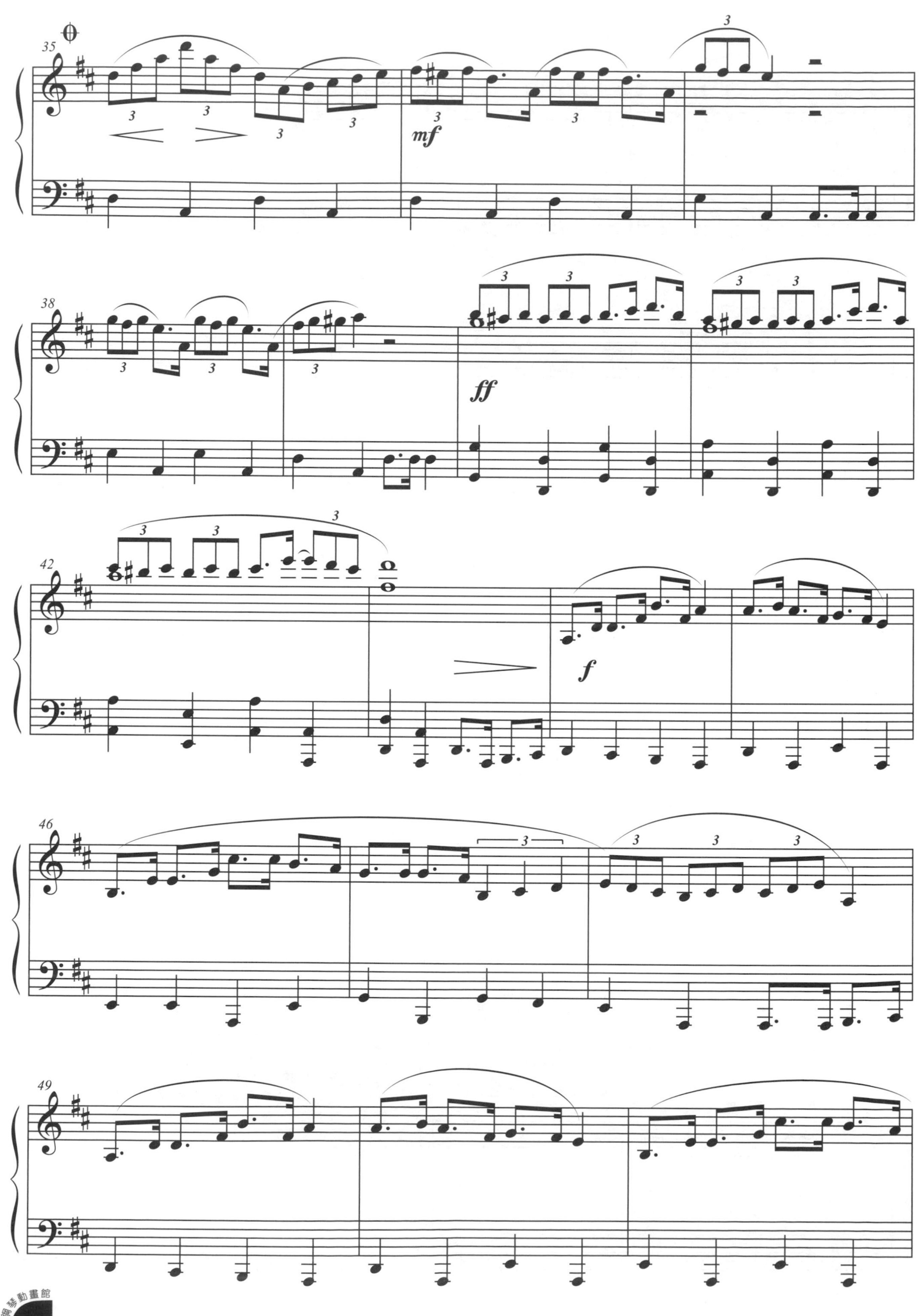
35
mf
38
ff
42
f
46
49

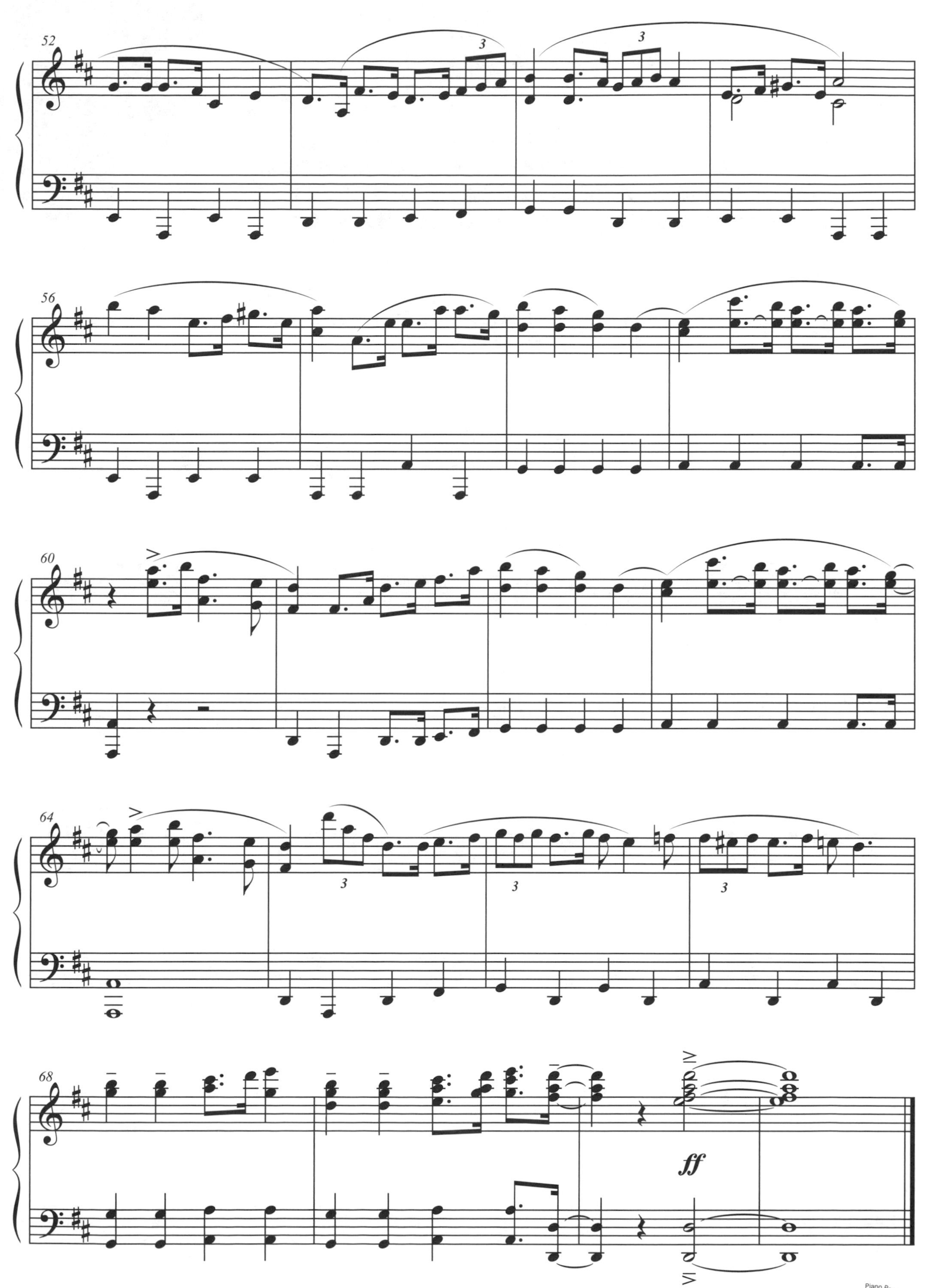
52
3
3
56
60
64
3
3
3
68
ff

【地海戰記 Tales from Earthsea】主題曲

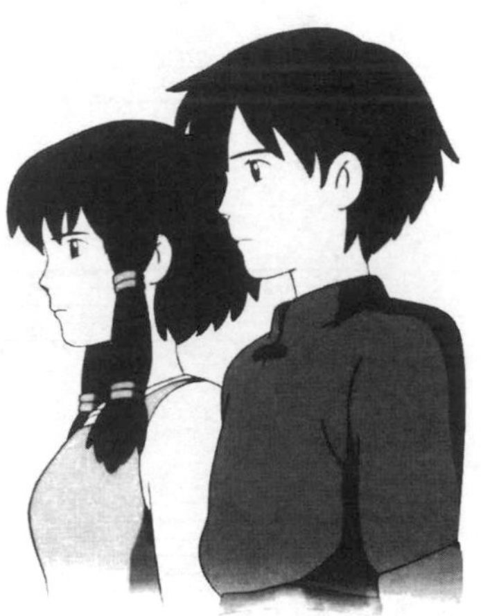

瑟魯之歌

曲目解析

前八小節在原曲中是清唱，因此用無伴奏的單行旋律來表現空靈感。第9小節左手和弦輕輕墊入，同樣的伴奏概念持續到21小節，兩小節間奏導入分量較重的第二段旋律，左右手音域偏近，營造方正沉穩氛圍。46小節開始進入第三段，右手旋律高八度，左手伴奏也更豐富，進入曲子的高潮。

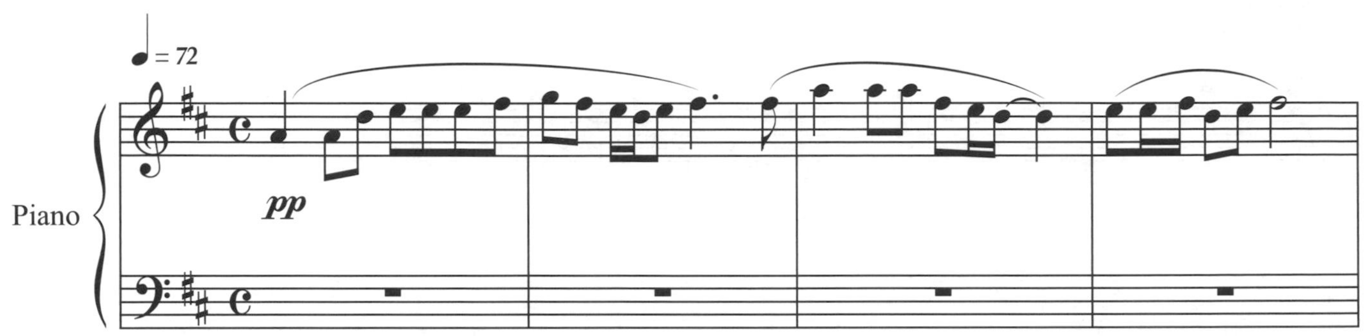

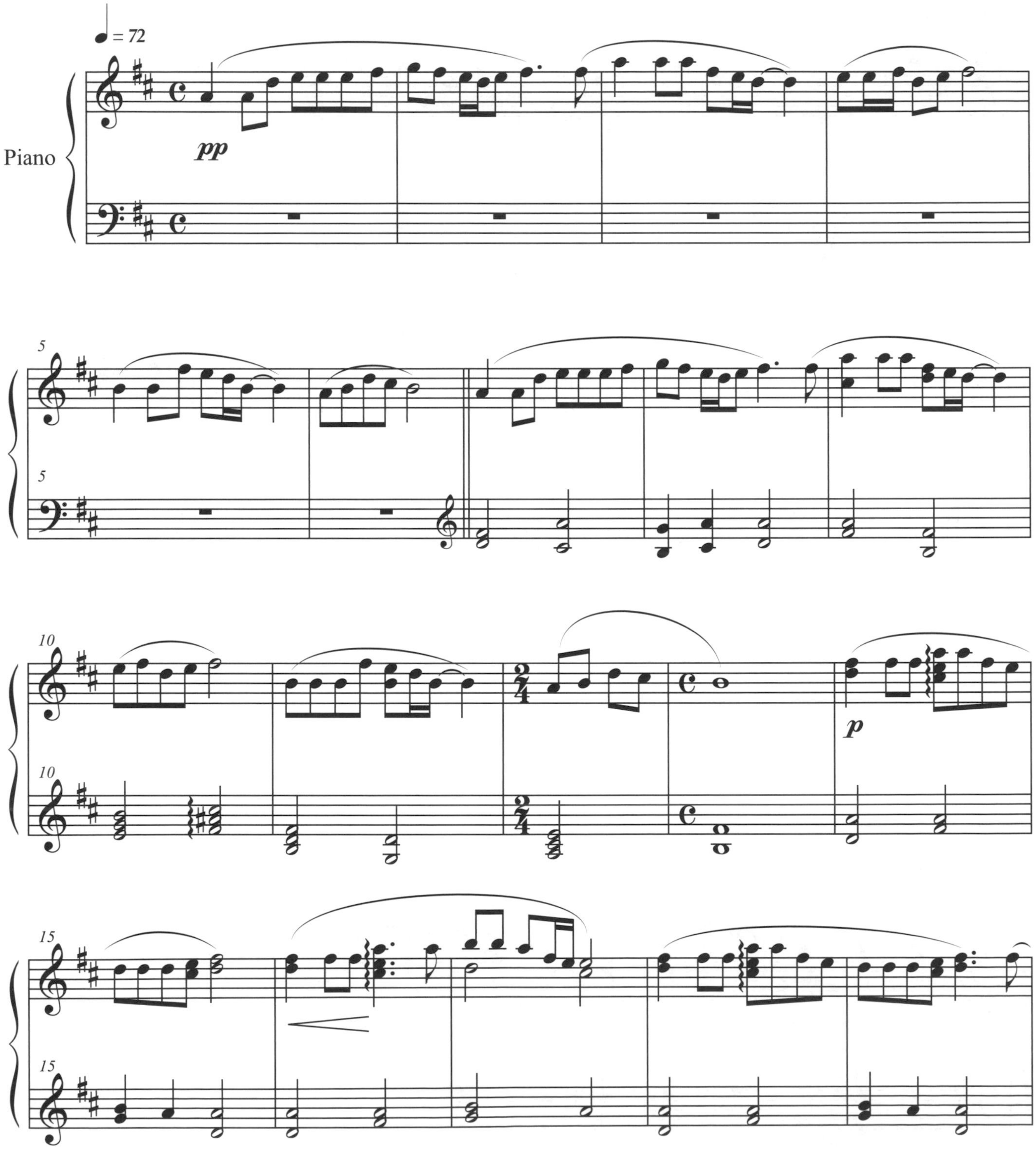

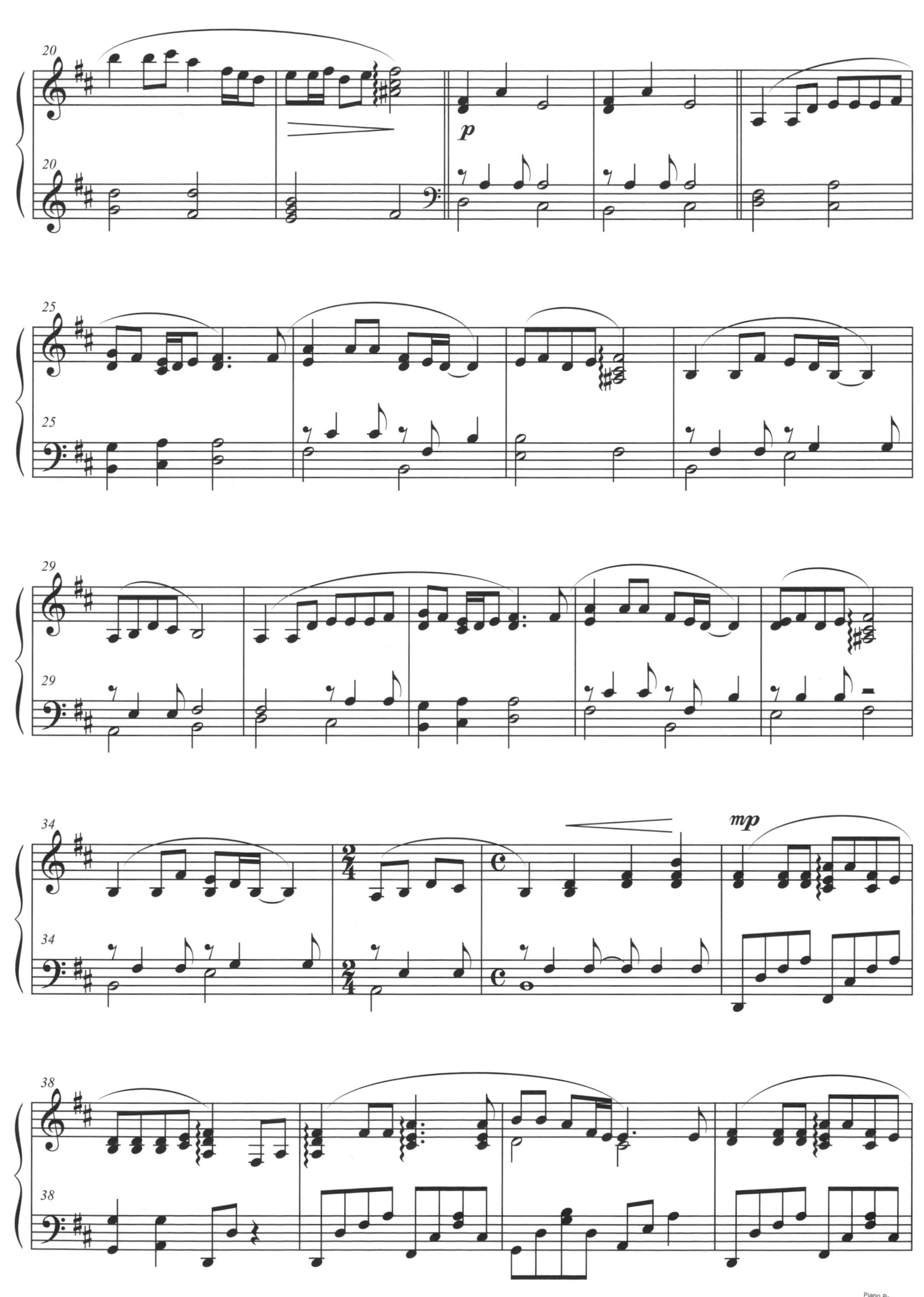
20
p
25
29
34
mp
38

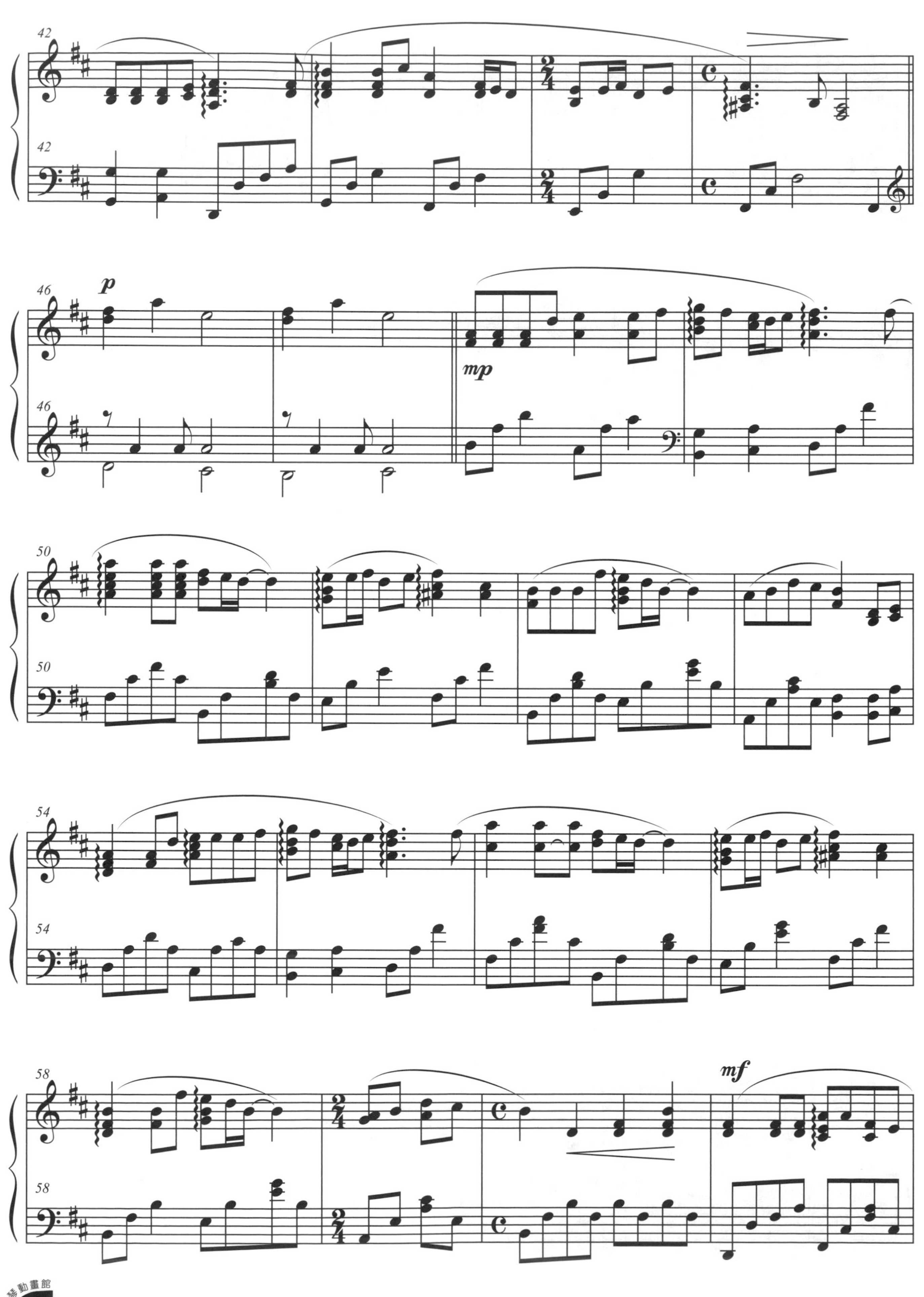
42
42
46
p
mp
46
50
50
54
54
58
mf
58

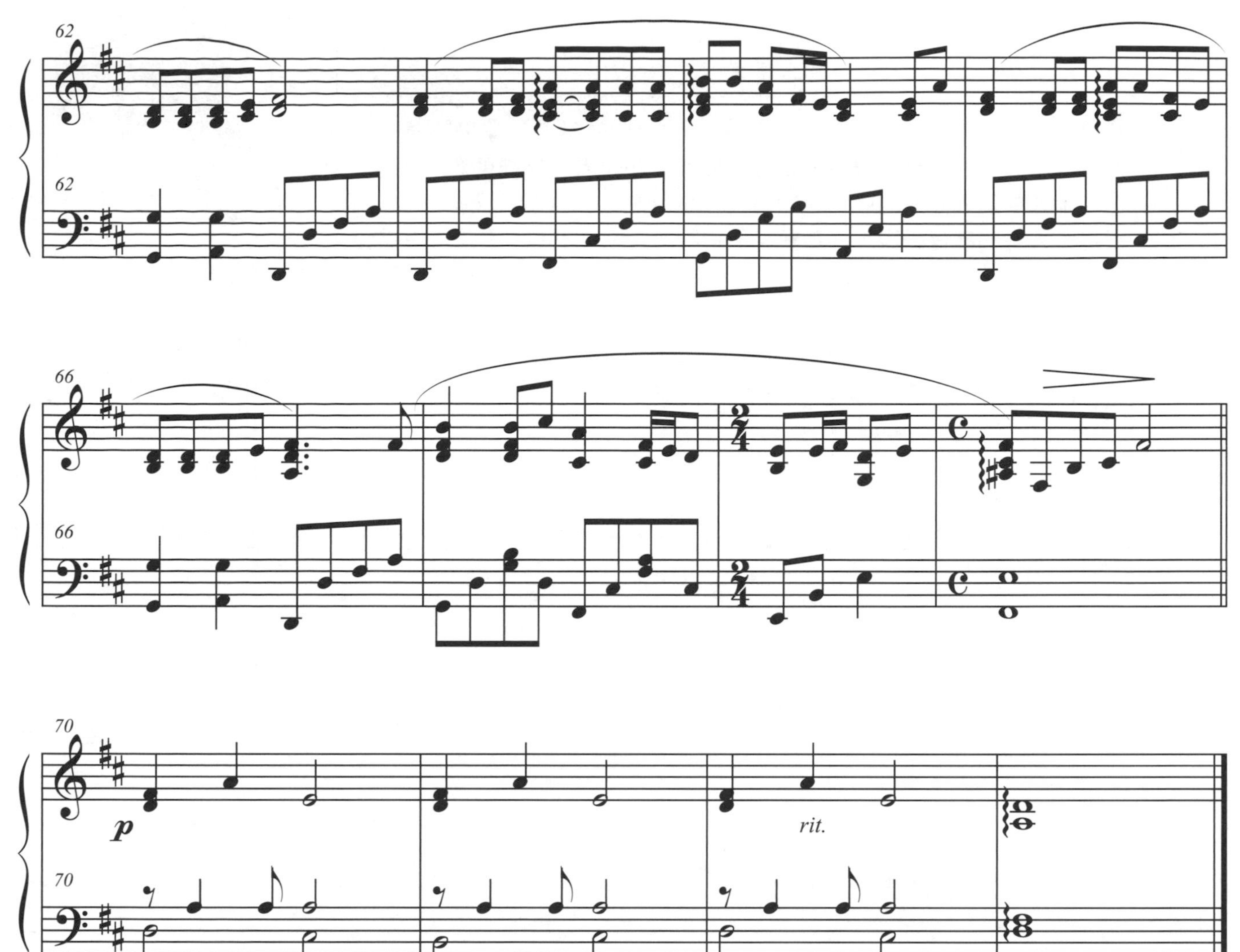
62
62
66
66
70
p
rit.
70

【鋼之鍊金術師 Full Metal Alchemist】插曲

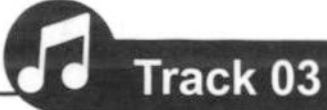

兄弟

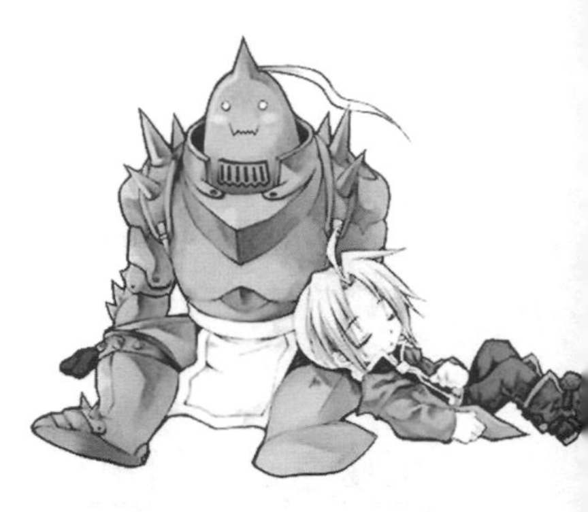

曲目解析

帶著濃濃哀戚的小調，調性和旋律都不難，也沒有太複雜的和聲，應在簡單的旋律中注入豐富的感情。間奏33 – 36小節的八度音程要整齊。左手伴奏用了大量的高音譜表，表現豎琴般清脆的音色，小心不要流於機械化。

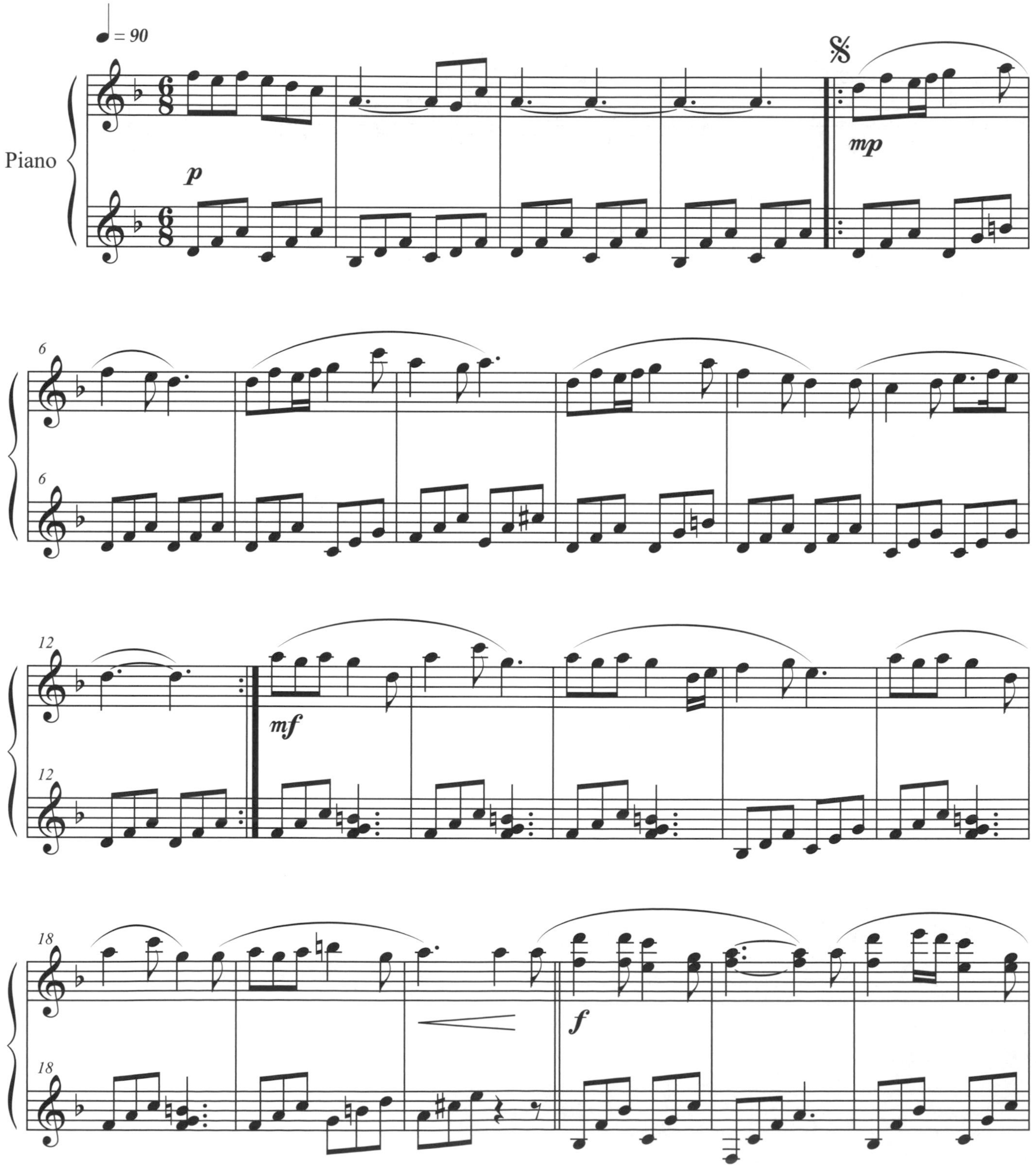

♩ = 90

Piano

p *mp* *mf* *f*

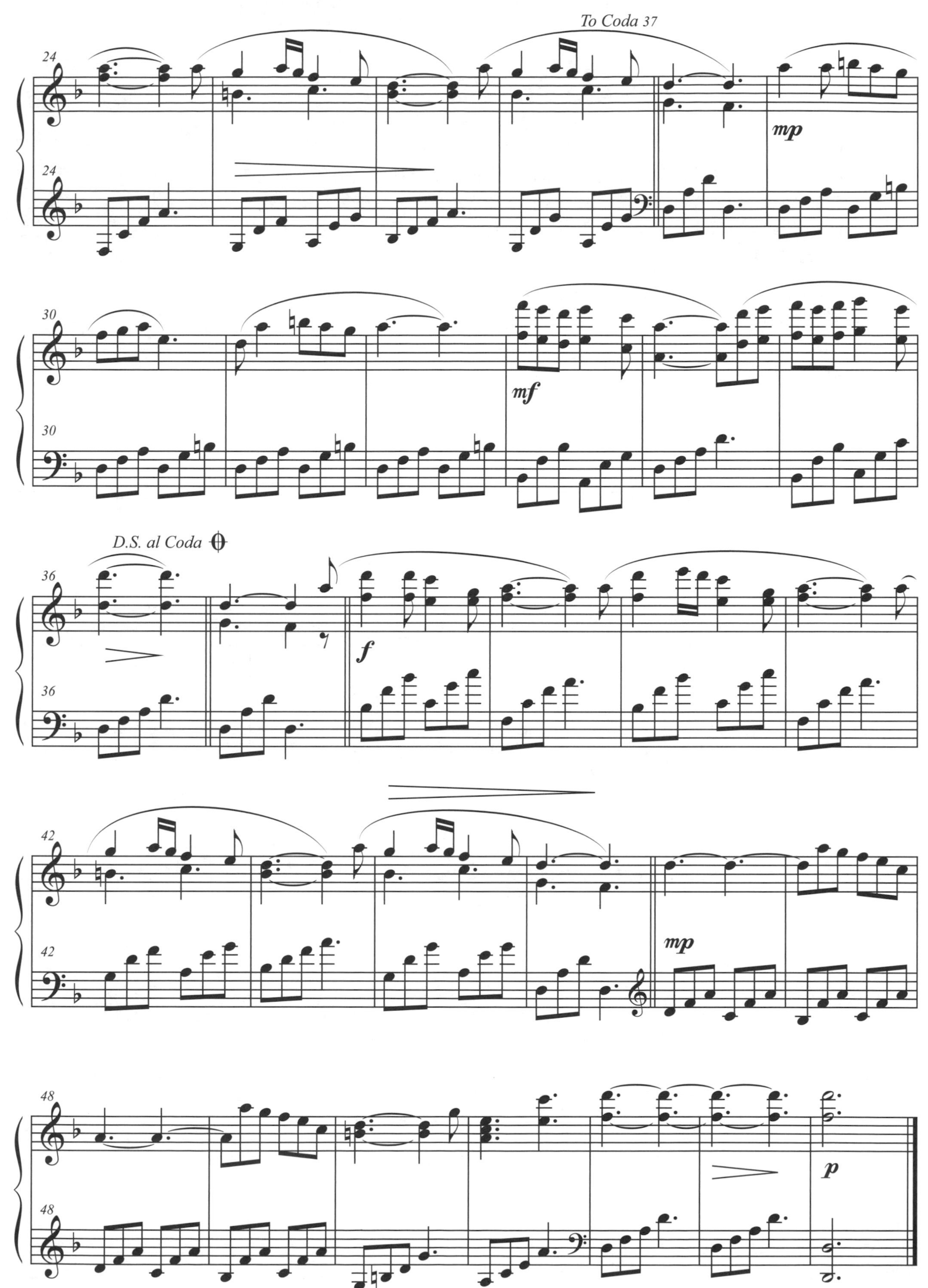
To Coda 37
D.S. al Coda
mp
mf
f
mp
p

【神隱少女 Spirited Away】主題曲

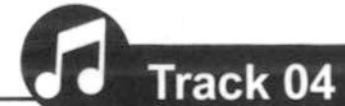

永遠常在

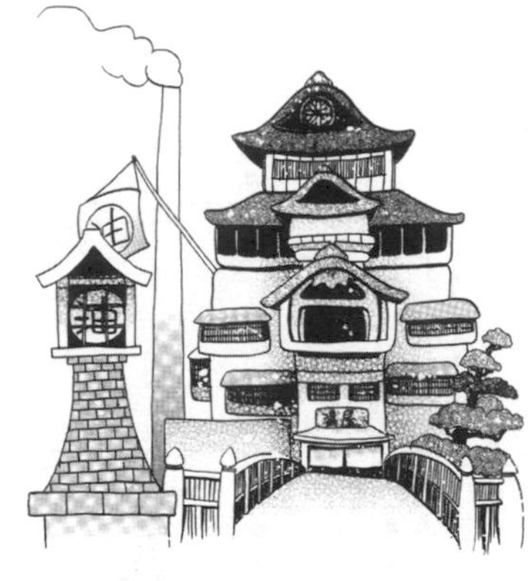

曲目解析

曲子的特色，在於左手伴奏第二拍乍聽之下似乎比首拍分量稍重，加上流暢的旋律線條，容易使人產生算不清拍子的迷濛感。右手的樂句要完整。同一旋律重複四次，每次的音色須略加變化，拍子也應富有彈性，營造出音樂的層次。

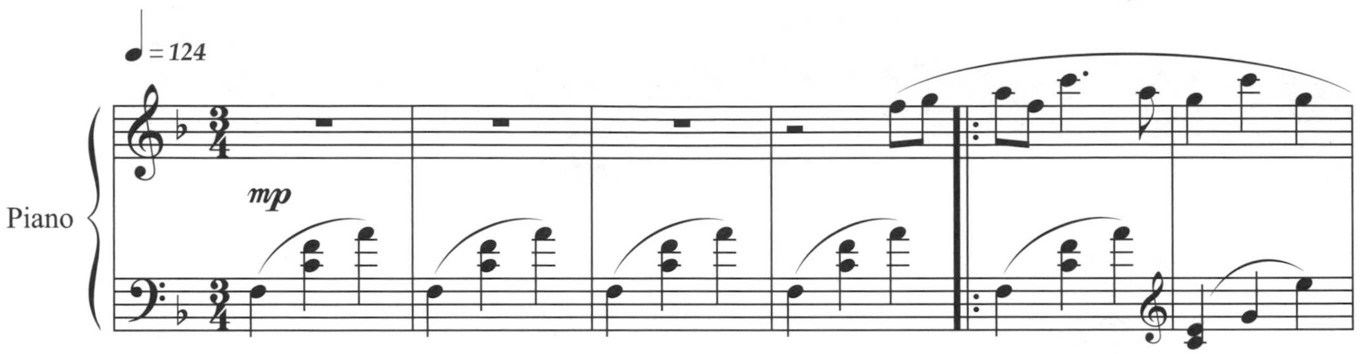

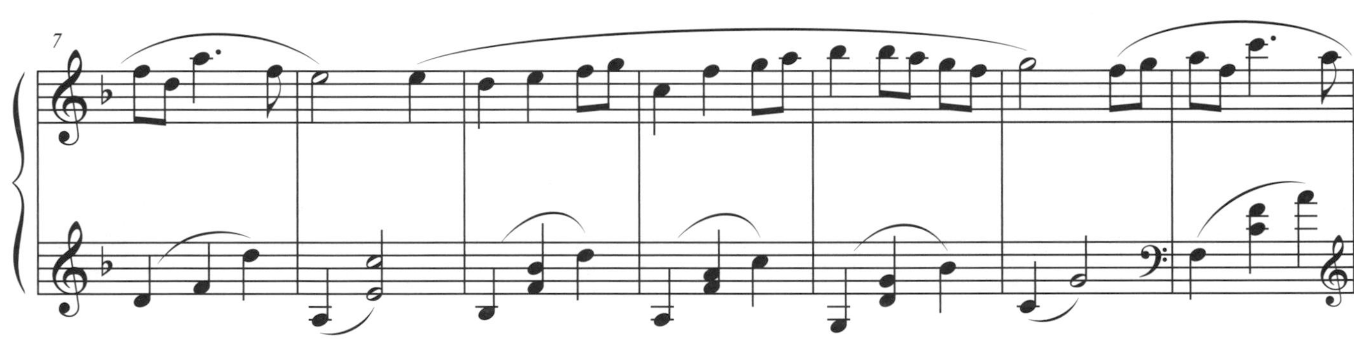

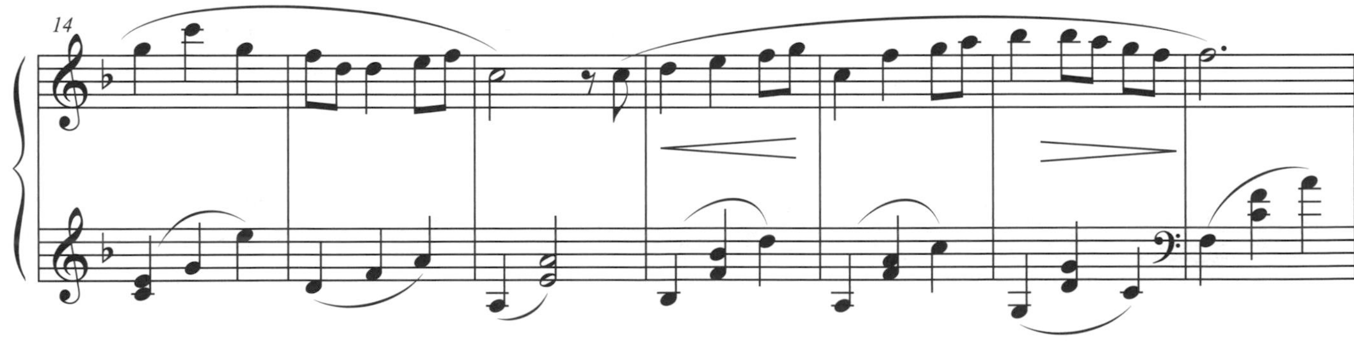

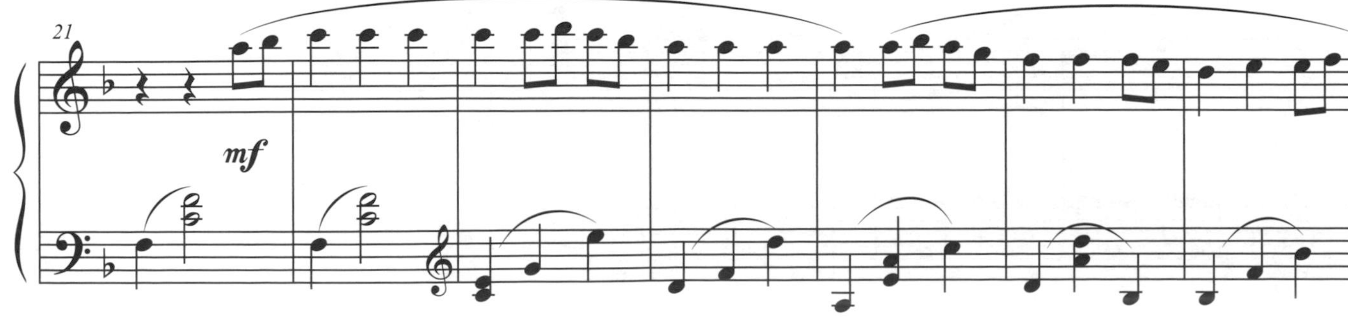

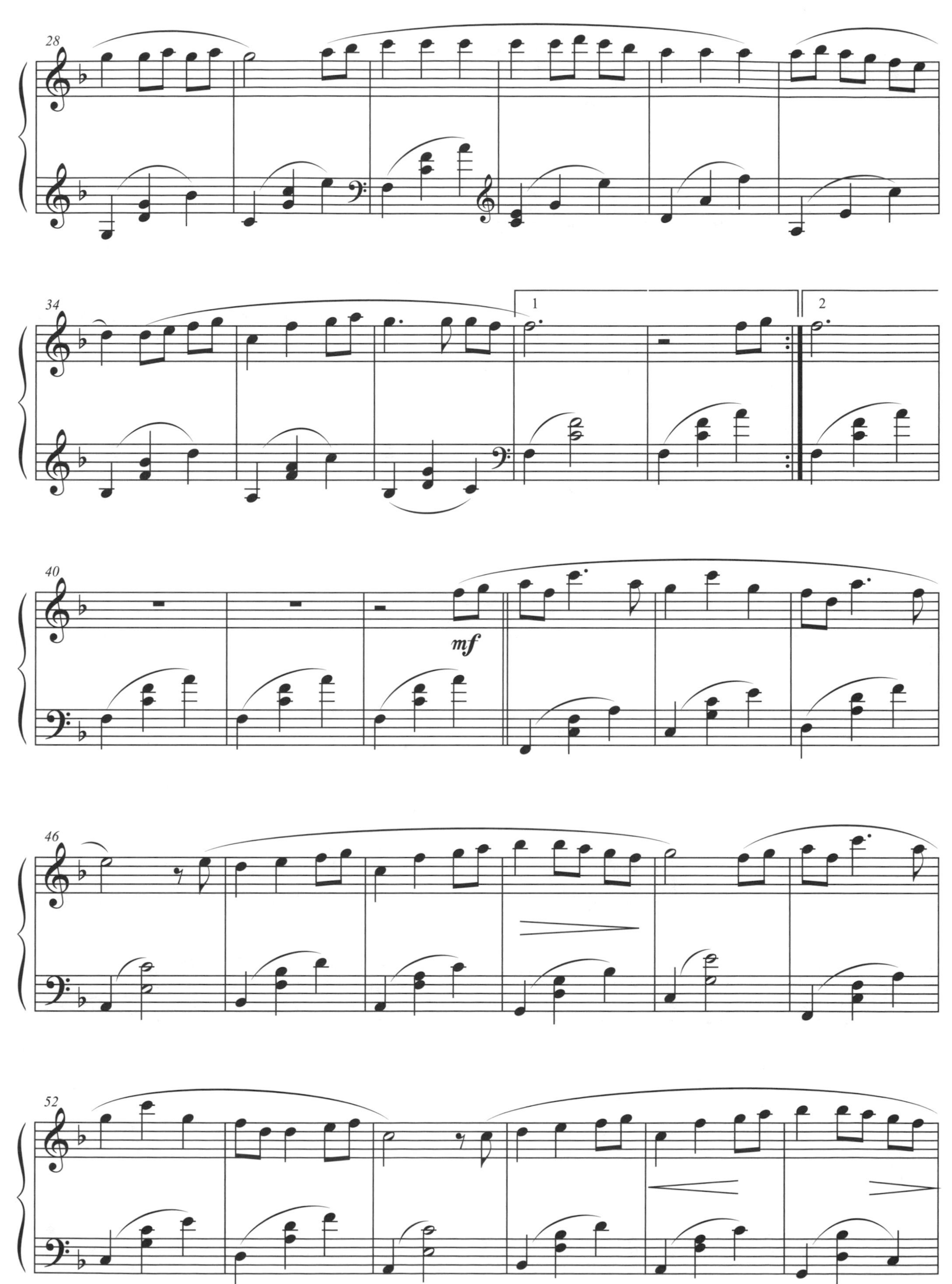
28
34
1
2
40
mf
46
52

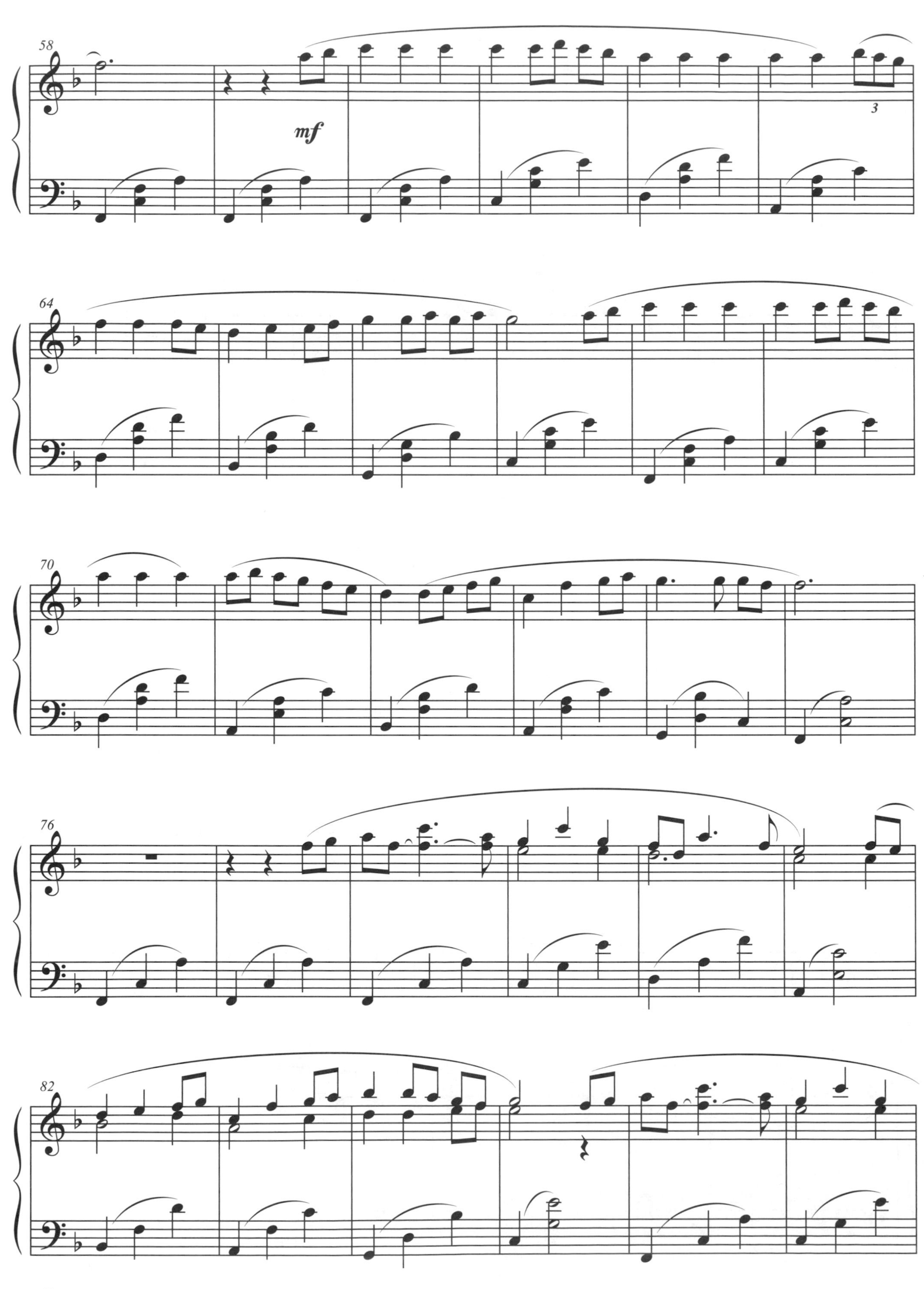
58
mf
3
64
70
76
82

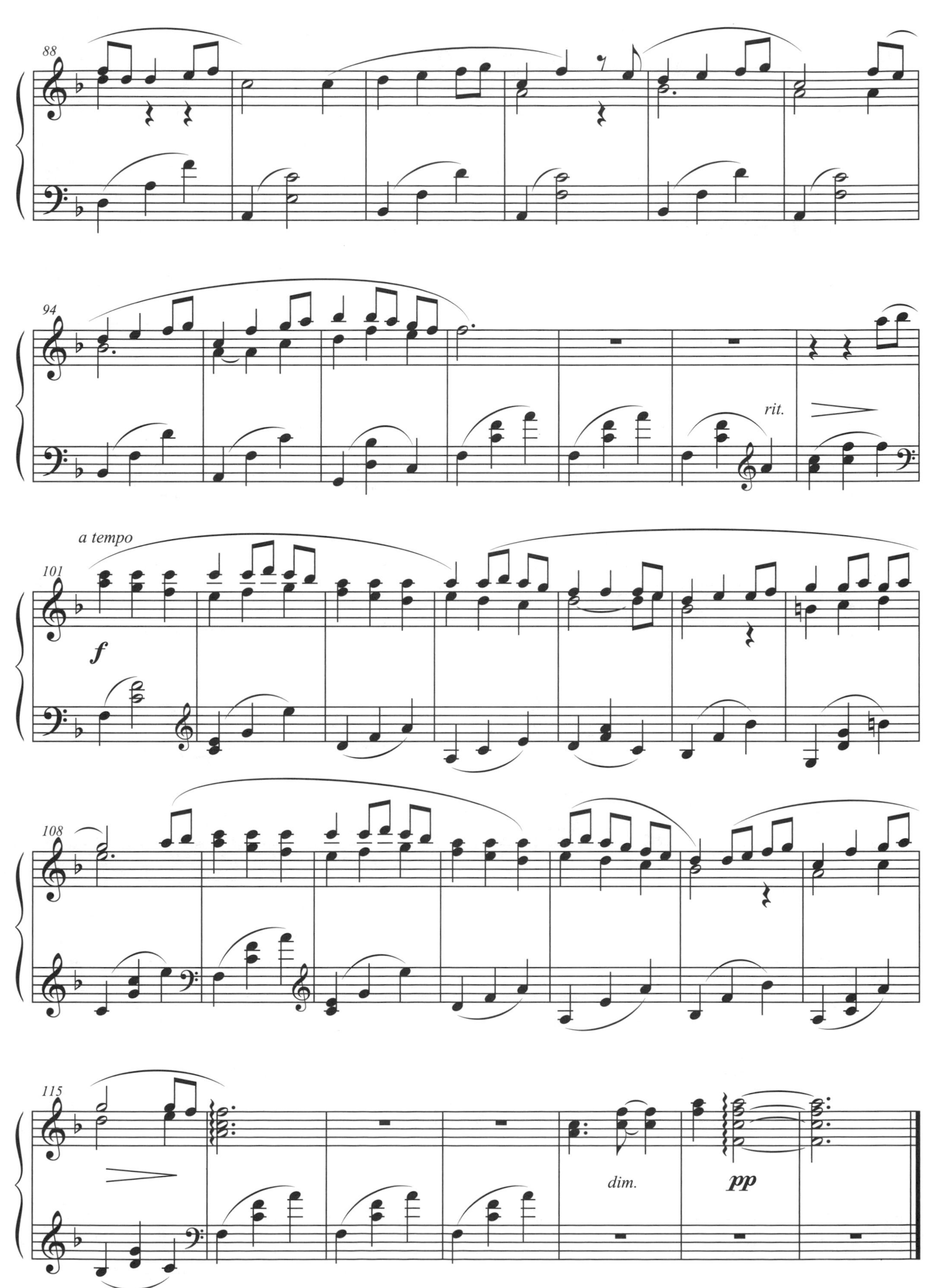
88
94
rit.
a tempo
101
f
108
115
dim.
pp

【神隱少女 Spirited Away】插曲 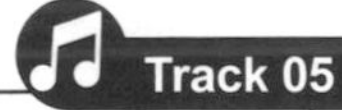

生命的名字

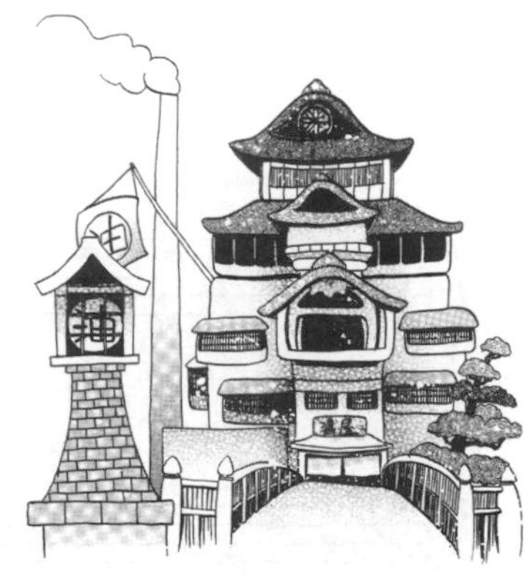

曲目解析

沒有升降記號，調性不難處理。前奏和弦本身即富神秘感，第5小節入歌，按照圓滑線勾勒出的樂句，在琴鍵上唱出悠揚的旋律。重拍（第一、三拍）用了許多琶音，上方的旋律音要清楚。48小節開始的副歌，右手涉及八度及較複雜的音程，66小節反覆重現副歌，是曲子的高潮。

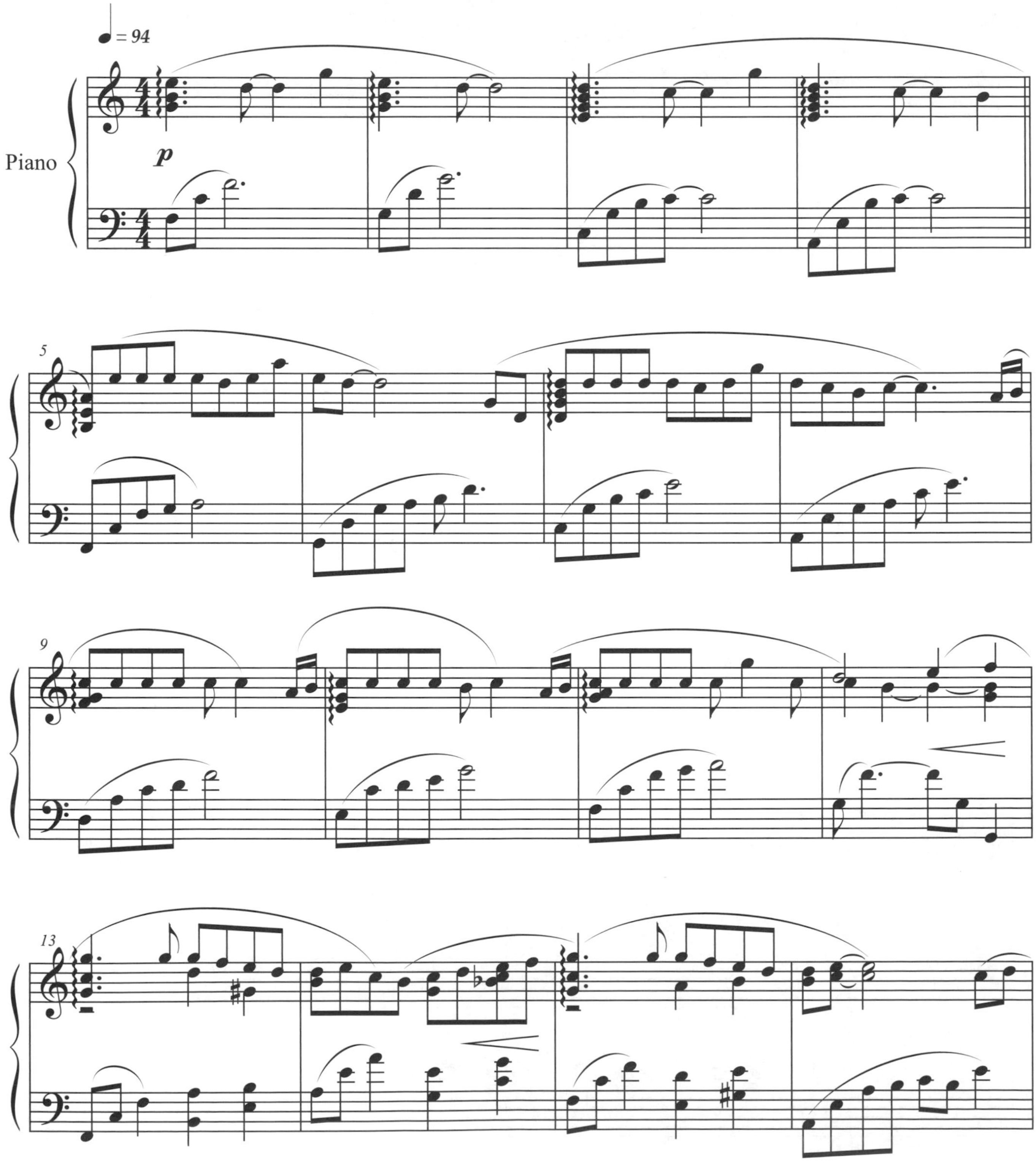

♩= 94

Piano

p

5

9

13

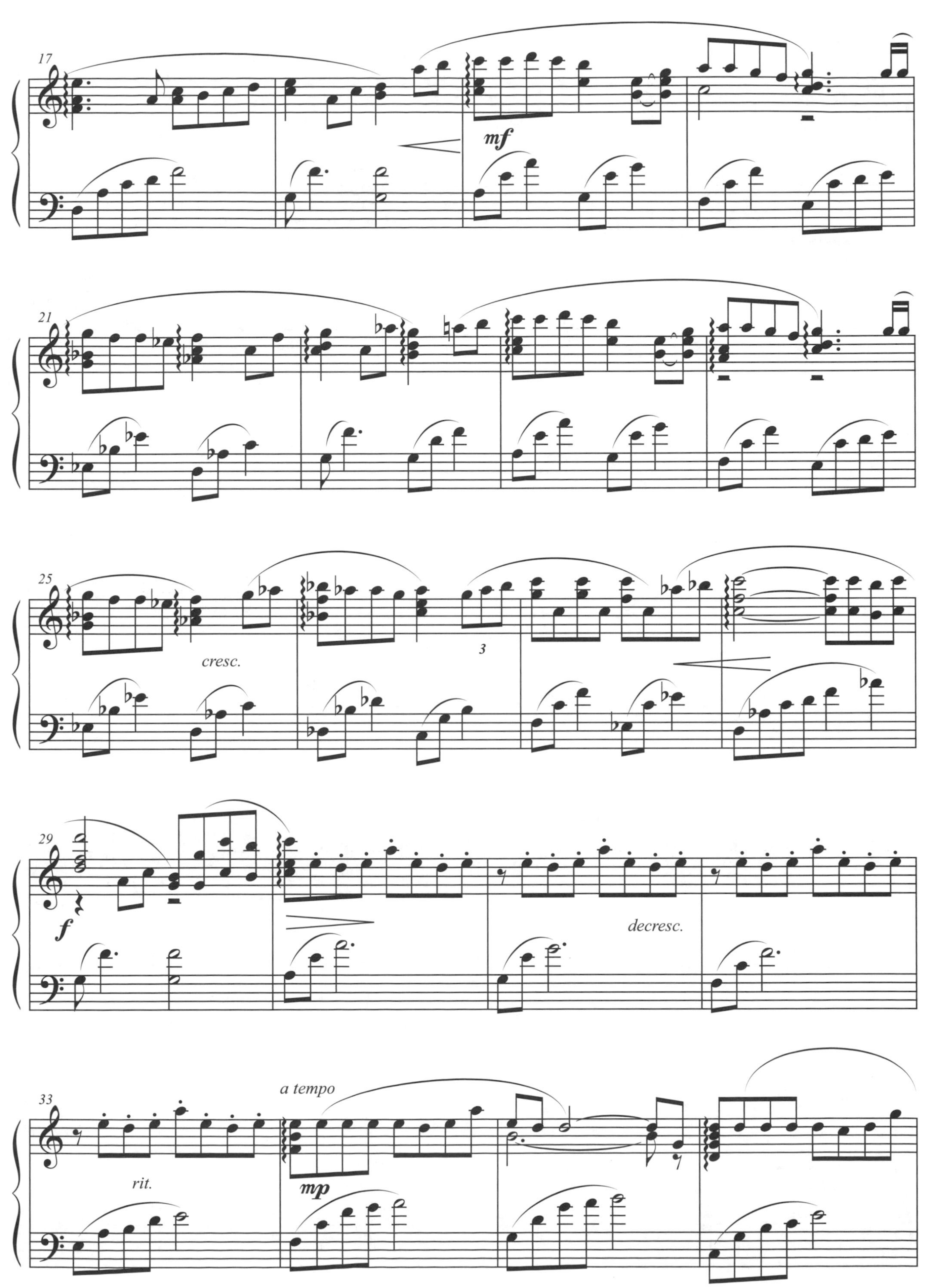
17
mf
21
25
cresc.
3
29
f
decresc.
33
a tempo
rit.
mp

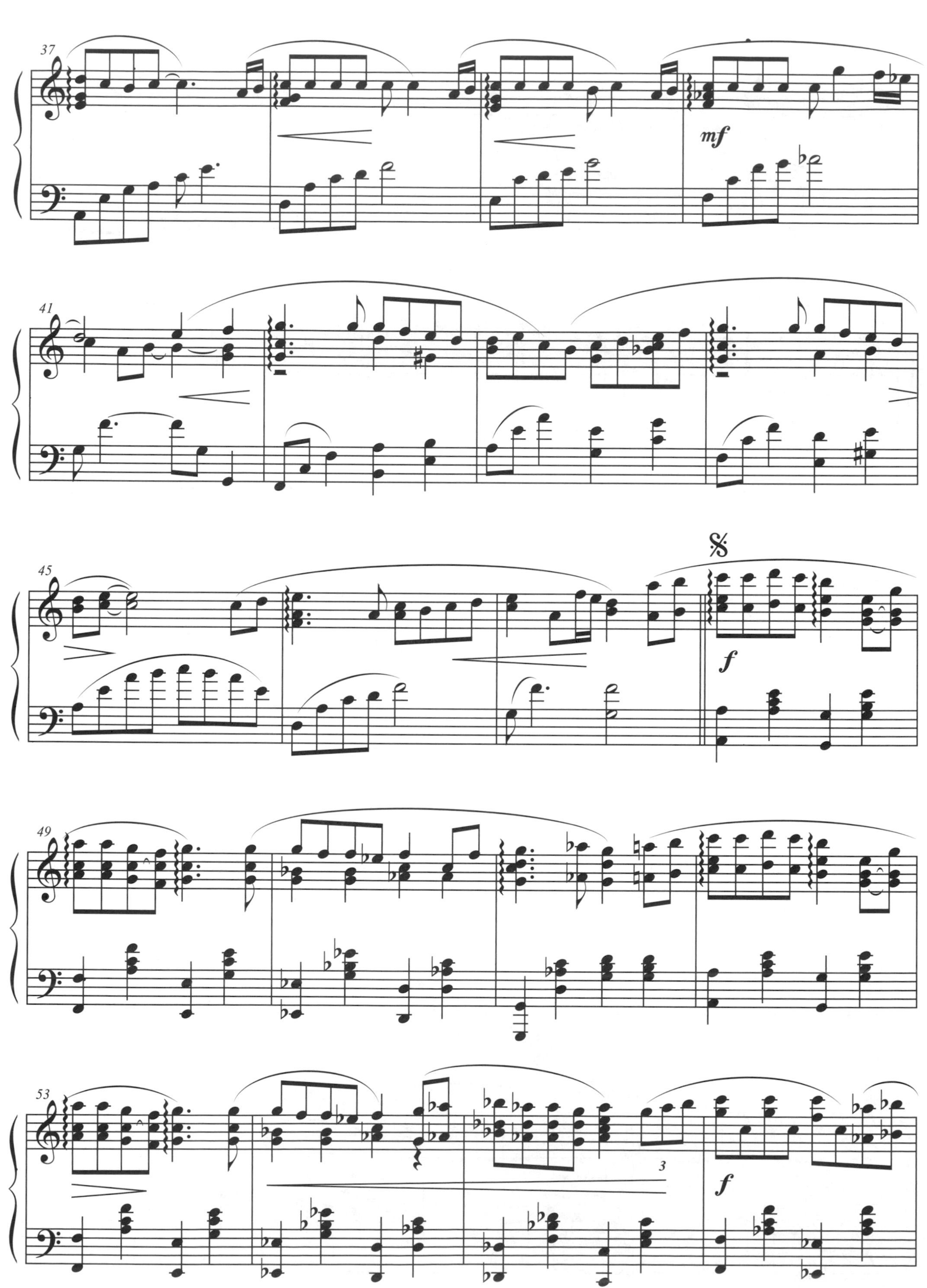
37
mf
41
45
f
49
53
3
f

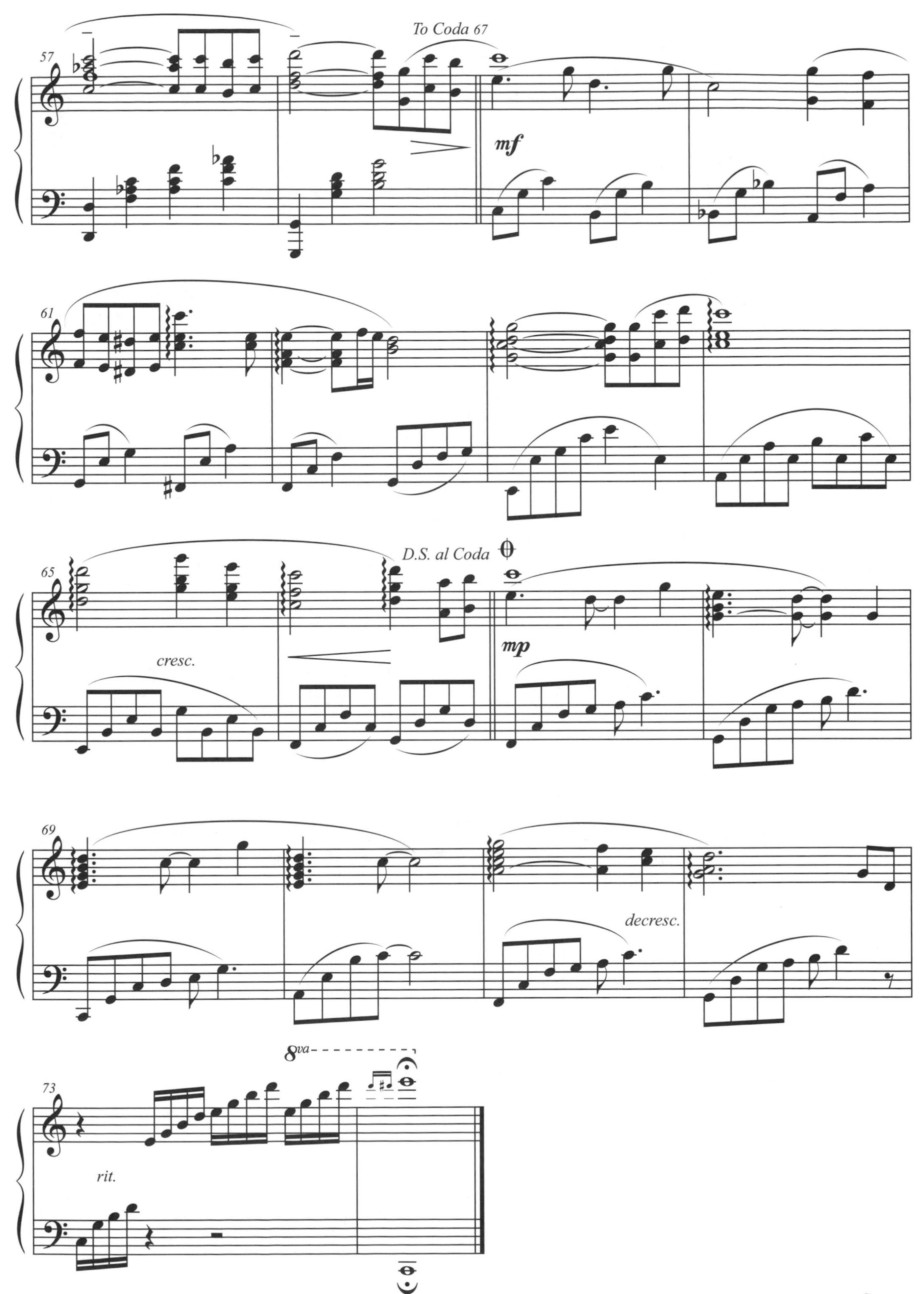
To Coda 67
mf
cresc.
D.S. al Coda
mp
decresc.
8va
rit.

【神隱少女 Spirited Away】主題配樂

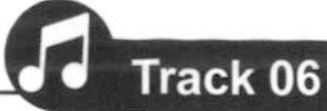

千尋華爾滋

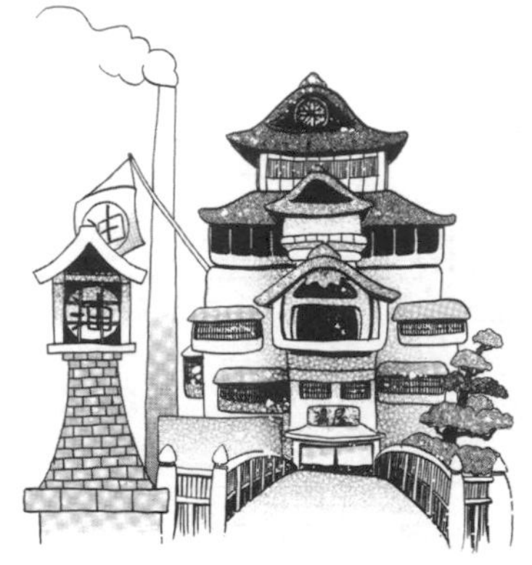

曲目解析

簡單但十分動聽的三拍子圓舞曲，無論右手的主旋律或左手的伴奏，都要畫出完整的線條。左手分解和弦音域從最低到最高音常橫跨十度，手掌要靈活移動。

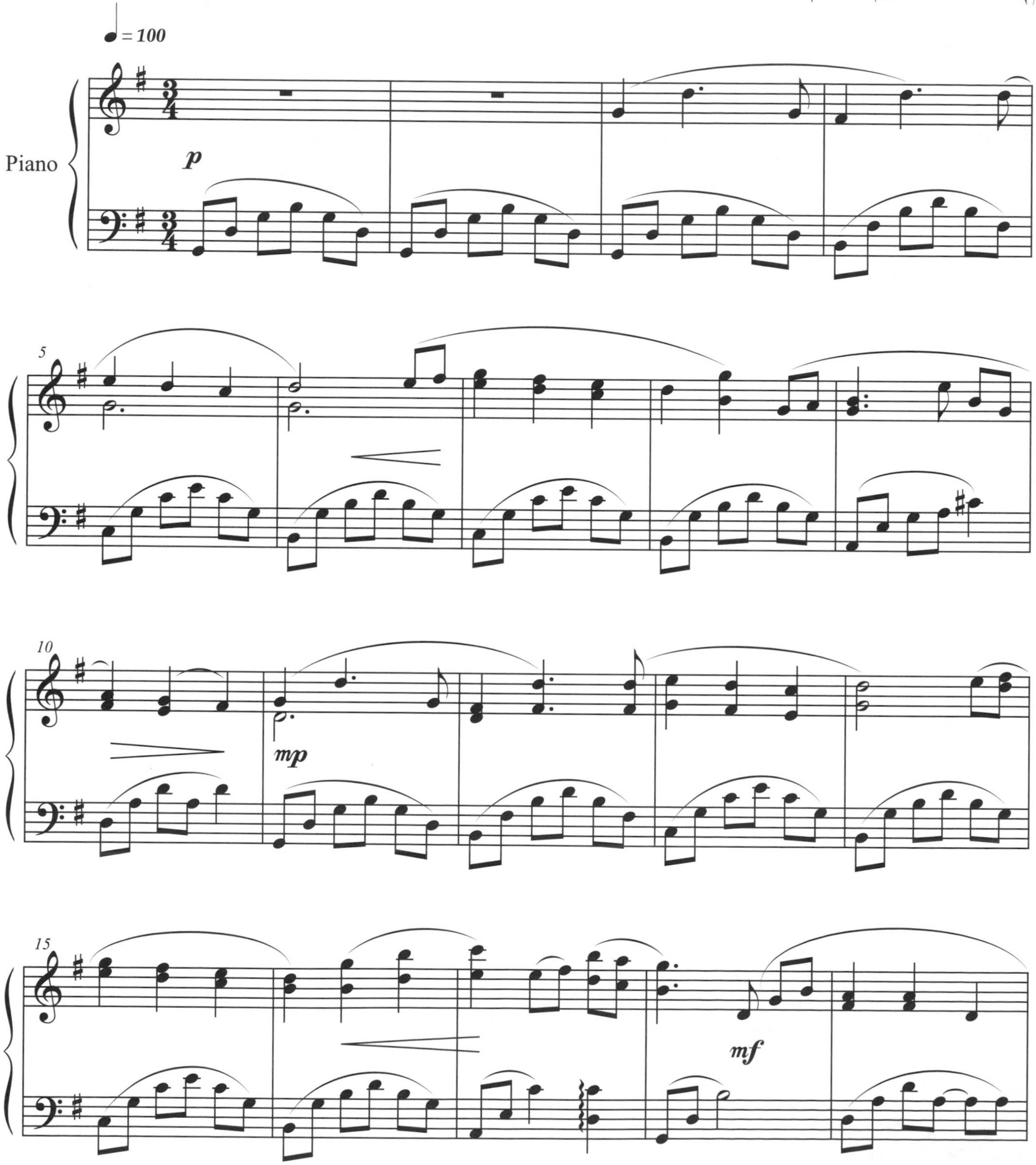

♩= 100

Piano

p

5

10

mp

15

mf

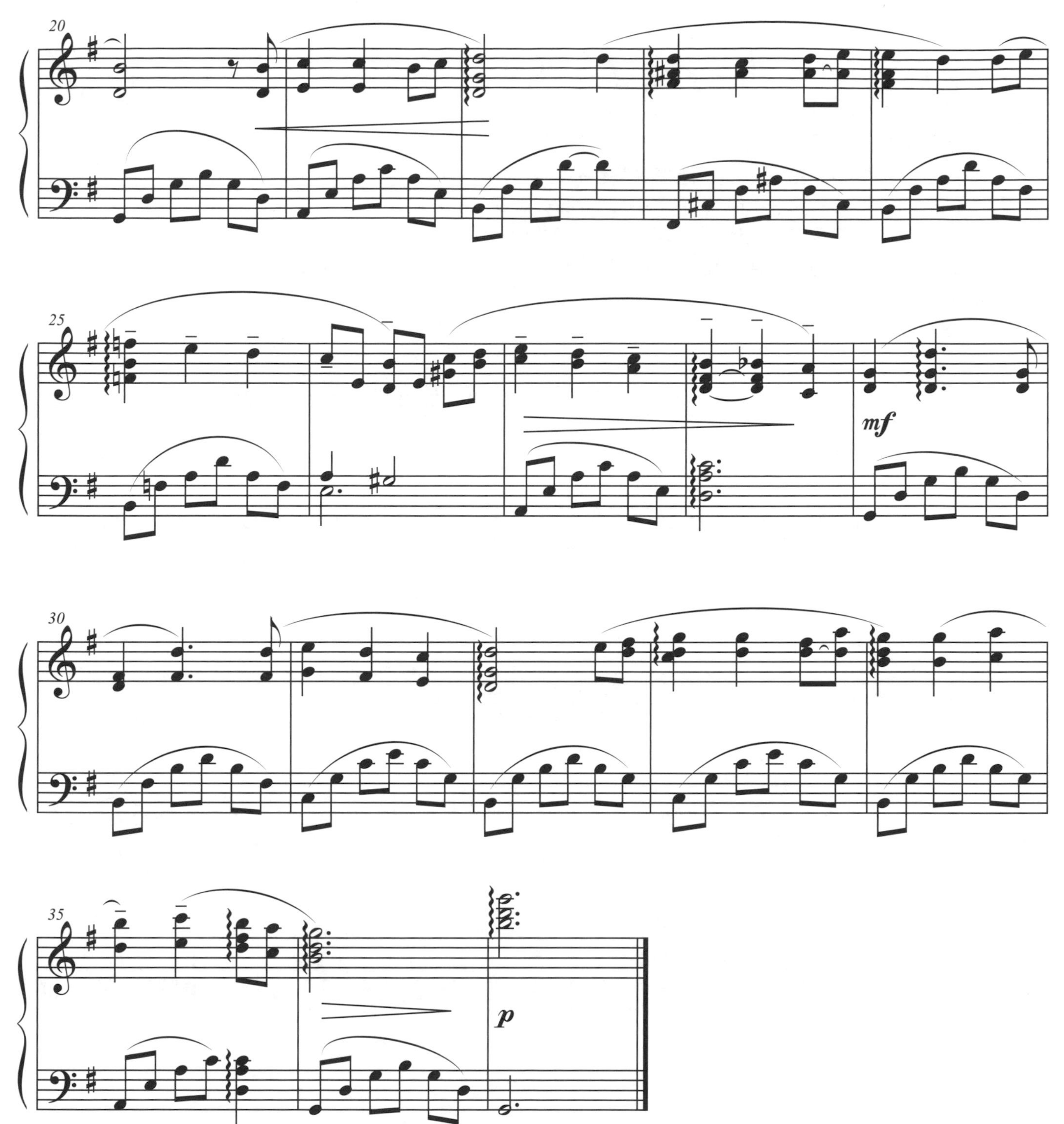
20
25
mf
30
35
p

【魔法公主 Princess Mononoke】主題曲

魔法公主

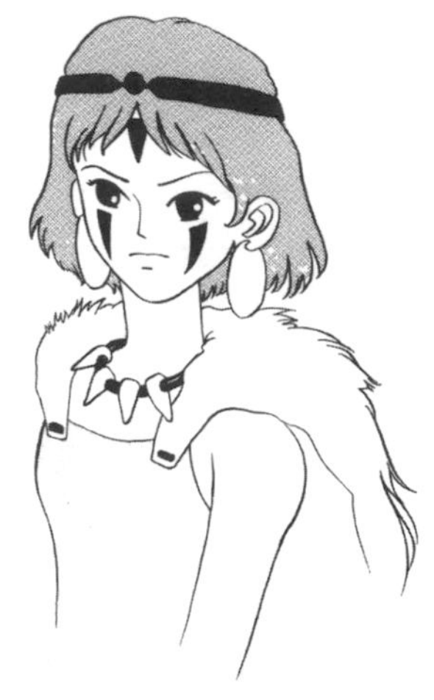

曲目解析

除了右手鮮明的主題，左手伴奏其實也有隱藏的旋律線，如第9小節上方的D→E♭→C、第十小節的C→D→B♭ 皆有一定程度的方向性。13小節即進入許多跨及八度的和聲，如果彈不到，可省略最下方（比旋律低八度）的音。69小節的主旋律藏在左手上方的內聲部，右手應收斂以突顯旋律。

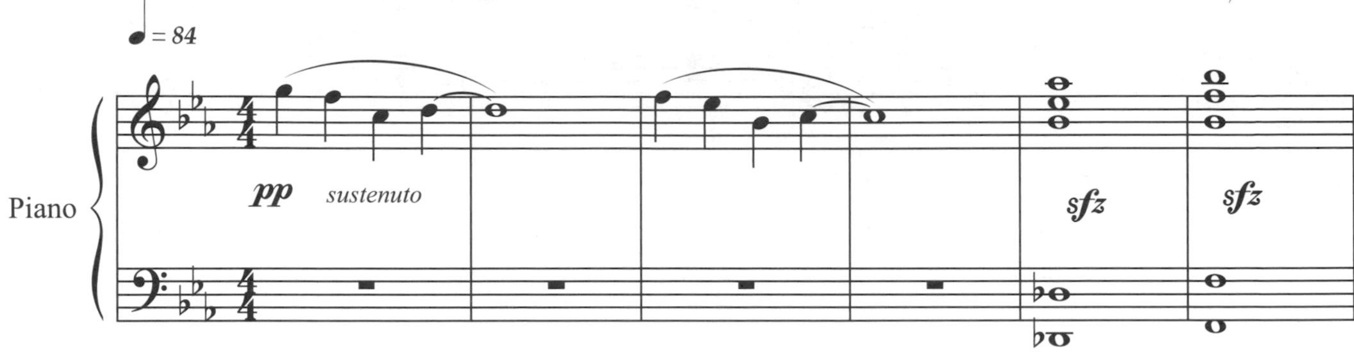

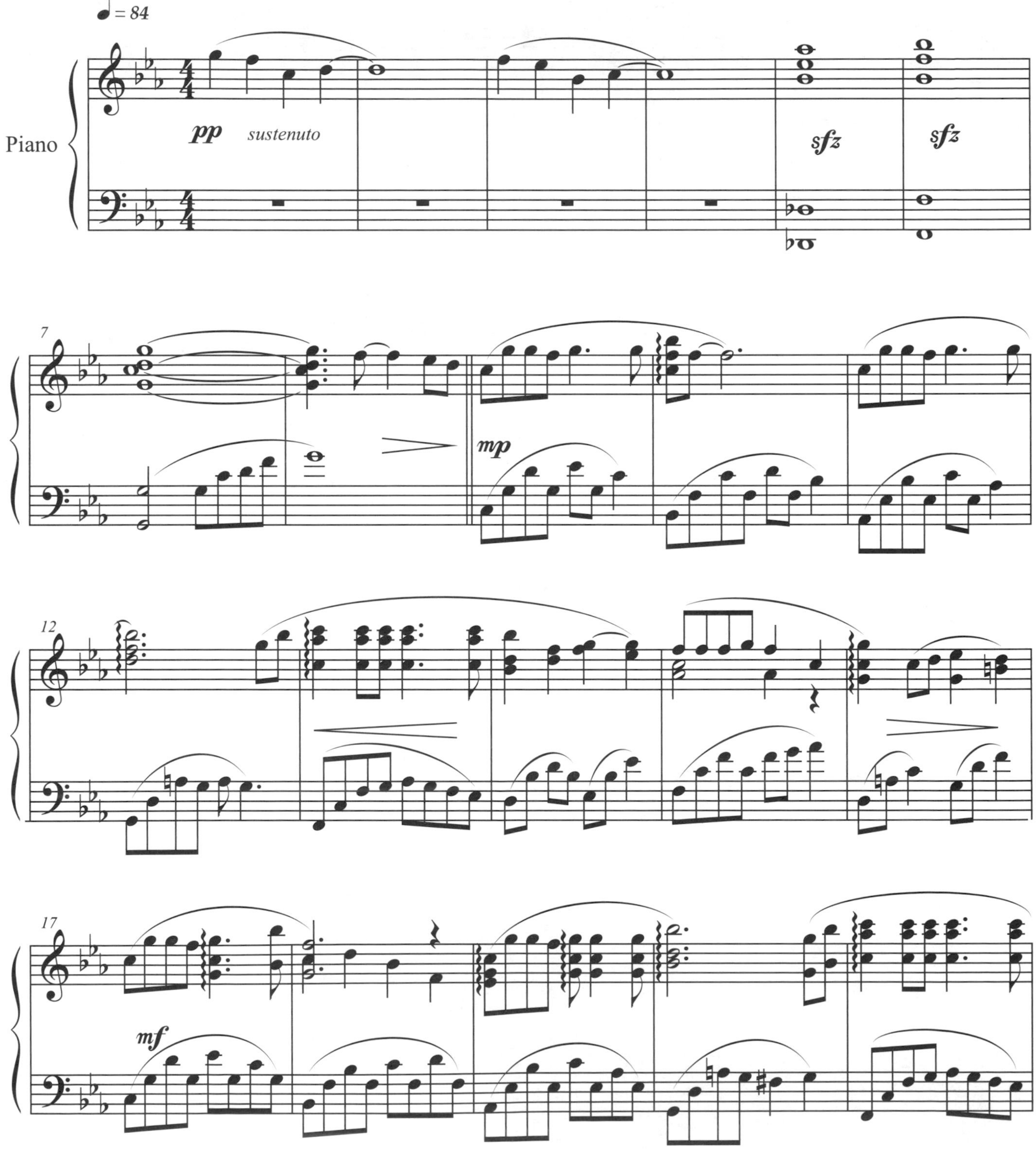

7

mp

12

17

mf

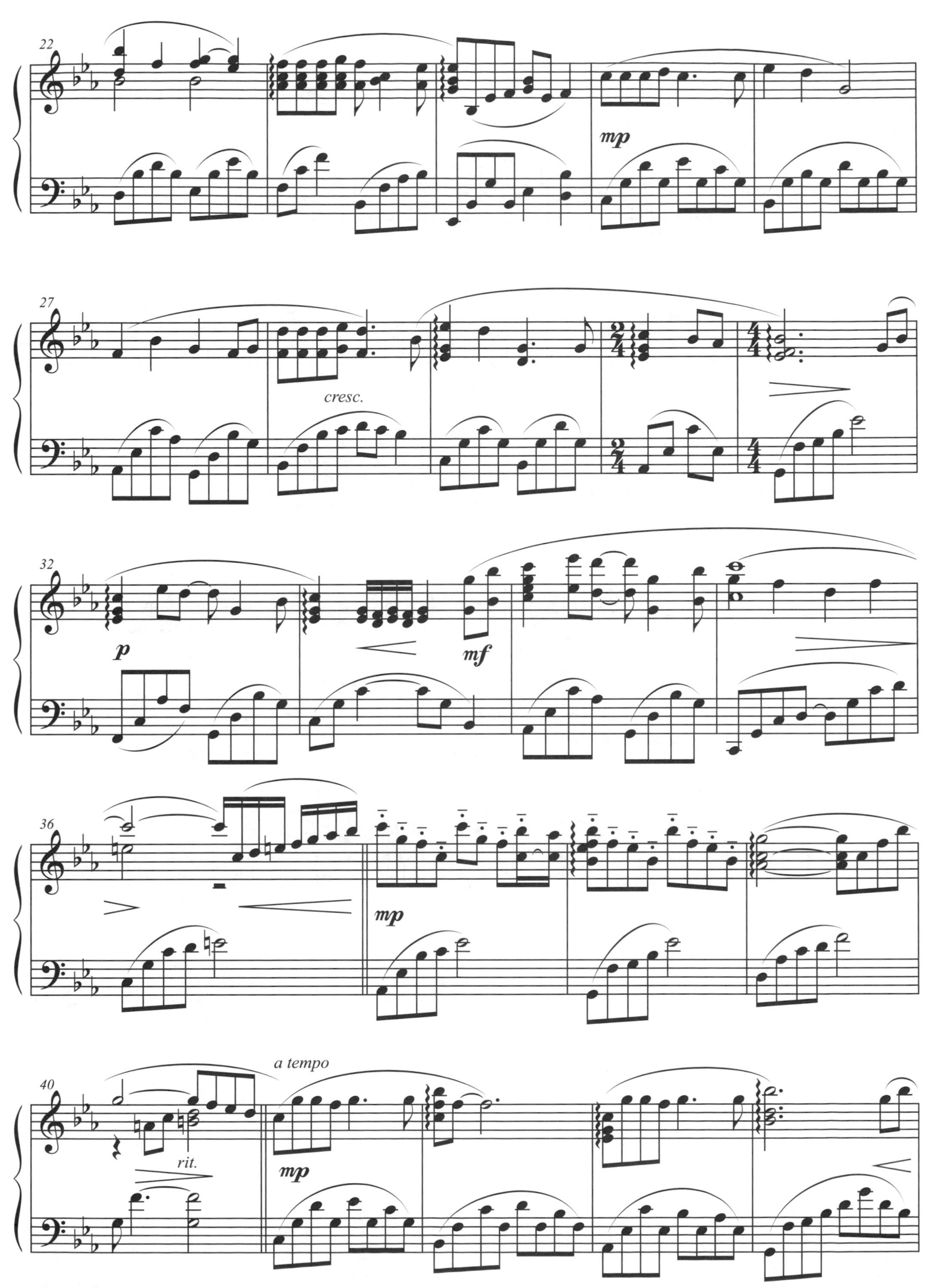
22
mp
27
cresc.
32
p
mf
36
mp
40
a tempo
rit.
mp

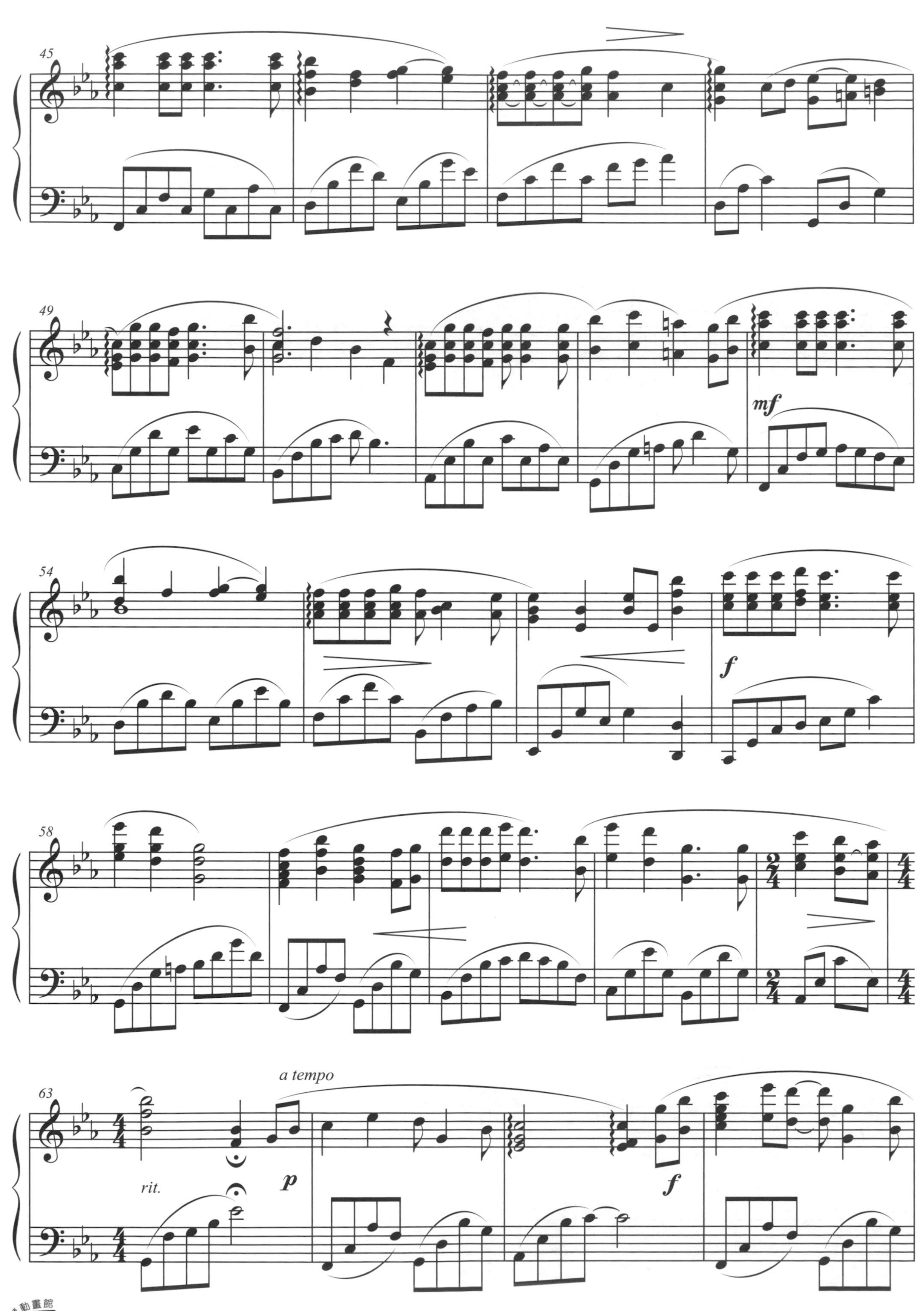
45
49
mf
54
f
58
63
a tempo
rit.
p
f

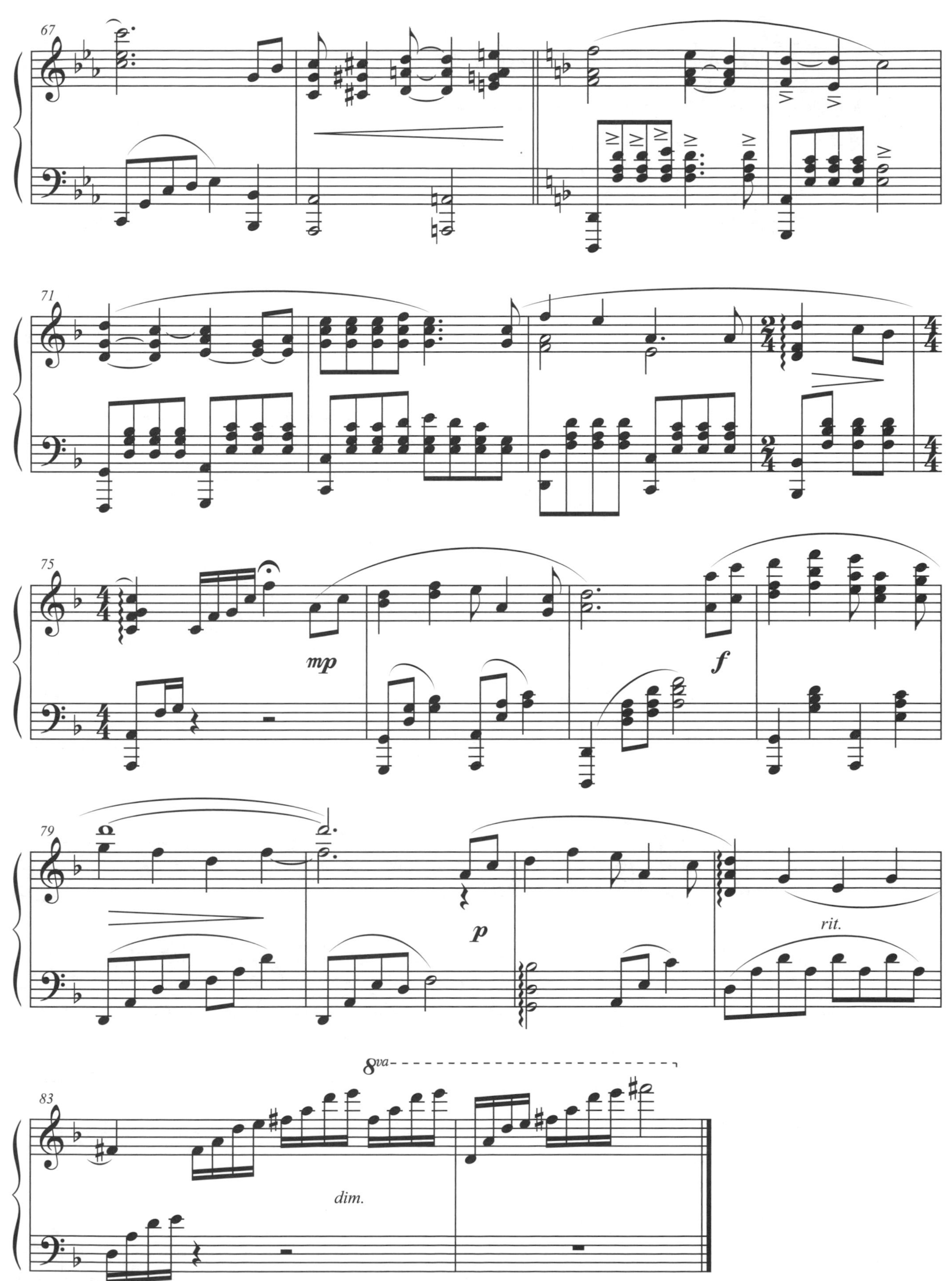
67
71
75
mp
f
79
p
rit.
83
8va
dim.

【魔法公主 Princess Mononoke】主題配樂

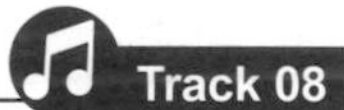

阿悉達卡與魔法公主

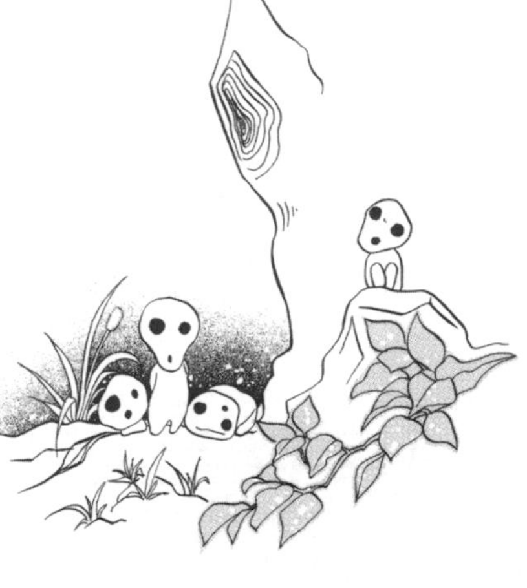

曲目解析

優美恬靜的配樂，可說是本書最難的曲子。原曲為五個降記號的D♭大調，因為彈奏不易，改為兩個升記號的D大調，但仍有一定的難度。副歌幾乎要求右手保持在跨開八度的位置，左手伴奏音域也相當寬廣，建議先分手練熟了再合起來。

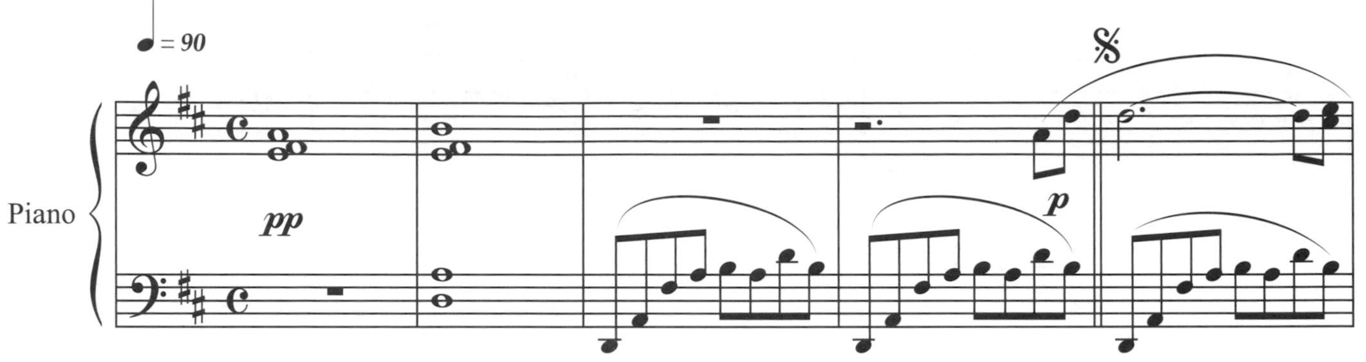

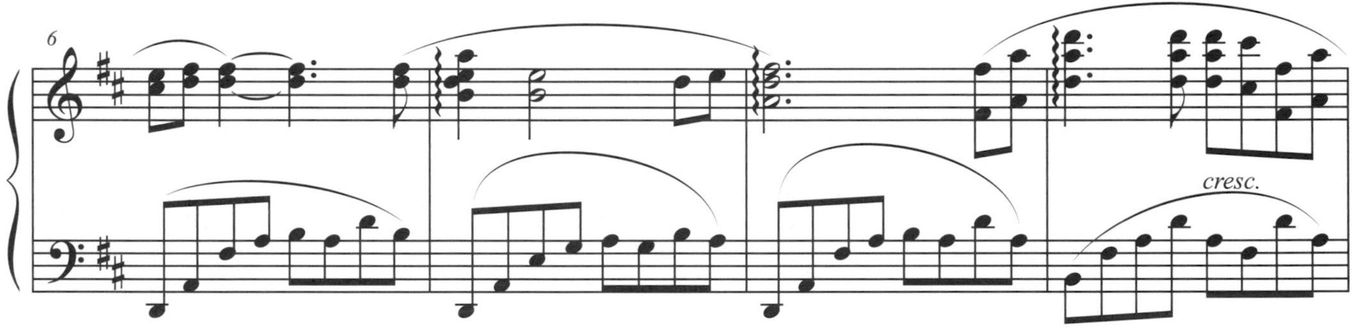

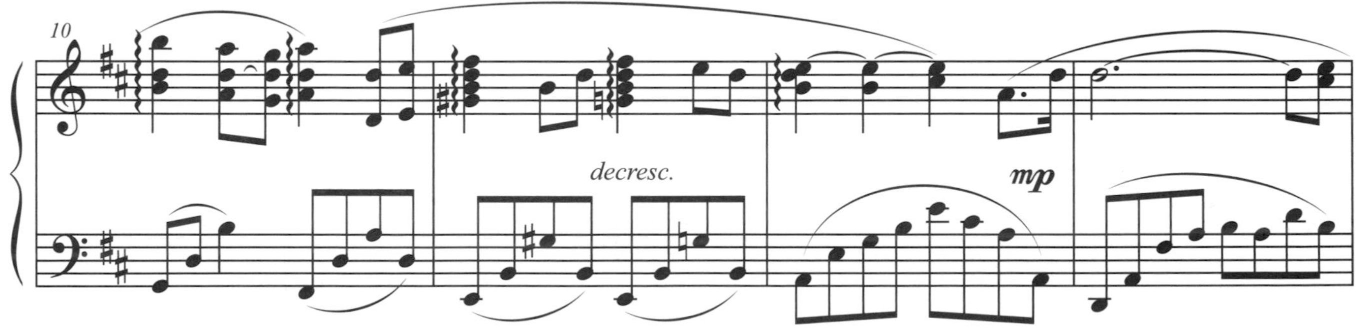

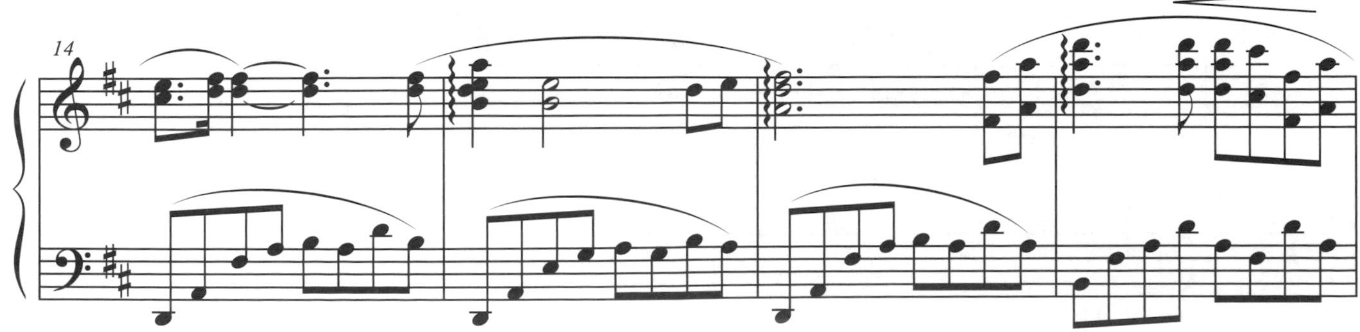

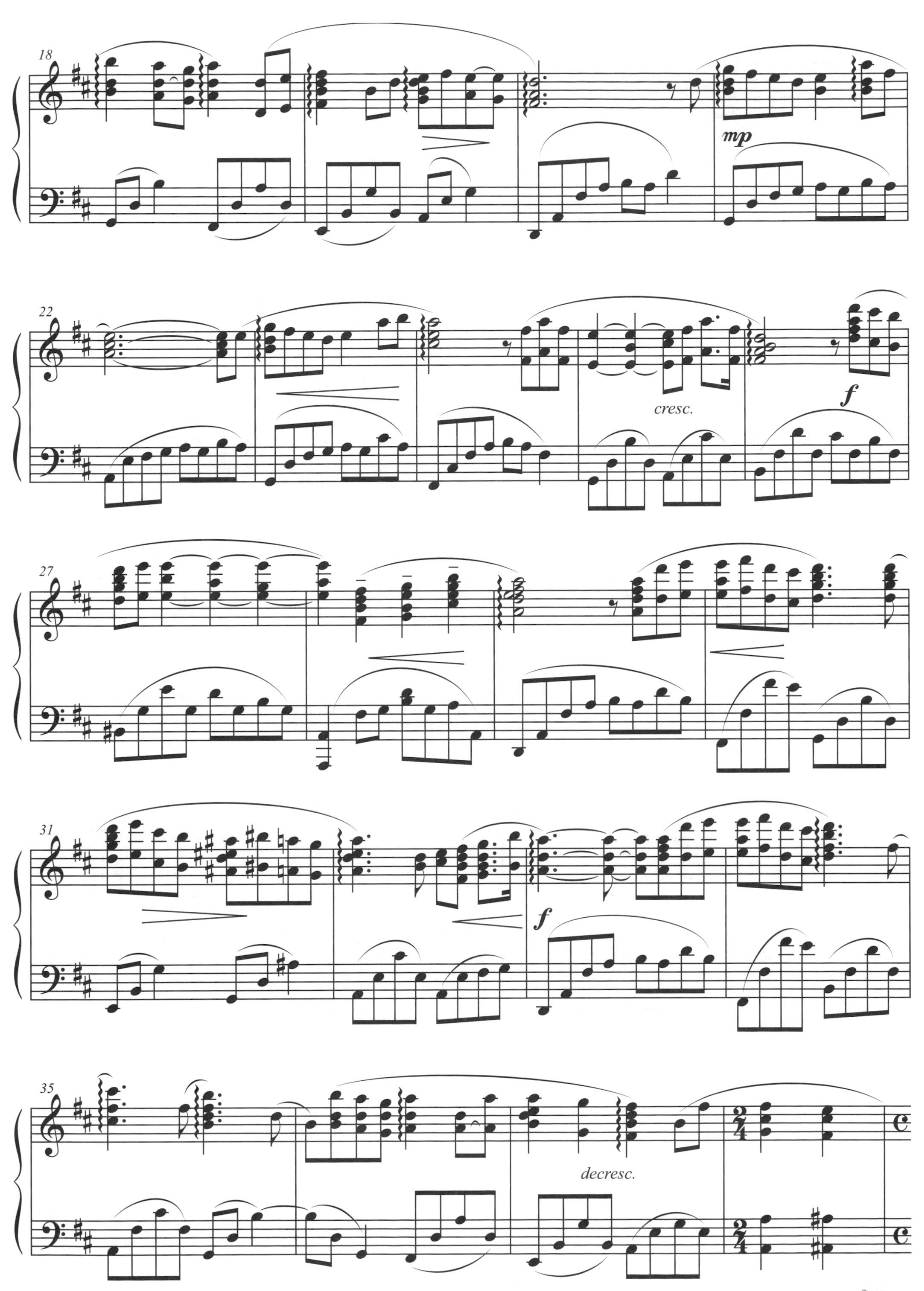

18
mp
22
cresc.
f
27
31
f
35
decresc.

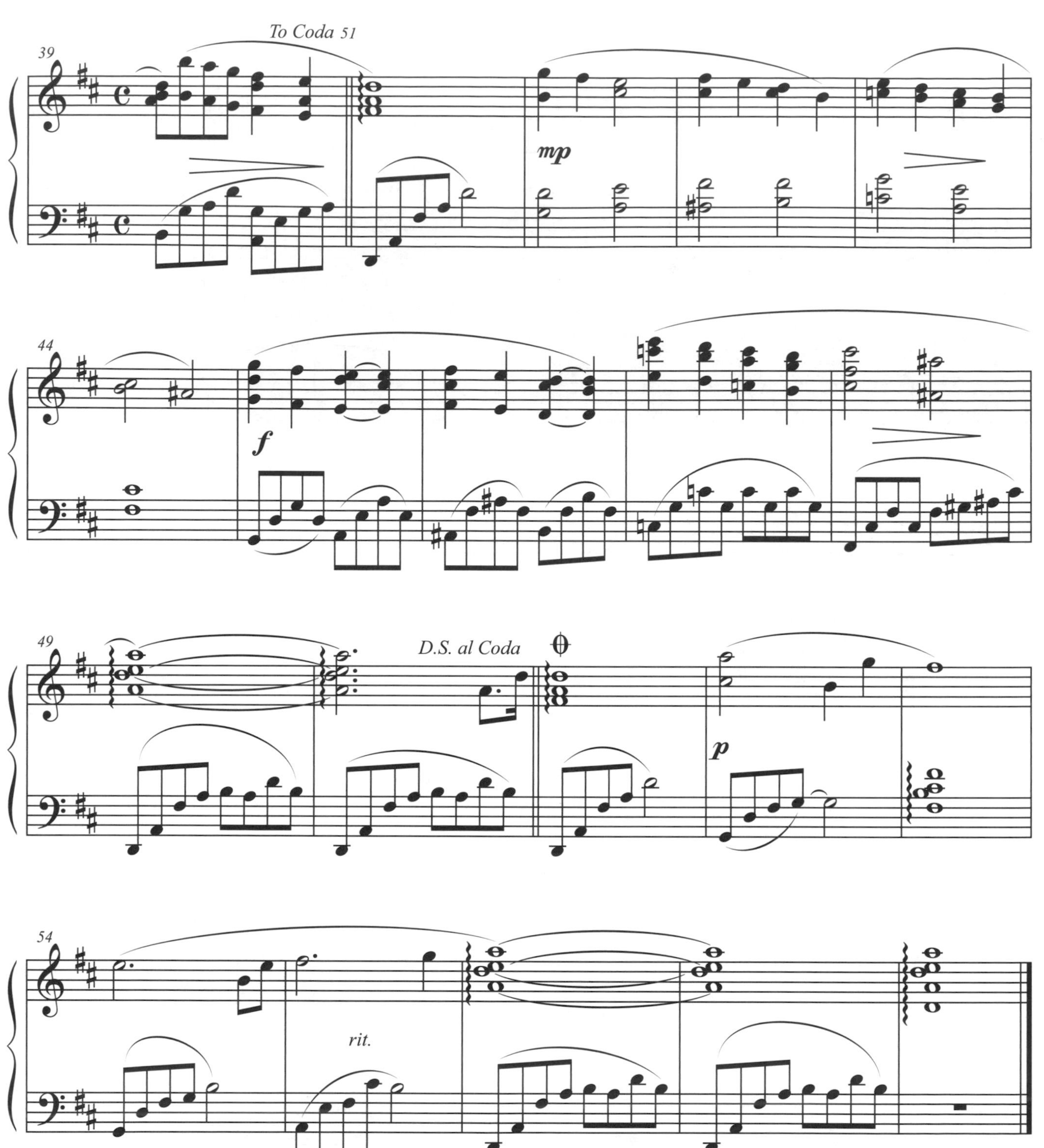
39
To Coda 51
mp
44
f
49
D.S. al Coda
p
54
rit.

【霍爾的移動城堡 Howl's Moving Castle】主題曲

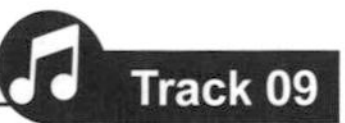

世界的約束

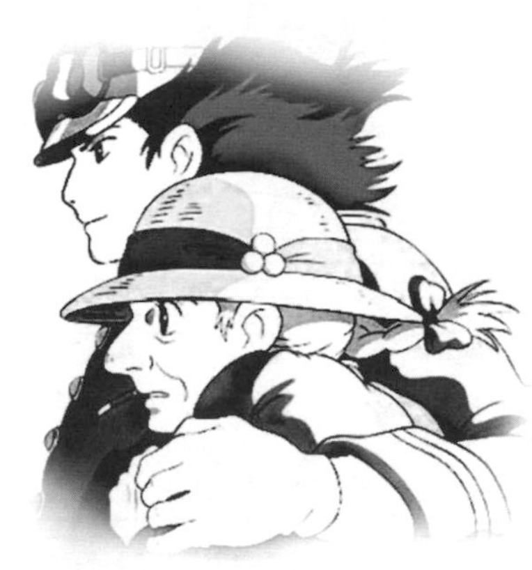

曲目解析

沒有升降記號的C大調，相對簡單。看似平凡的主題中，隱藏著深刻的感動。左手伴奏必須順暢，靈活運用指法保持樂句的完整，流水般輕輕推動右手的旋律。強弱表情之間的對比要明顯，增添曲子的張力。

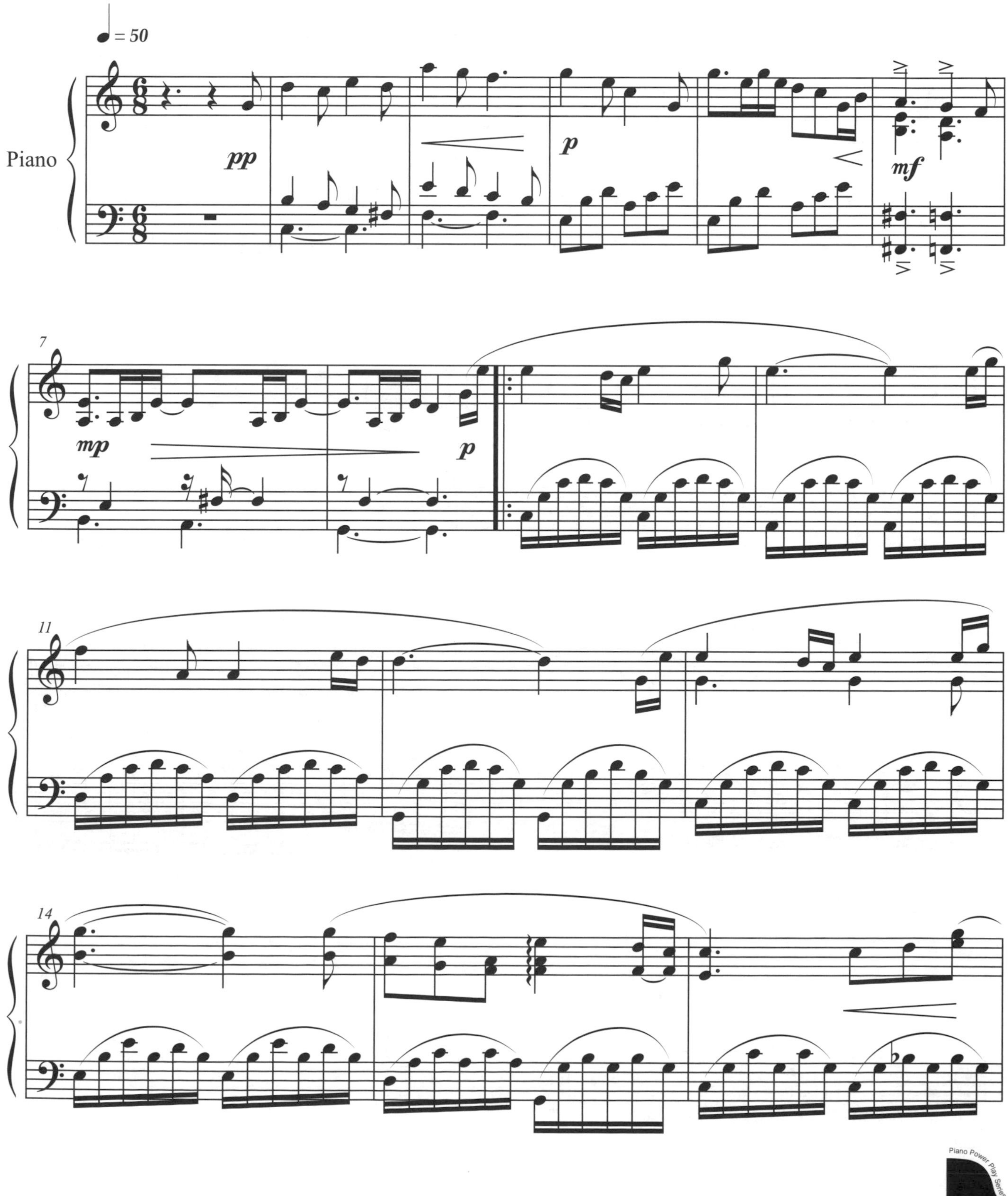

♩ = 50

Piano

pp p mf mp p

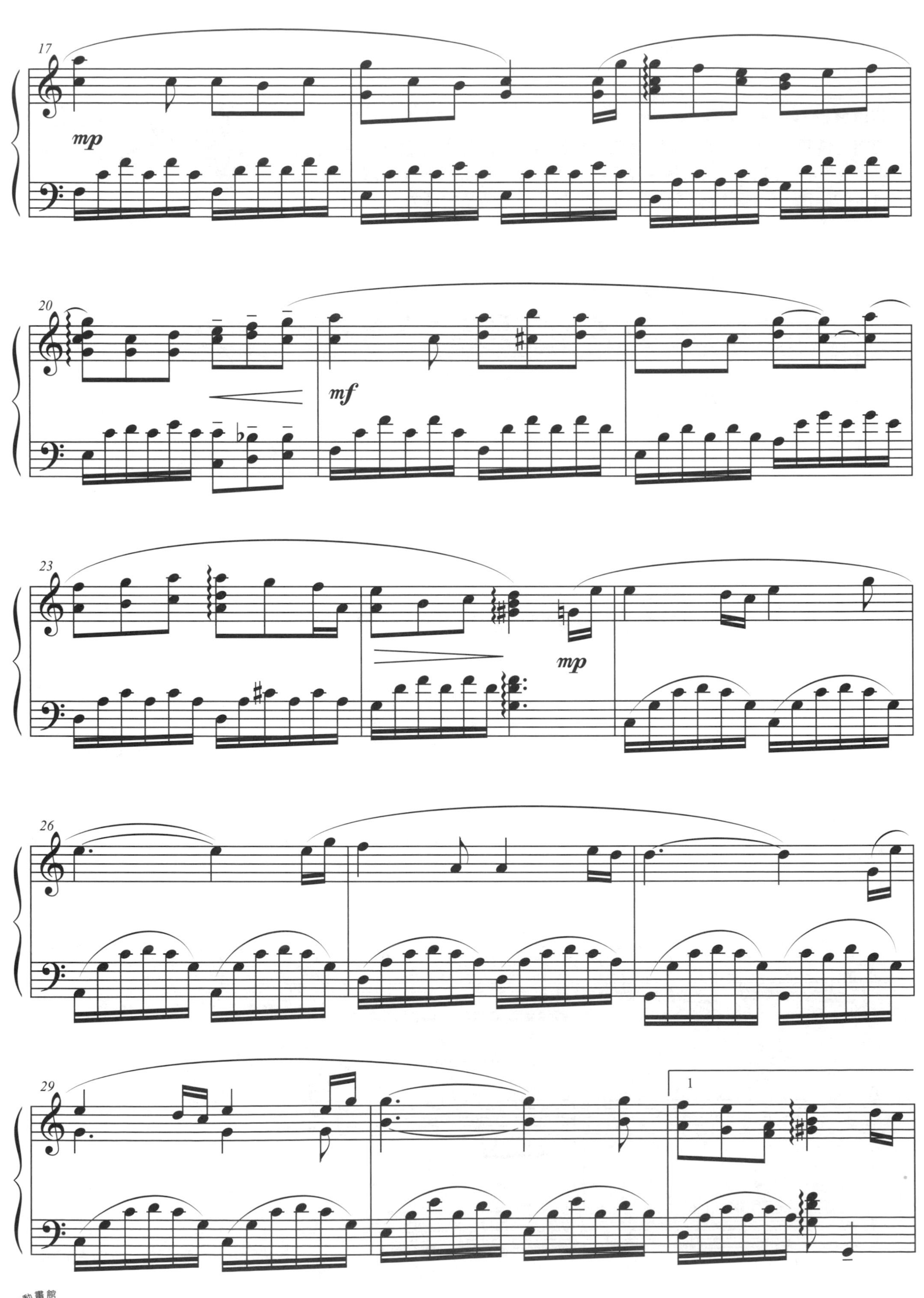
17
mp
20
mf
23
mp
26
29
1

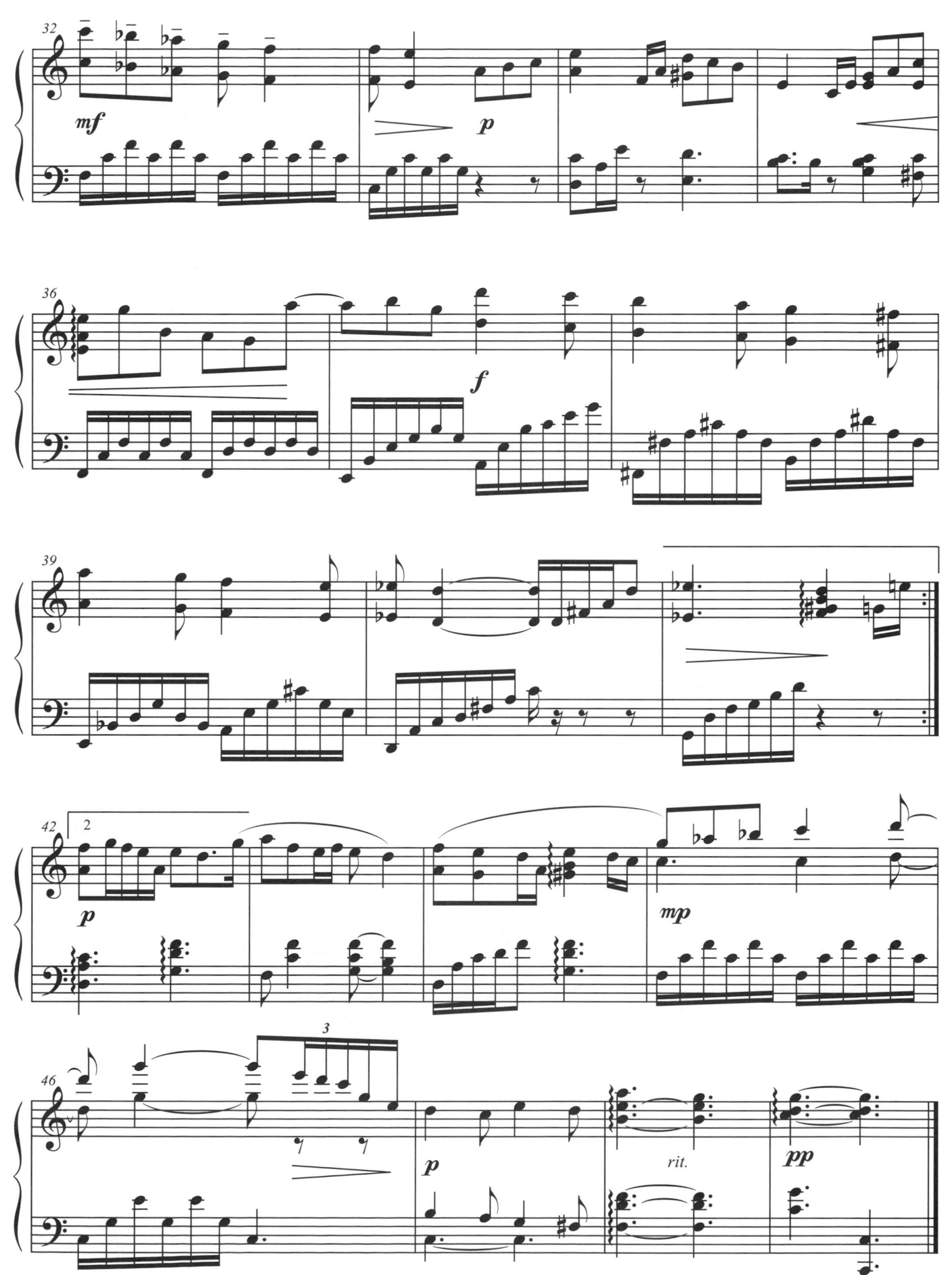
32
mf
p
36
f
39
42
2
p
mp
46
3
p
rit.
pp

【龍貓 My Neighbor Totoro】主題曲

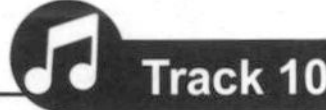

鄰家的龍貓

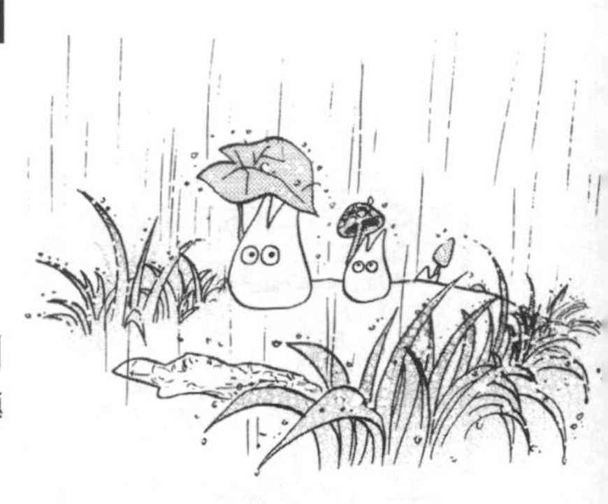

曲目解析

11–18小節的左手斷奏要穩定清晰。19–28小節，左手切分音須乾淨俐落。原曲由F大調轉成六個降記號的G♭大調，太過複雜，因此簡化為F轉G，只涉及一個升記號。轉調之後，應賦予音樂進一步的情緒。

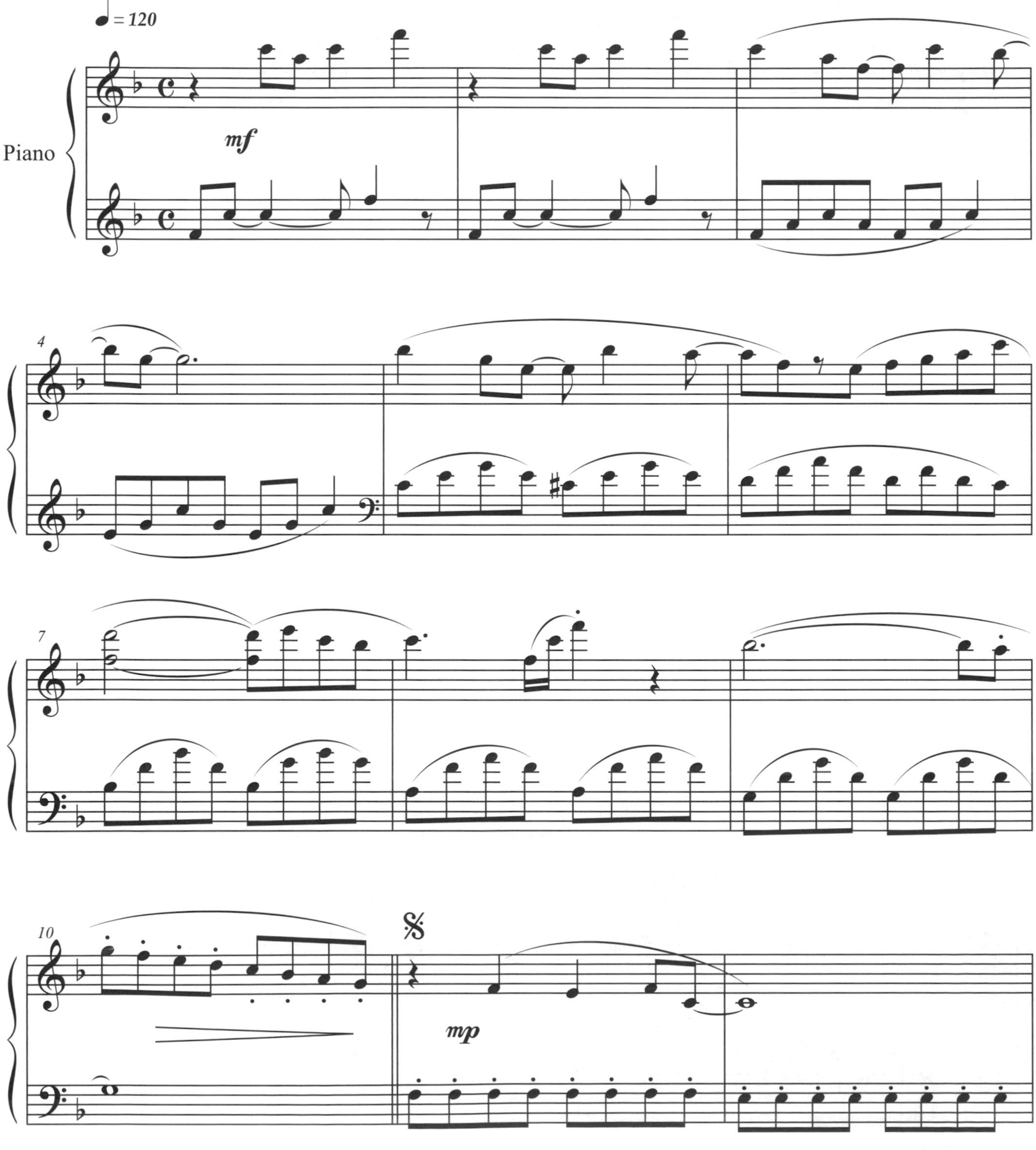

♩= 120

Piano

mf

4

7

10

mp

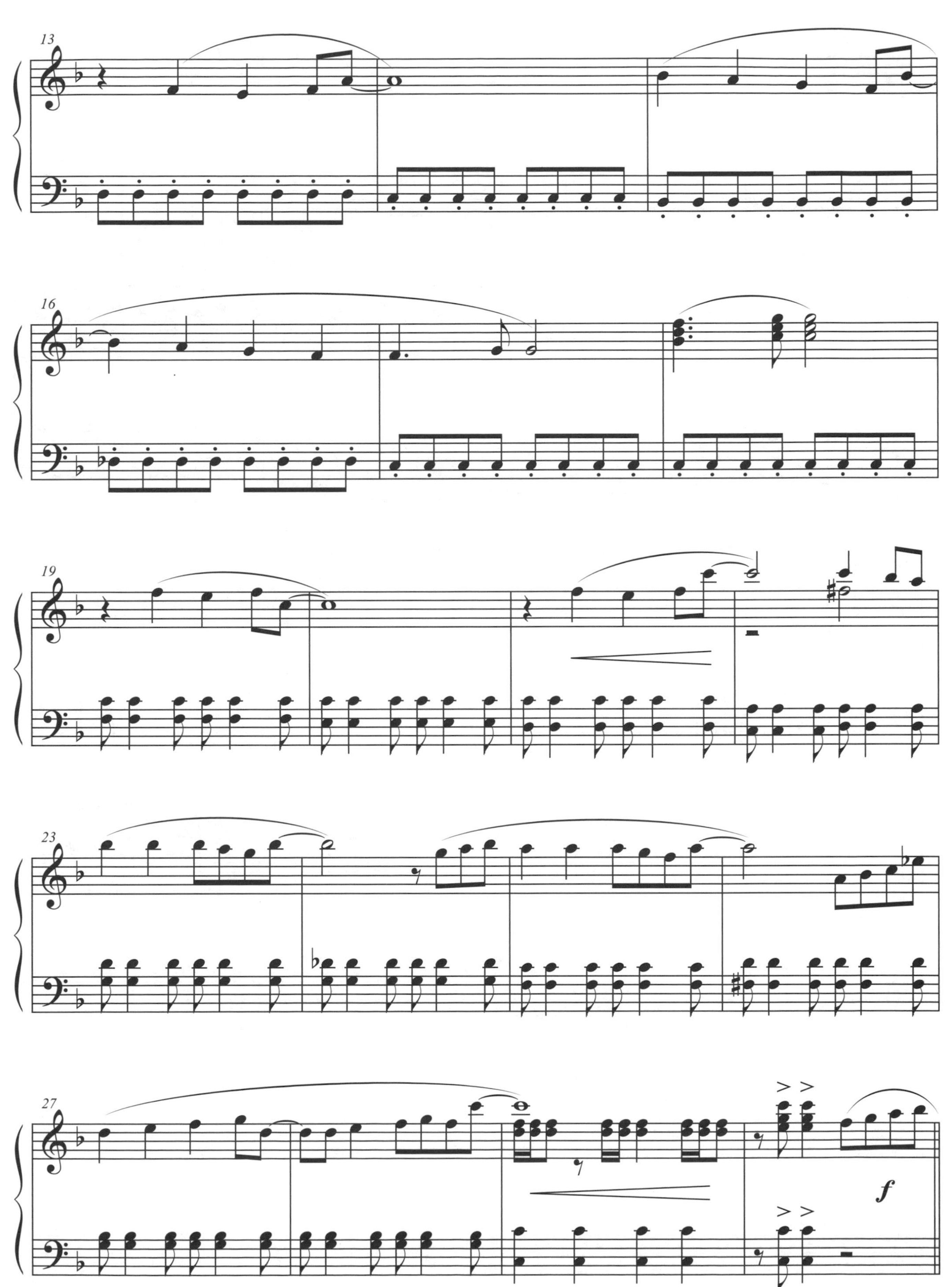
13
16
19
23
27
f

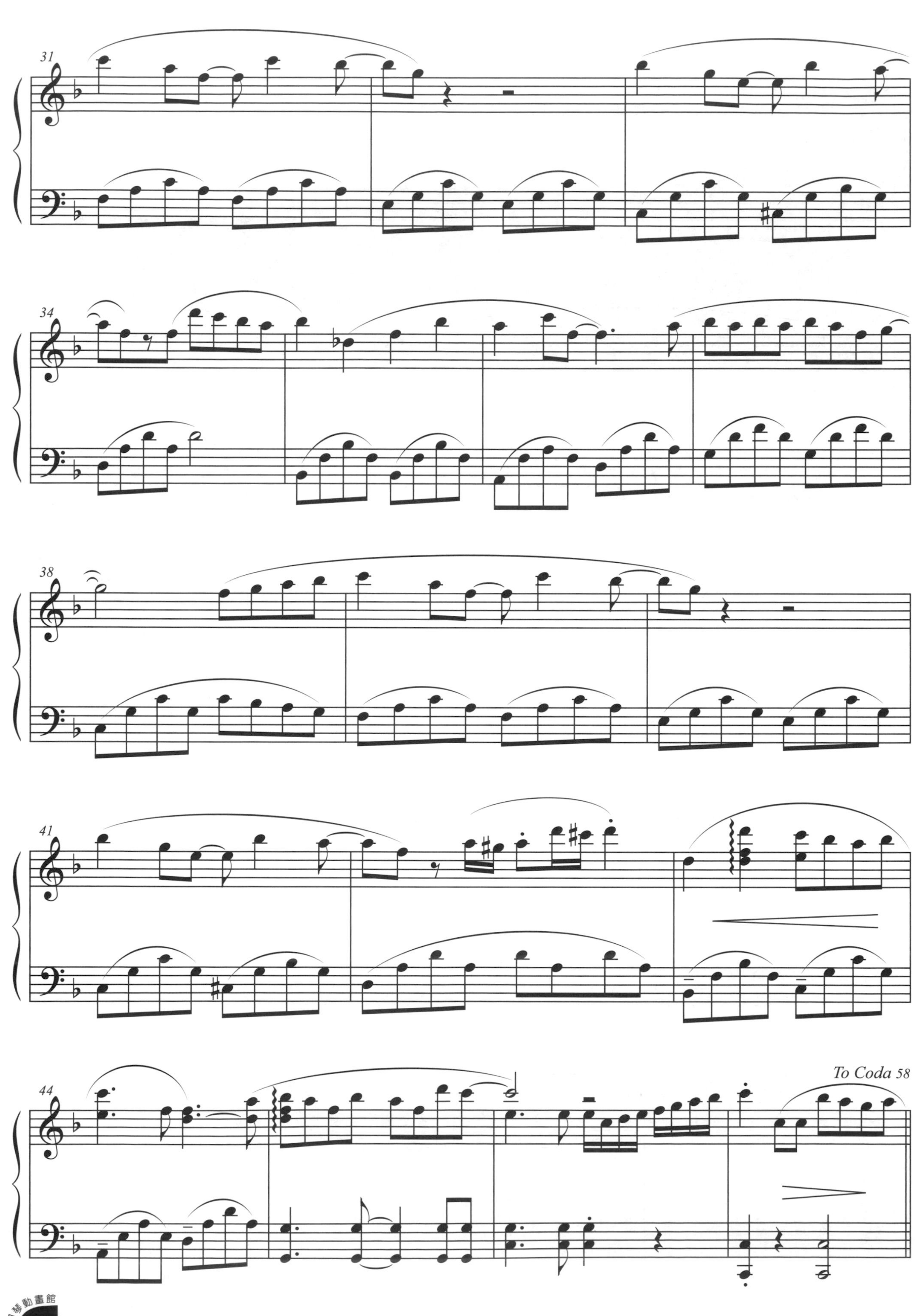
31
34
38
41
44
To Coda 58

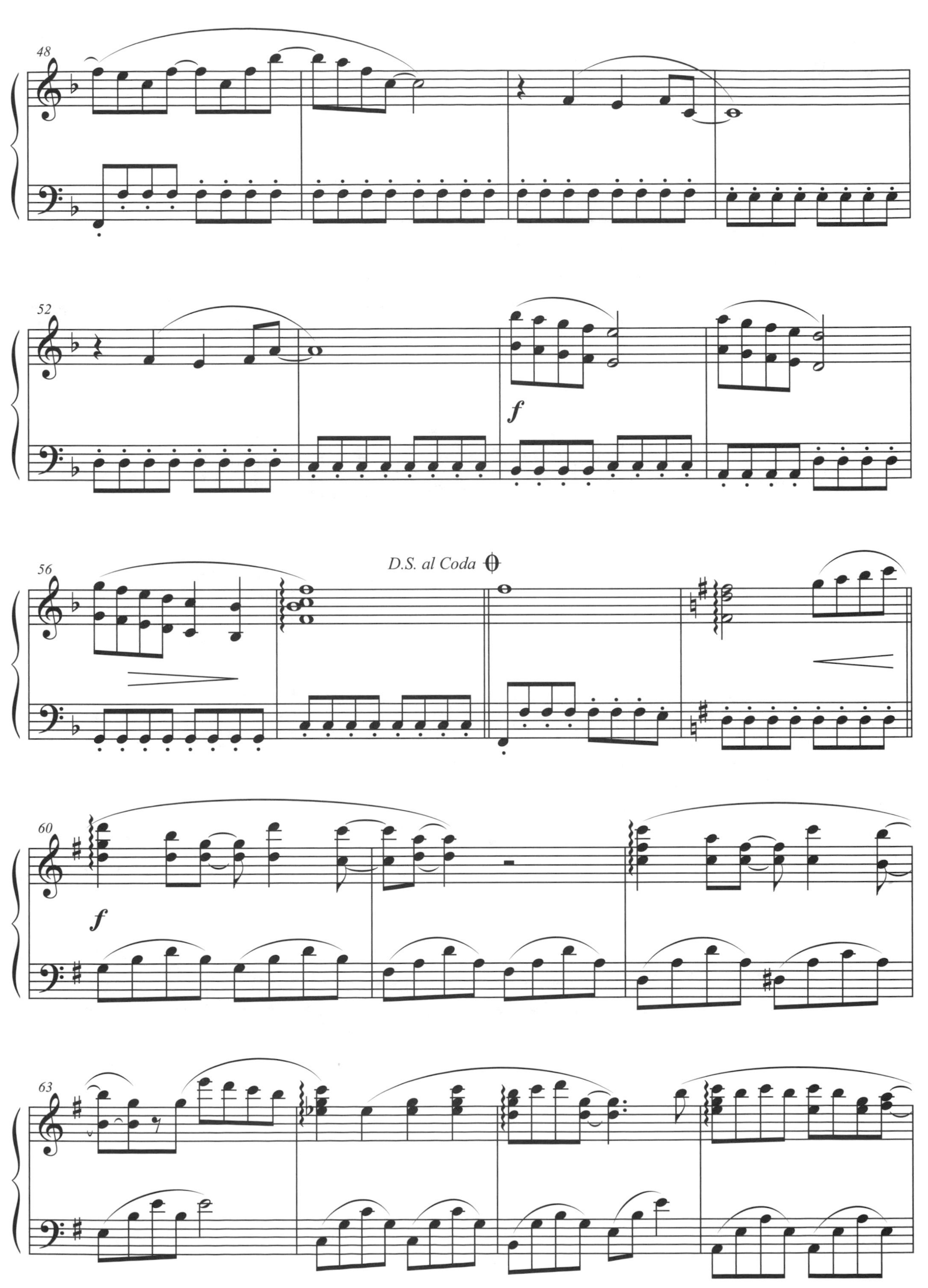
48
52
f
56
D.S. al Coda
60
f
63

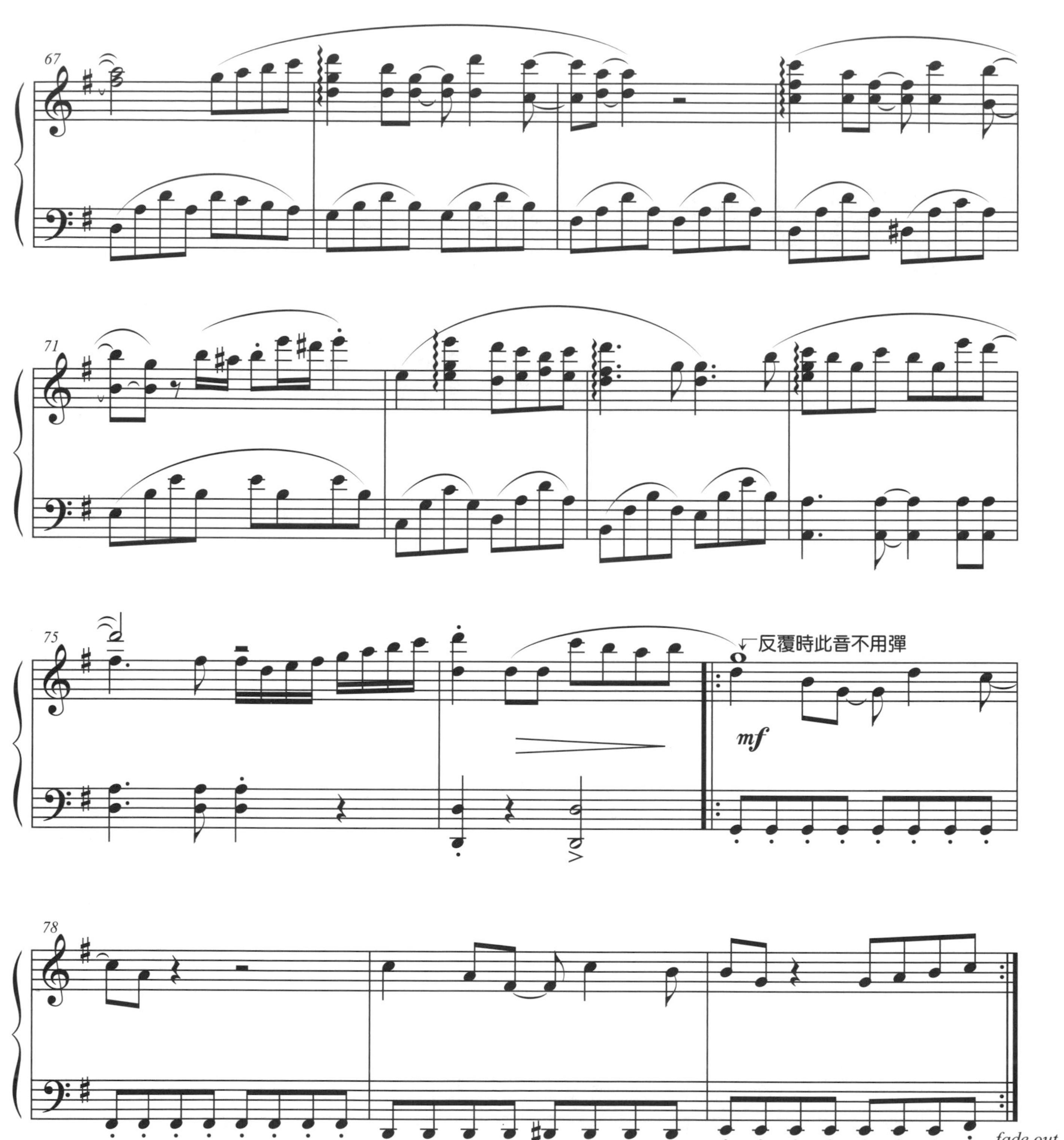
反覆時此音不用彈
mf
fade out

【天空之城 Castle In The Sky】主題曲

Track 11

載著你

曲目解析

5–8小節不踩踏瓣，聽來頗有巴洛克時期賦格的味道，左右手分別經營不同的旋律。若覺得前奏太難，可先省略，直接由第九小節末拍入歌。

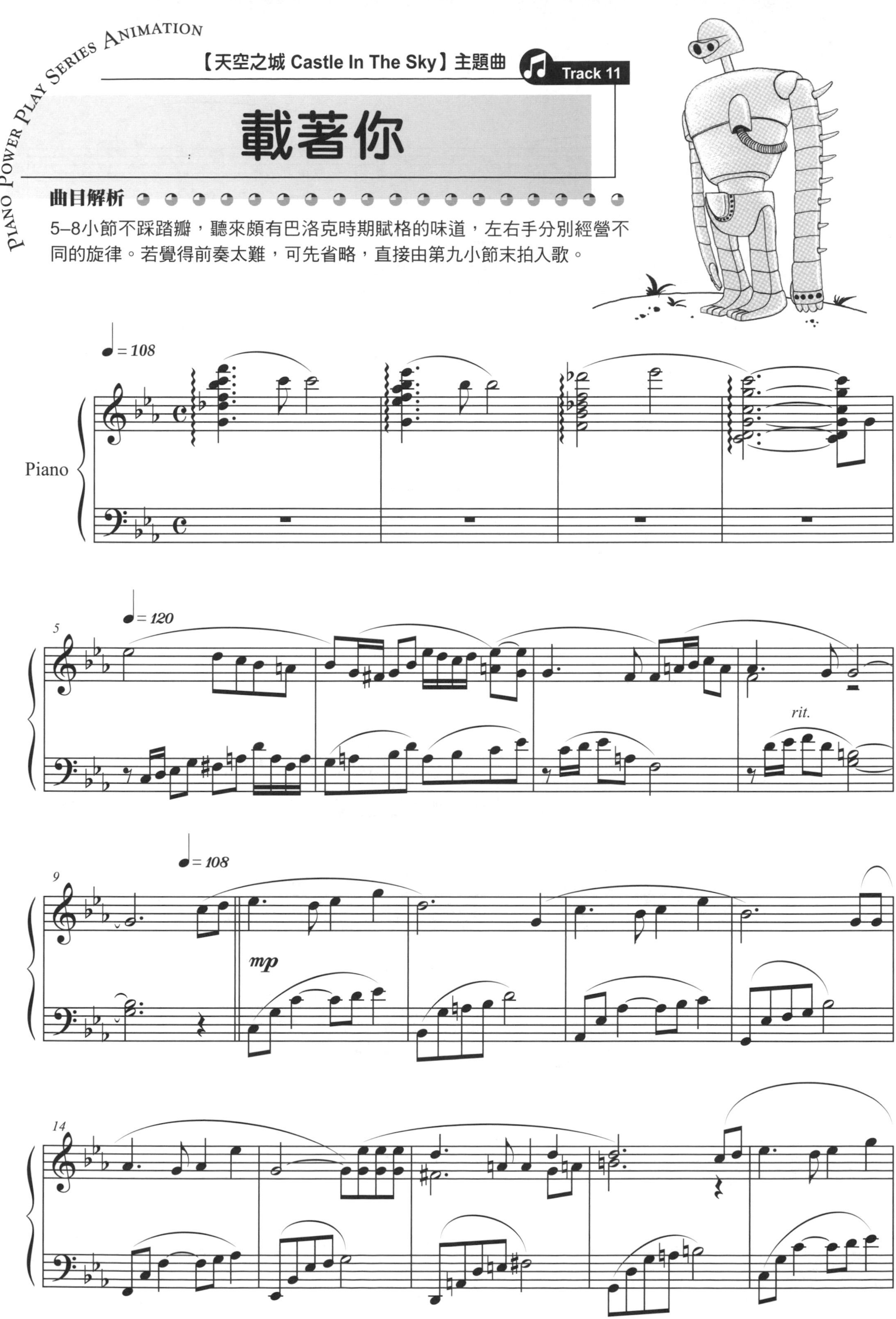

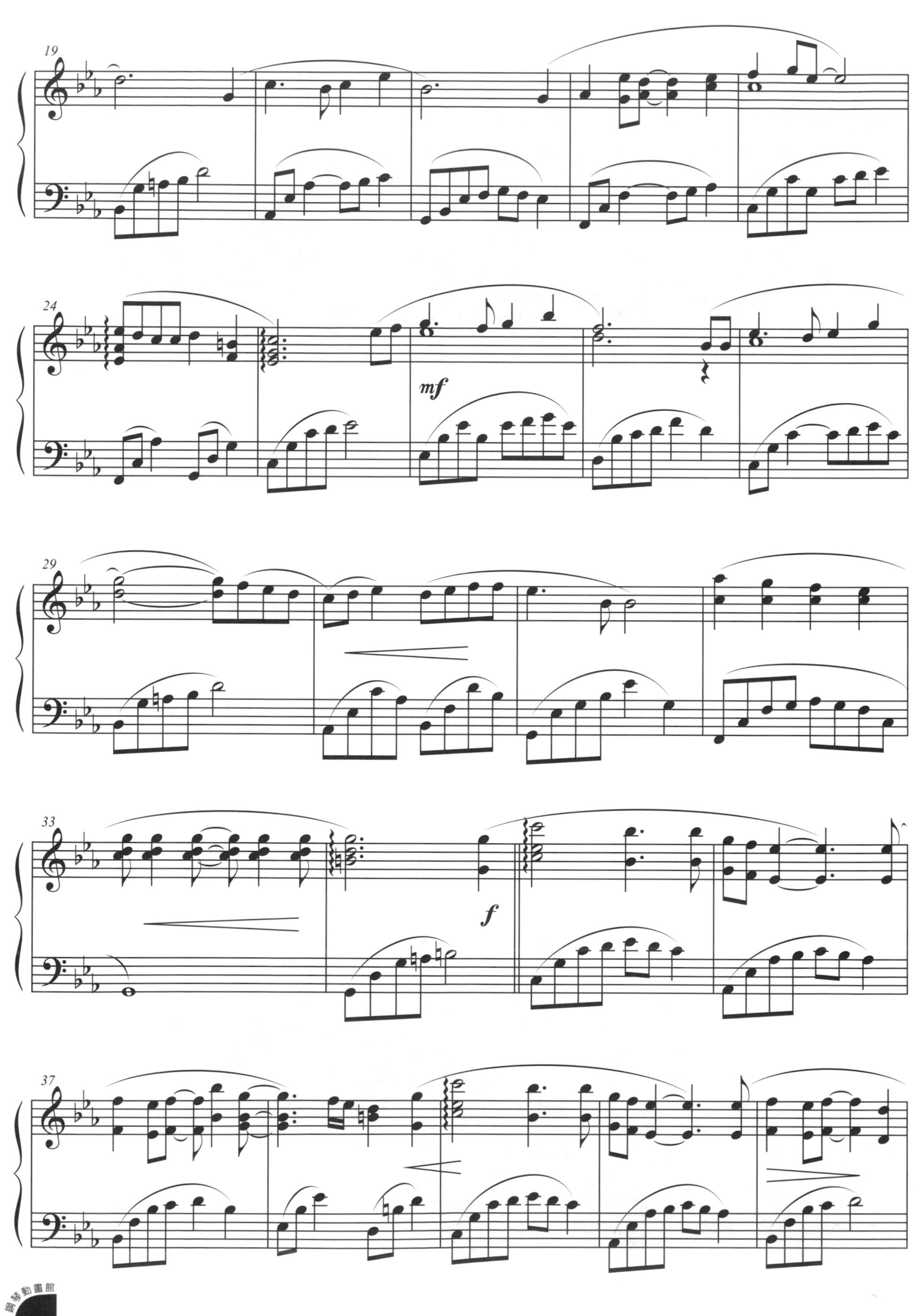
19
24
mf
29
33
f
37

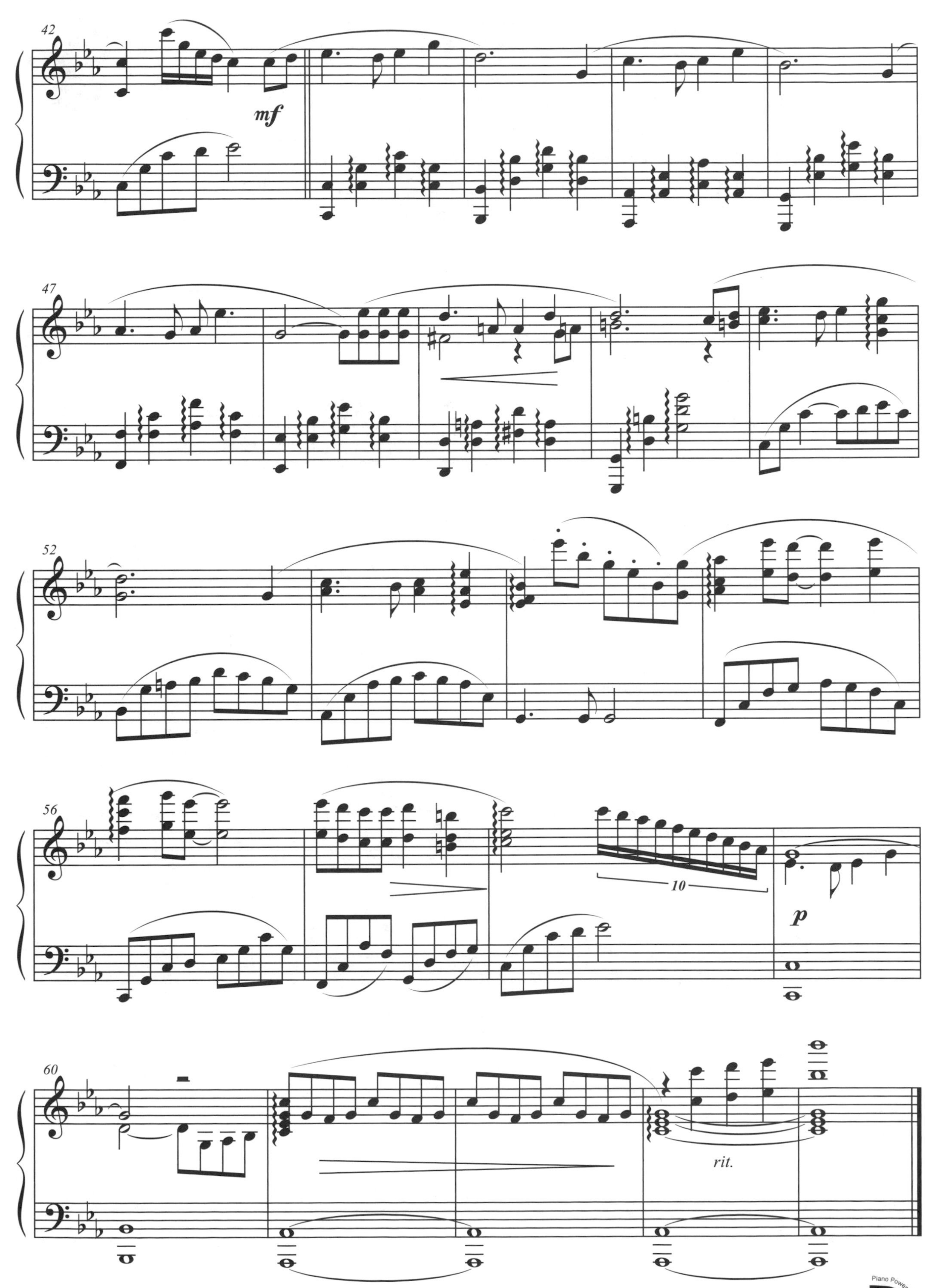

42
mf
47
52
56
10
p
60
rit.

【魔女宅即便 Kiki's Delivery Service】主題曲

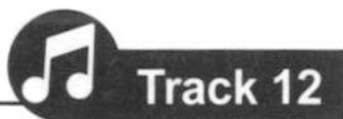

變化的季節

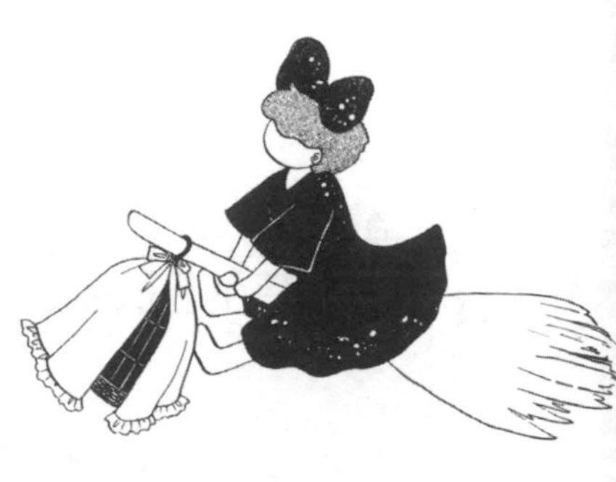

曲目解析

6 – 21小節左手伴奏全為跳音，不踩踏瓣，輕快之餘，依然要注意音符的長度及拍子的穩定度，避免斷斷續續。22小節開始加入延音踏瓣，與前一段形成明顯對比。間奏（39 – 50）彷彿一段變化多端的管絃樂，注意十六分音符。52小節進入尾奏，速度和音量都逐漸放緩。

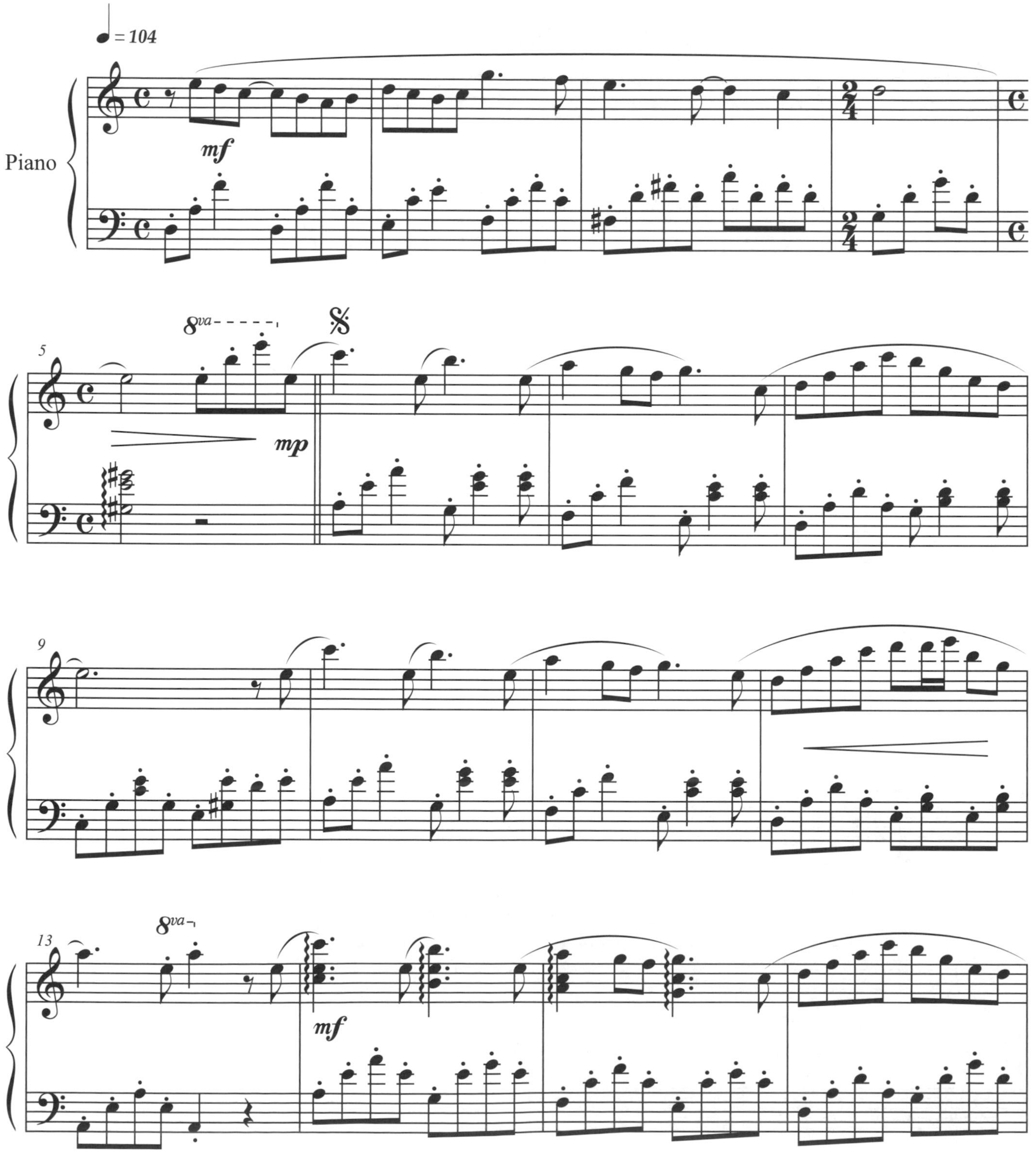

♩= 104

Piano

mf

5

8va

mp

9

13

8va

mf

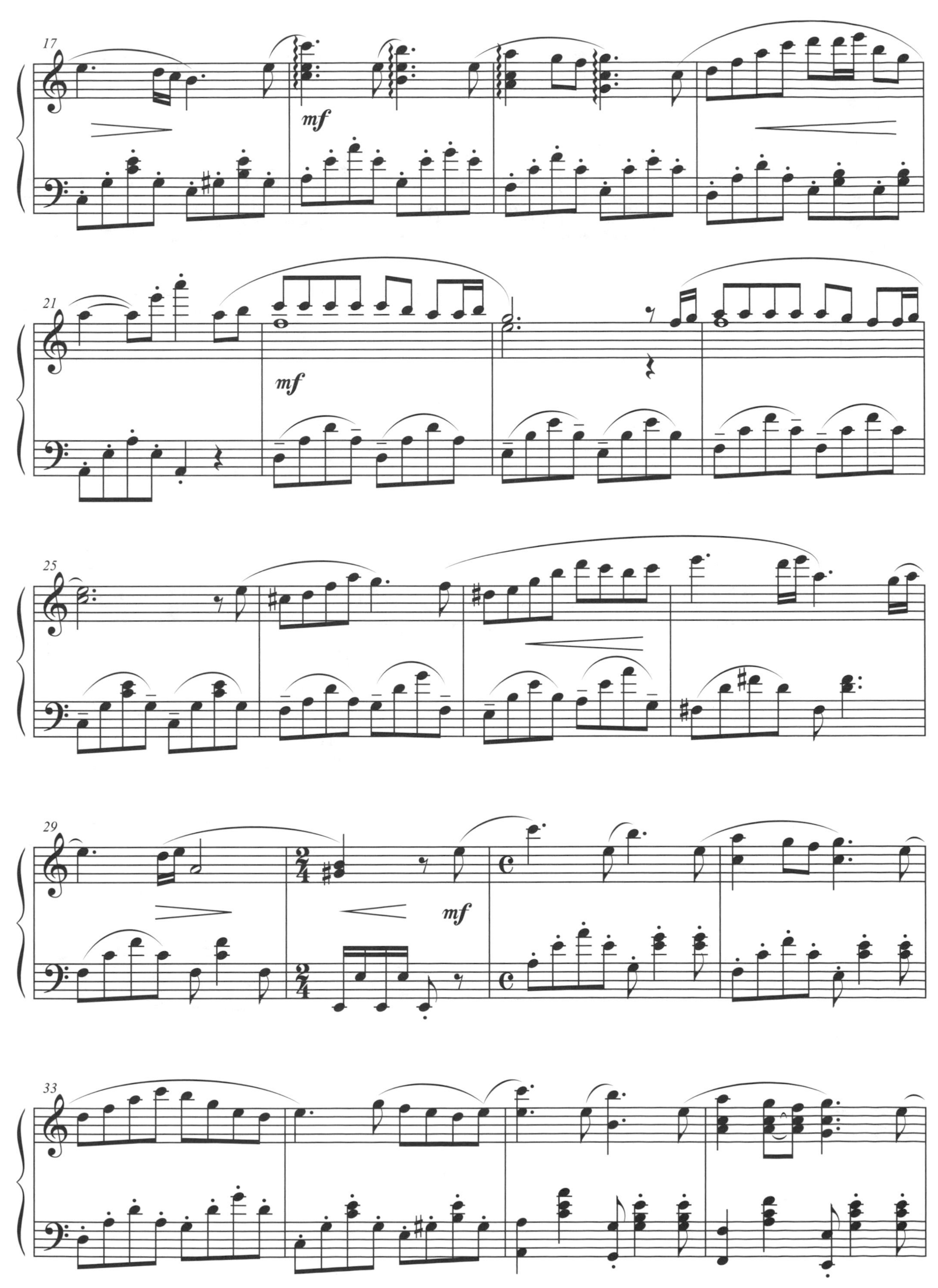
17
mf
21
mf
25
29
mf
33

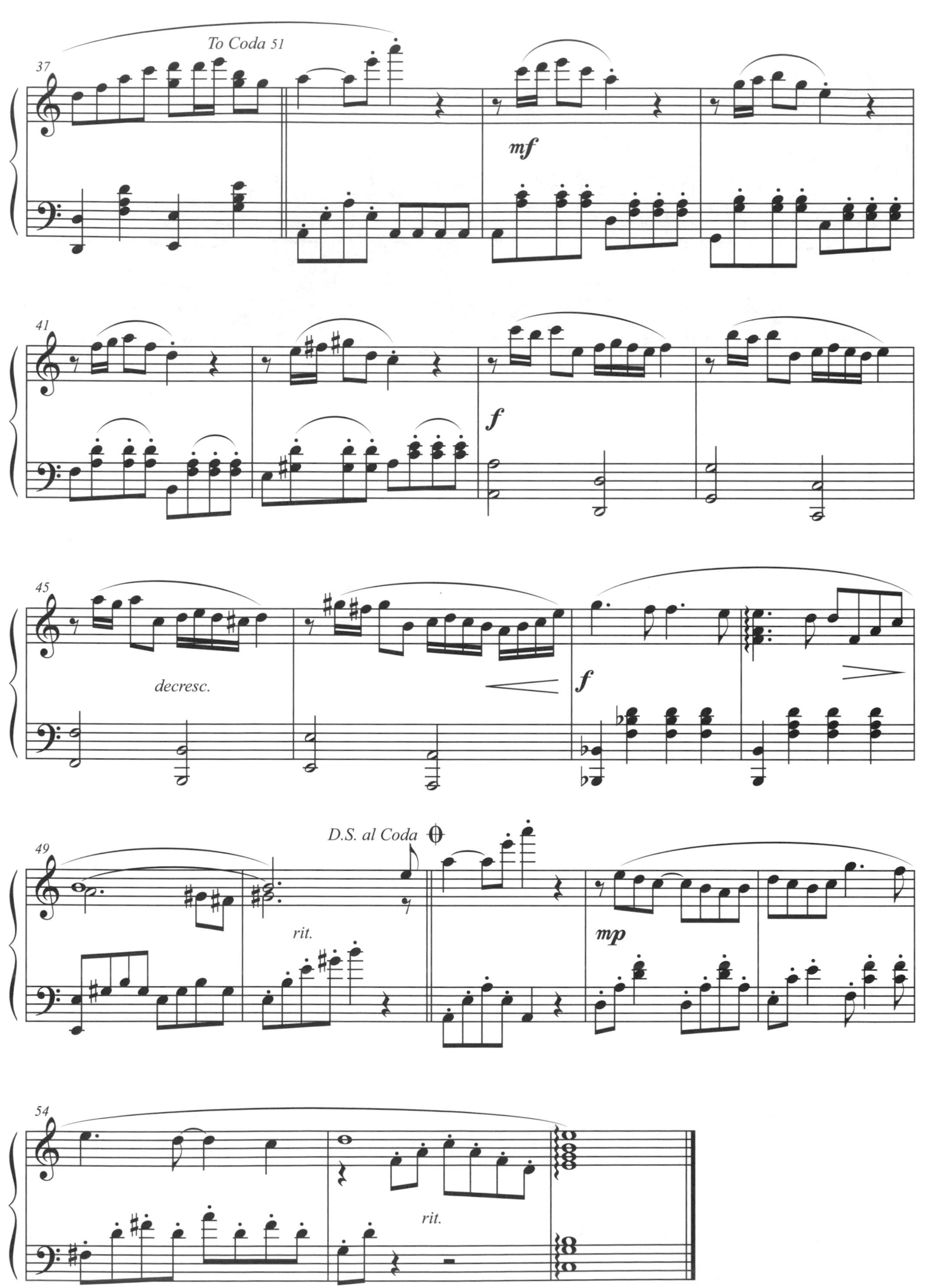

To Coda 51
mf
f
decresc.
f
D.S. al Coda
rit.
mp
rit.

【平成狸合戰 Pom Poko】主題配樂 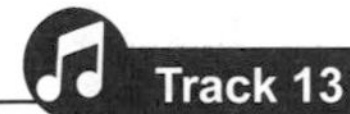

朝の光につつまれて

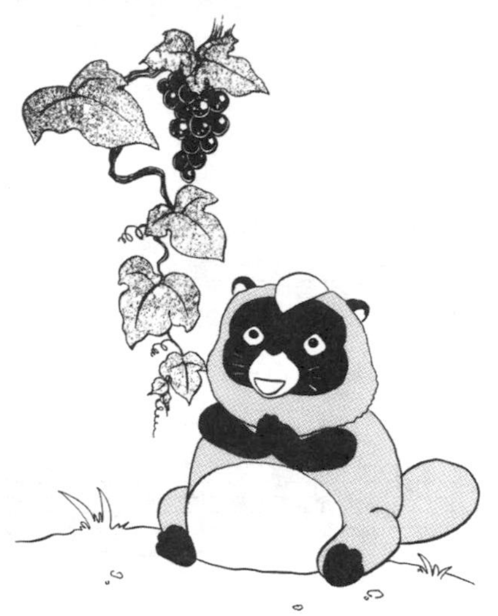

曲目解析

具東方風味、旋律纏綿的民謠，裝飾音要清楚明亮，樂句亦須完整。第九小節開始出現二聲部，表現原曲中兩種樂器的交相吟唱，兩個聲部都該有自己的個性。33 – 40小節的和弦要厚實飽滿。

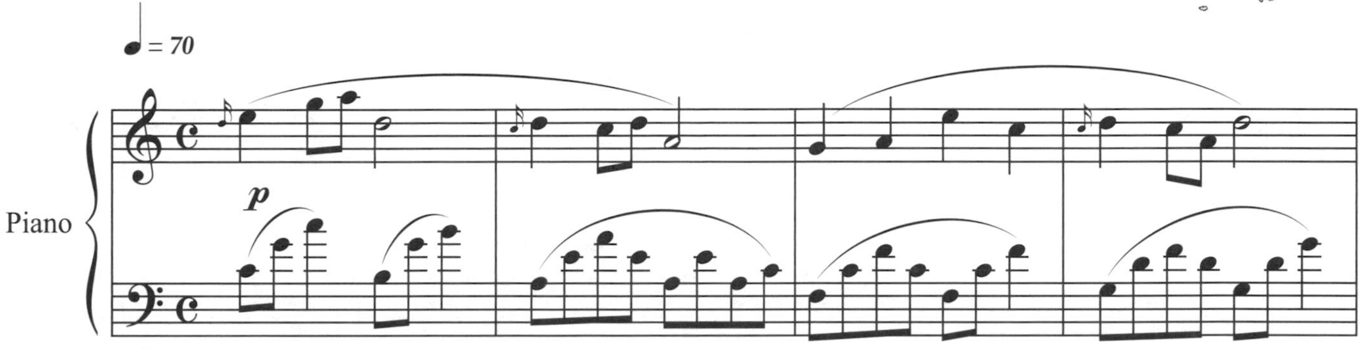

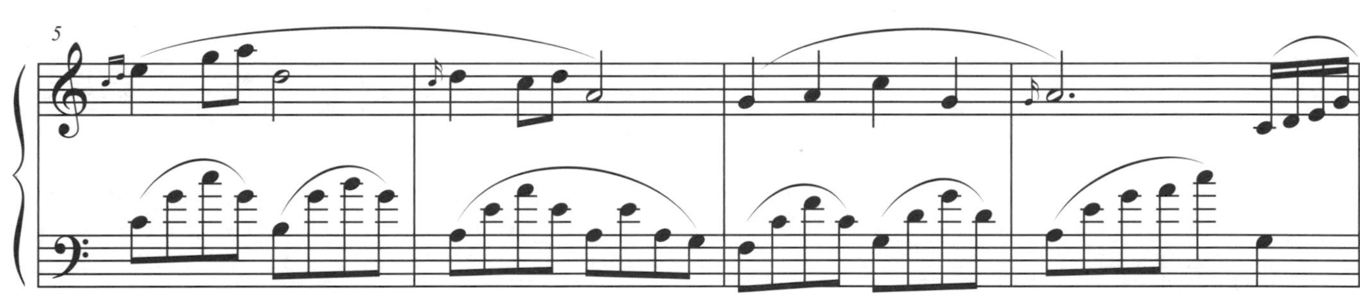

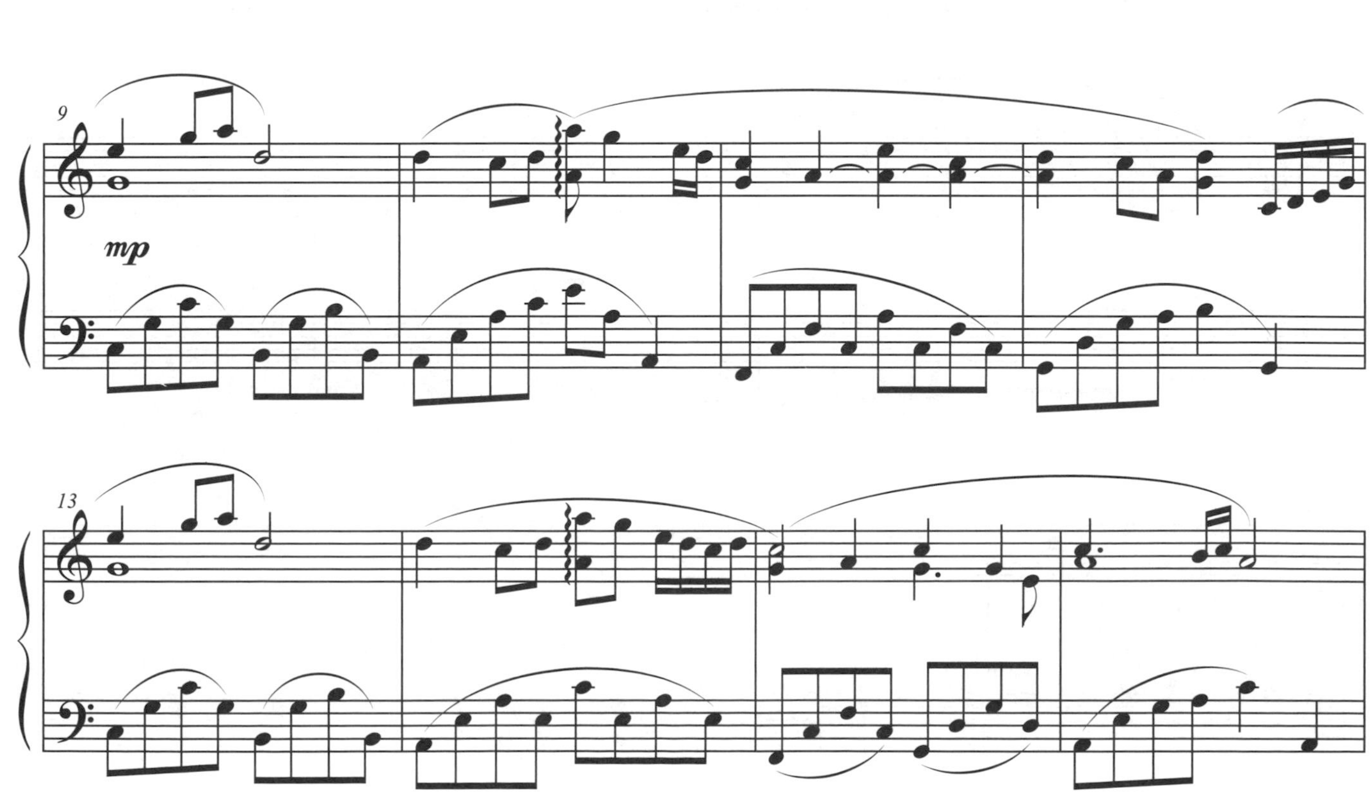

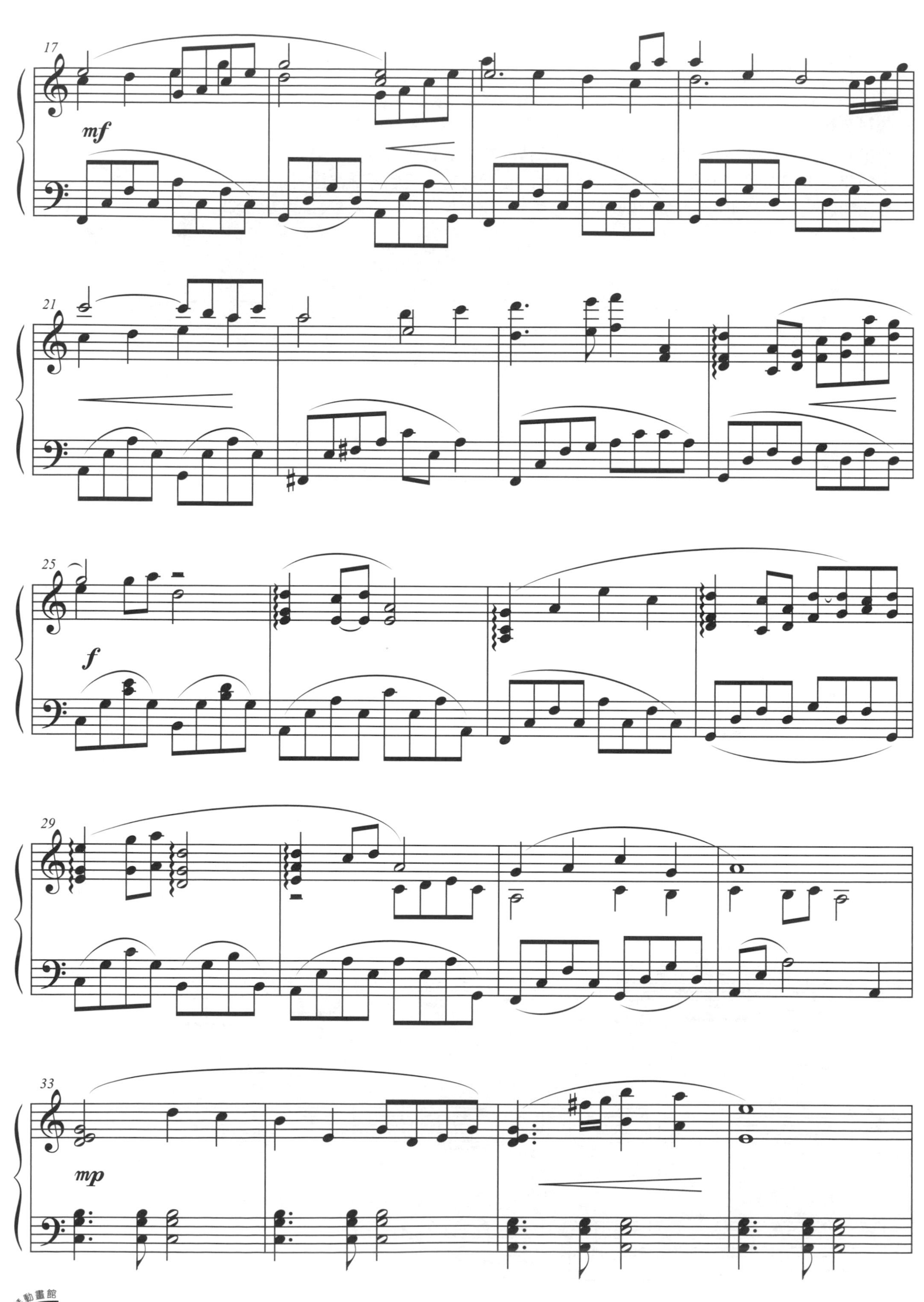
17
mf
21
25
f
29
33
mp

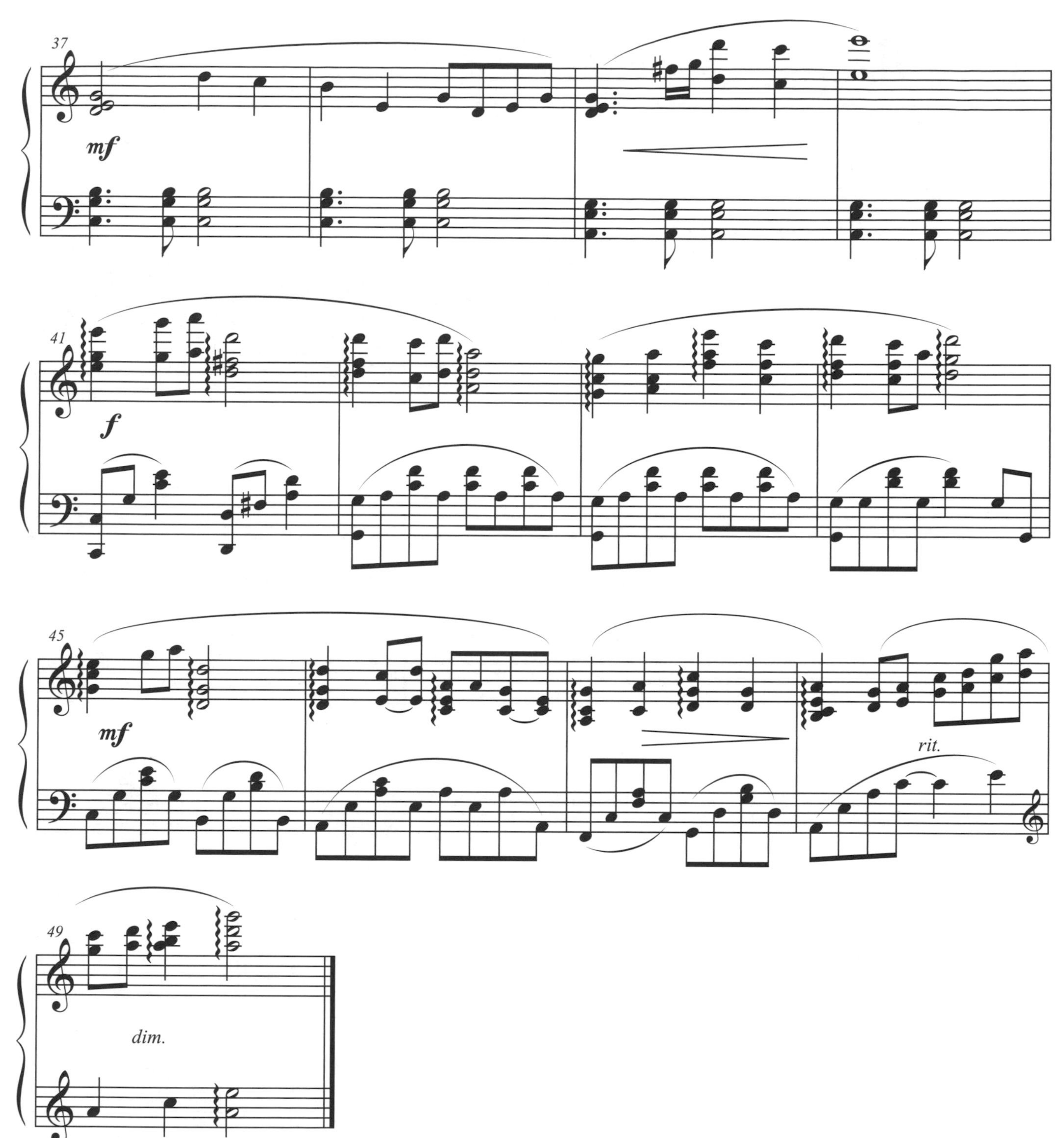

37
mf
41
f
45
mf
rit.
49
dim.

【紅豬 Porco Rosso】主題配樂

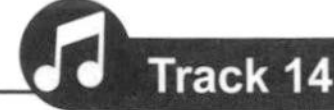

マルコとジーナのテーマ

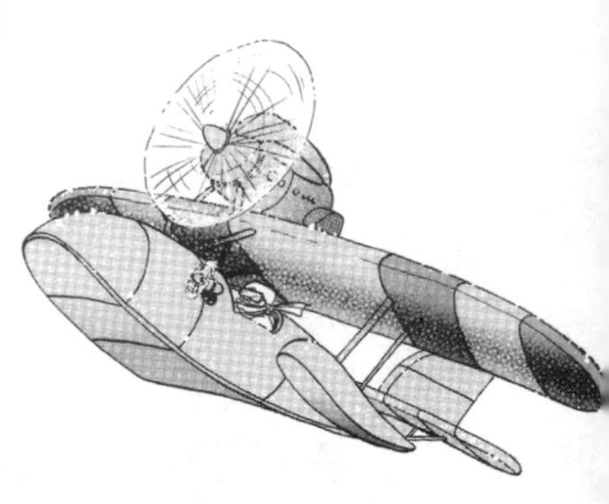

曲目解析

1–9小節前半，營造出霧一般的神秘感。第九小節後半進入主旋律，音色盡量豐富，情緒變化也應明顯。57–66小節是旋律的簡單變奏，表現方式比先前更戲劇化，67–72小節的左手節奏性較強，74小節則又進入相對柔和的分解和弦，不同風格之間的轉變要自然。

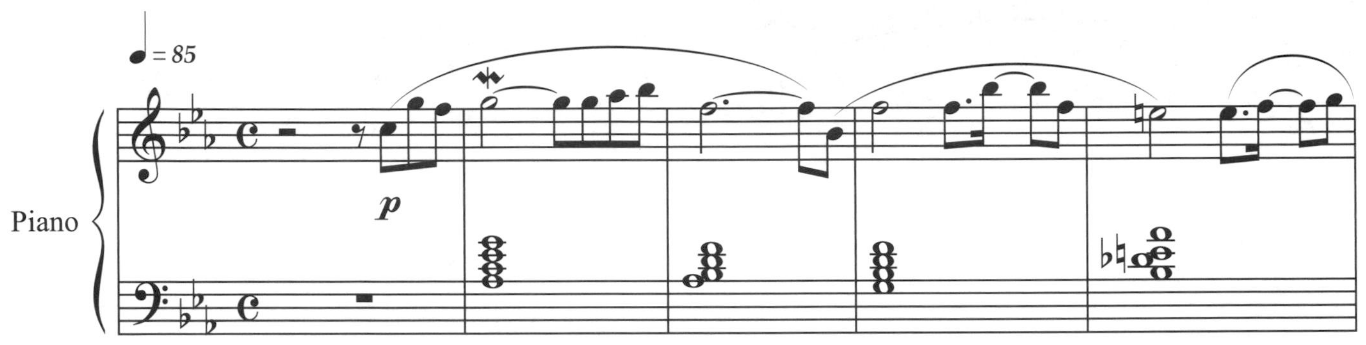

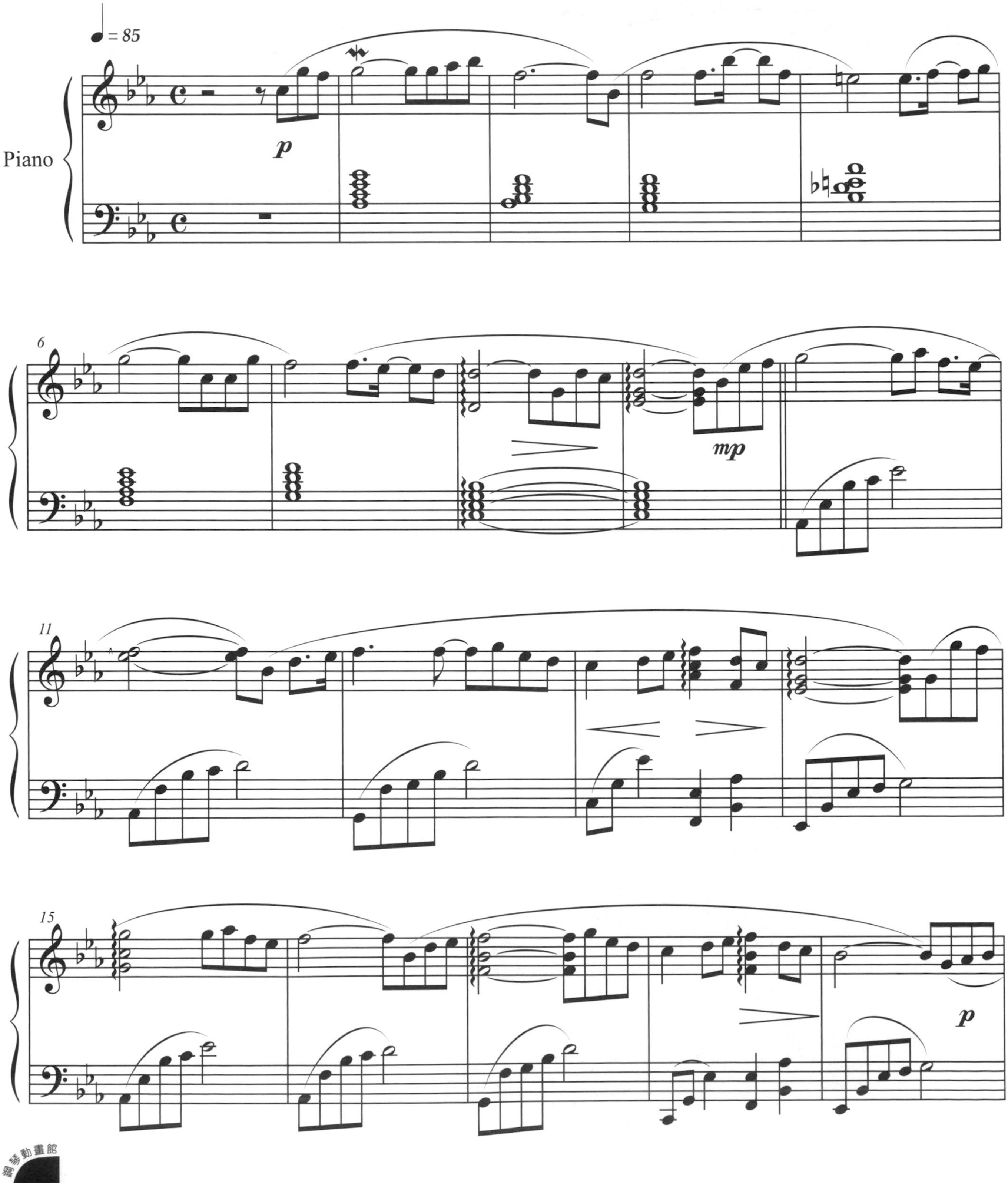

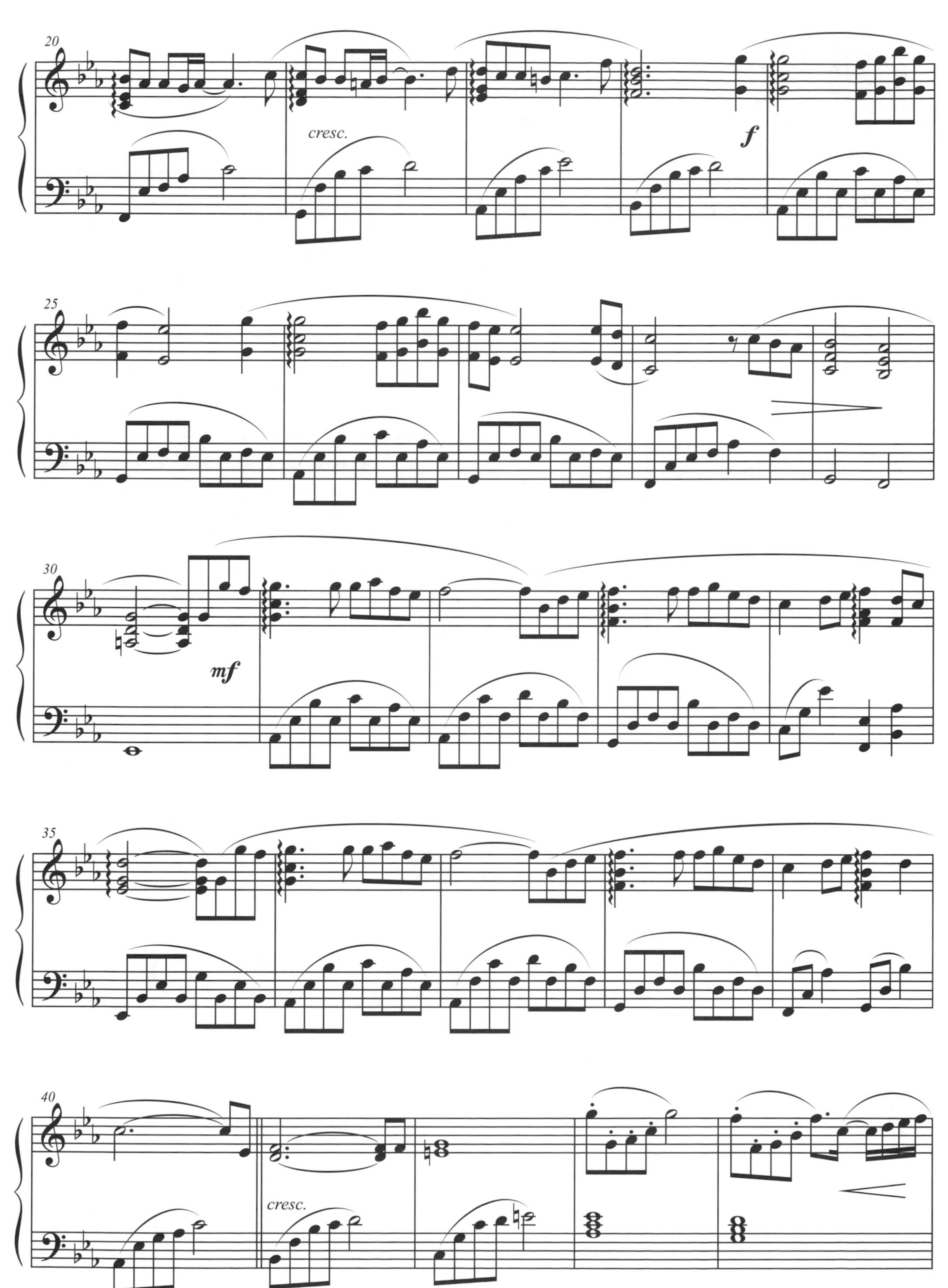

cresc.
f
mf
cresc.

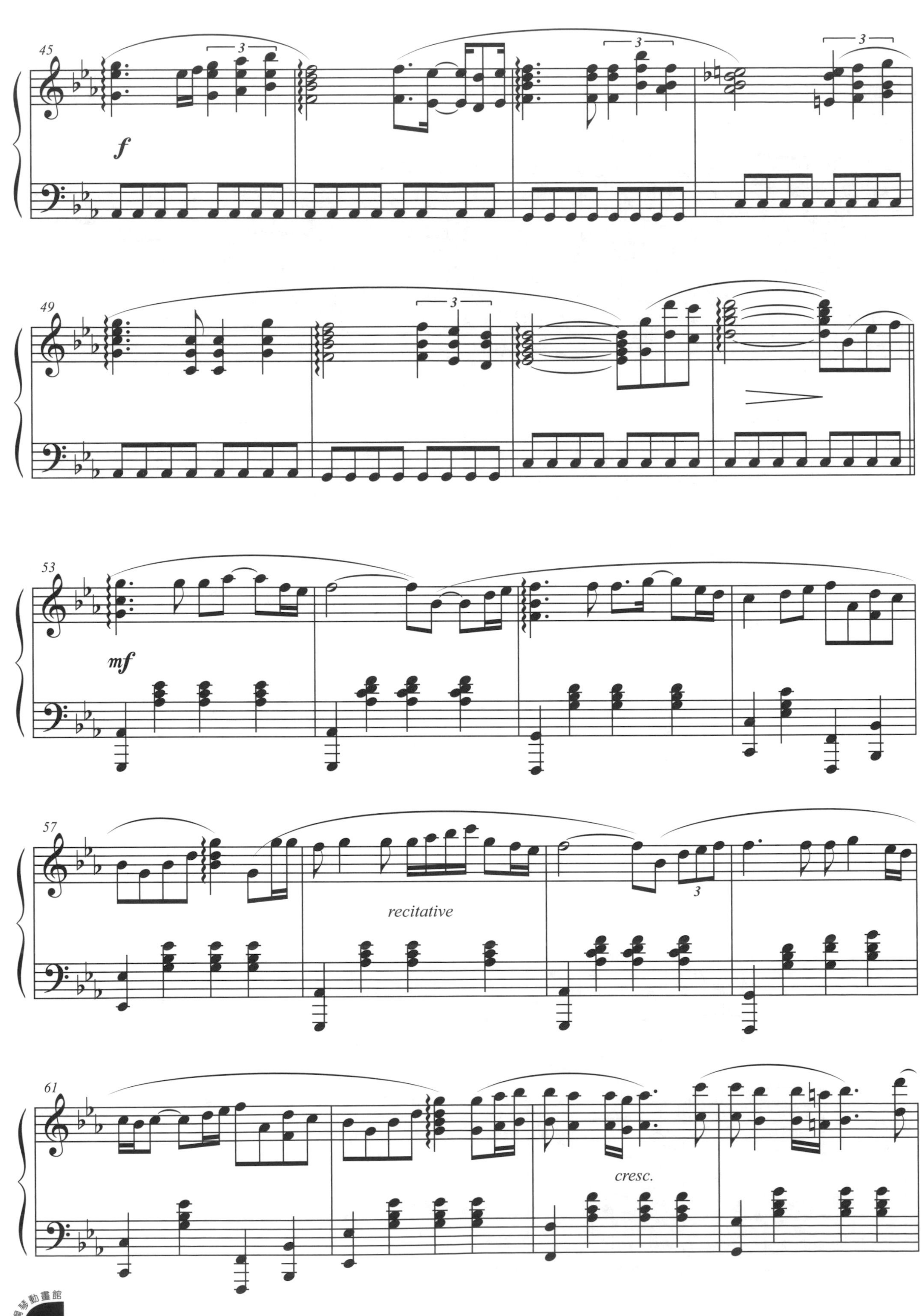
45
f
49
53
mf
57
recitative
61
cresc.

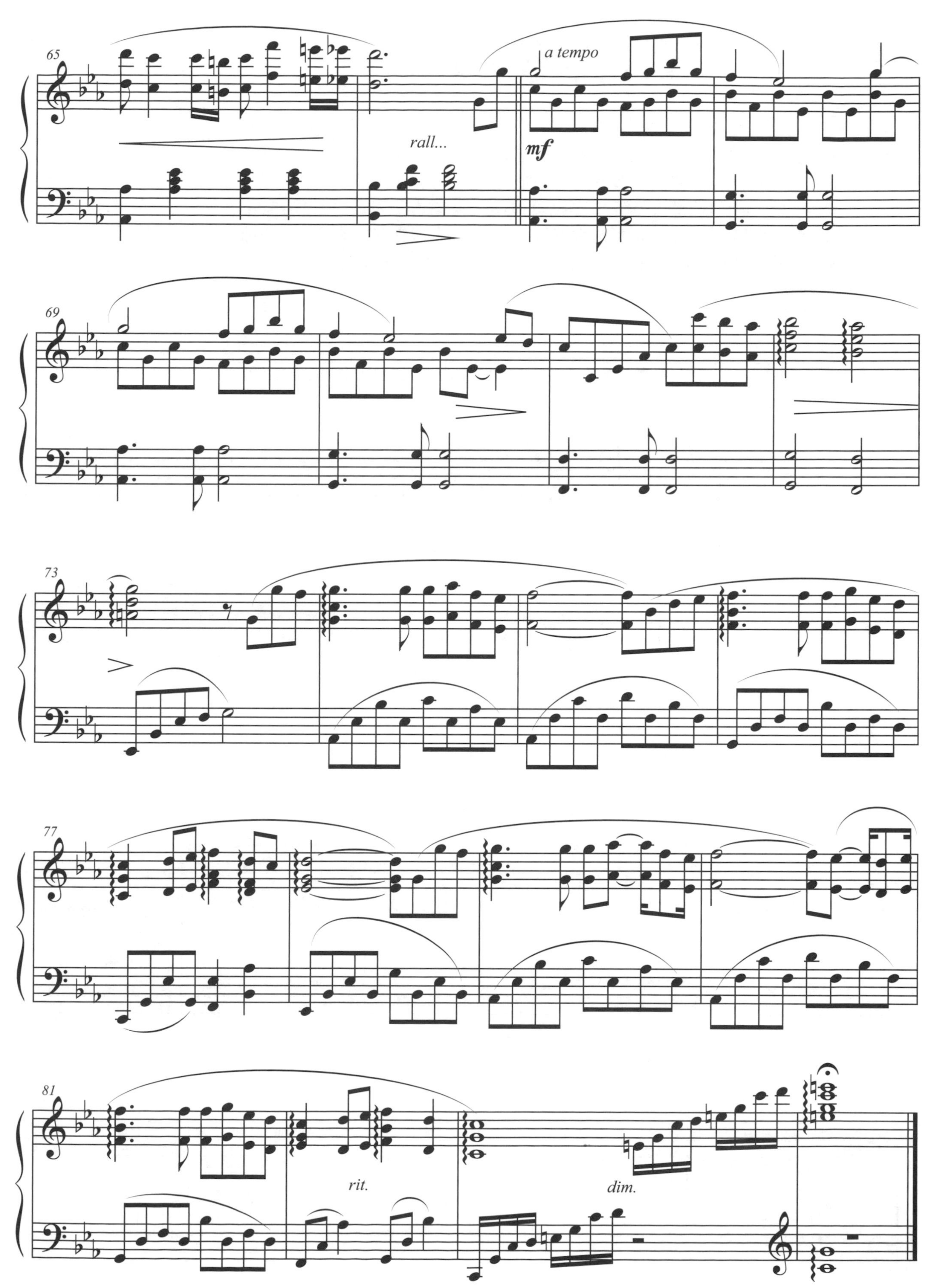
65
a tempo
rall...
mf
69
73
77
81
rit.
dim.

【貓的報恩 The Cat Returns】主題曲

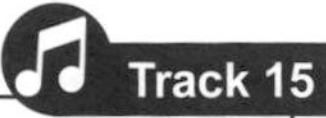

幻化成風

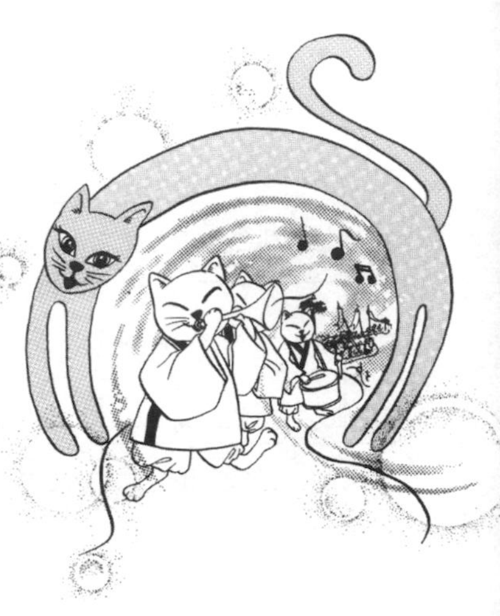

曲目解析

梁靜茹翻唱的「小手拉大手」原版。自始至終應保持流暢度，避免趕拍子。6–29小節左手強調節奏，上方的四分及八分音符希望表現非洲鼓般的音色。30小節開始進入分解和弦，推進副歌，踏瓣務必換乾淨。47–58小節的間奏要寬闊，給人豁然開朗的感覺。59小節副歌先安靜重現，63小節開始增強。78小節旋律在四級和弦結束，進入節拍鮮明的尾奏。

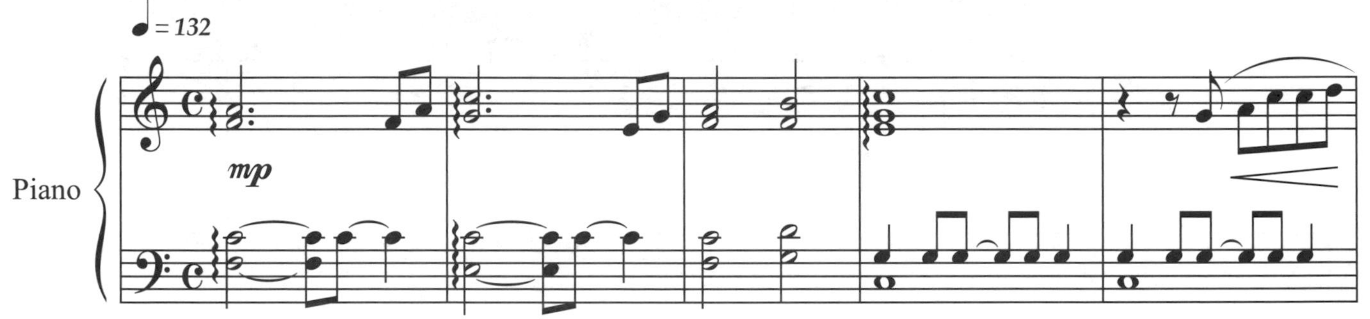

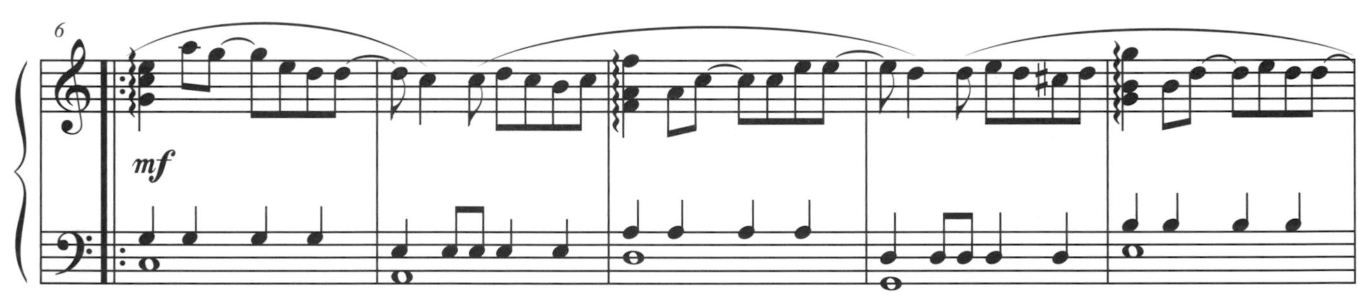

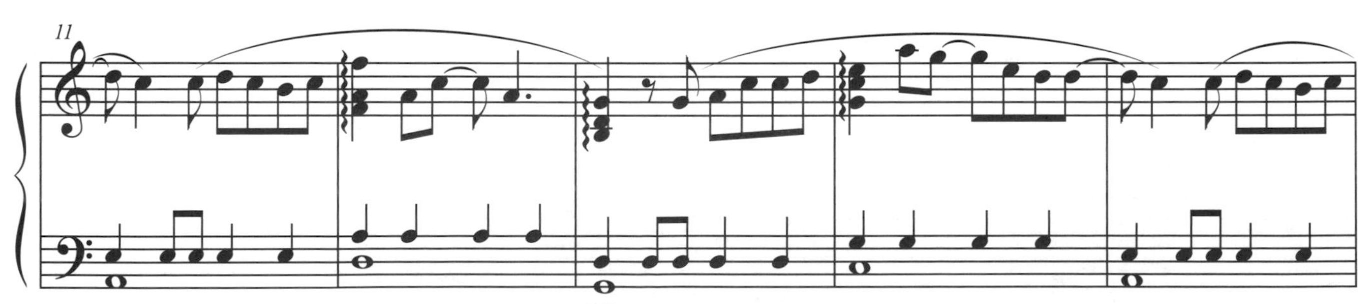

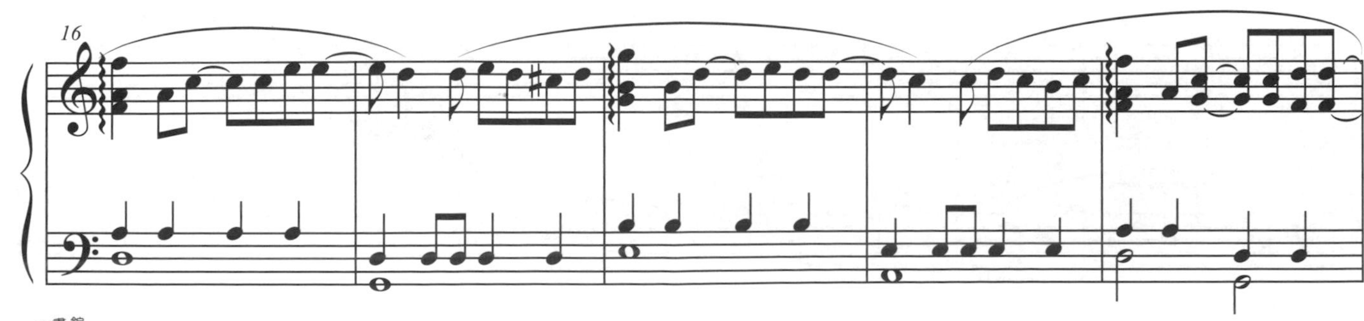

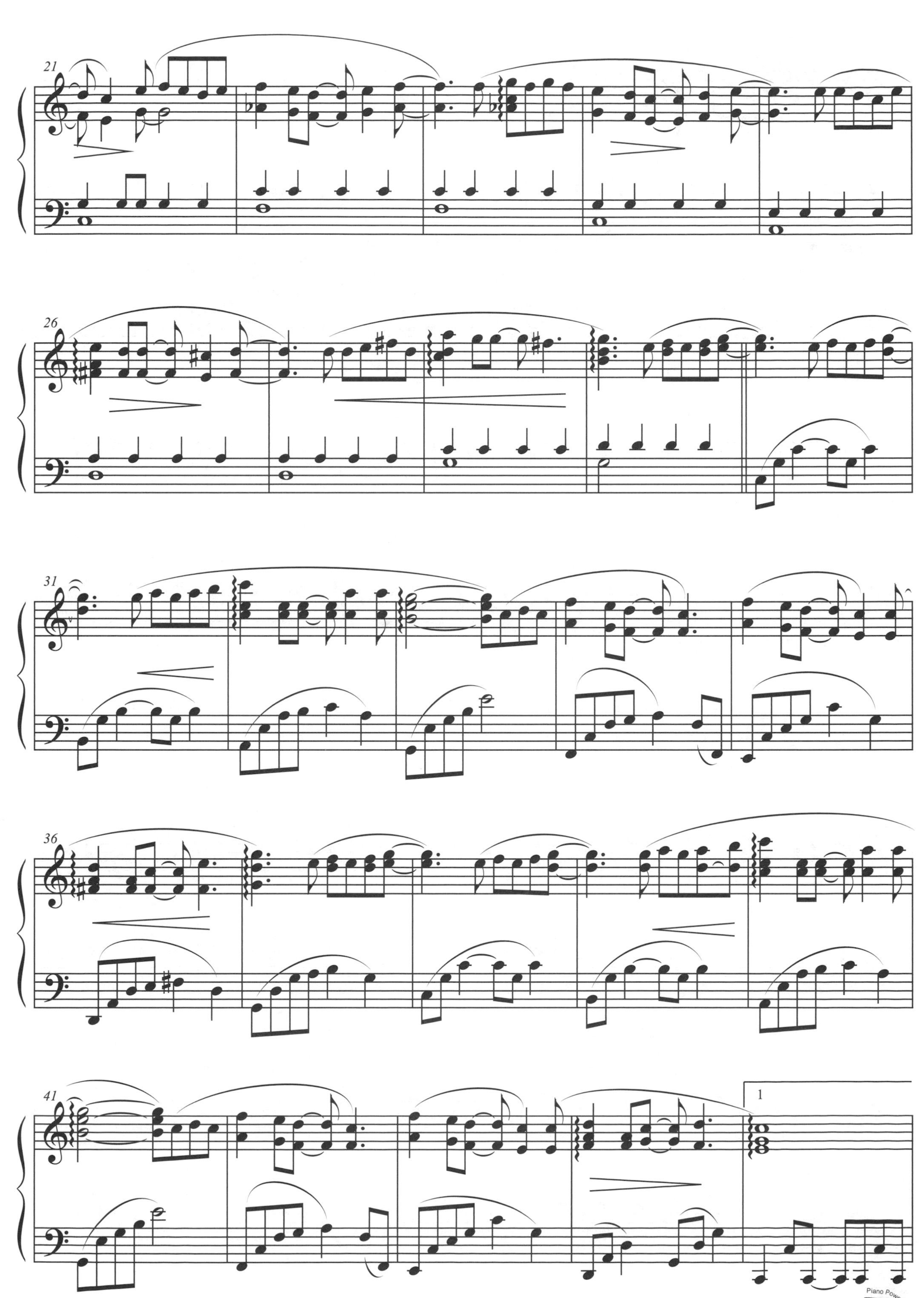
21
26
31
36
41
1

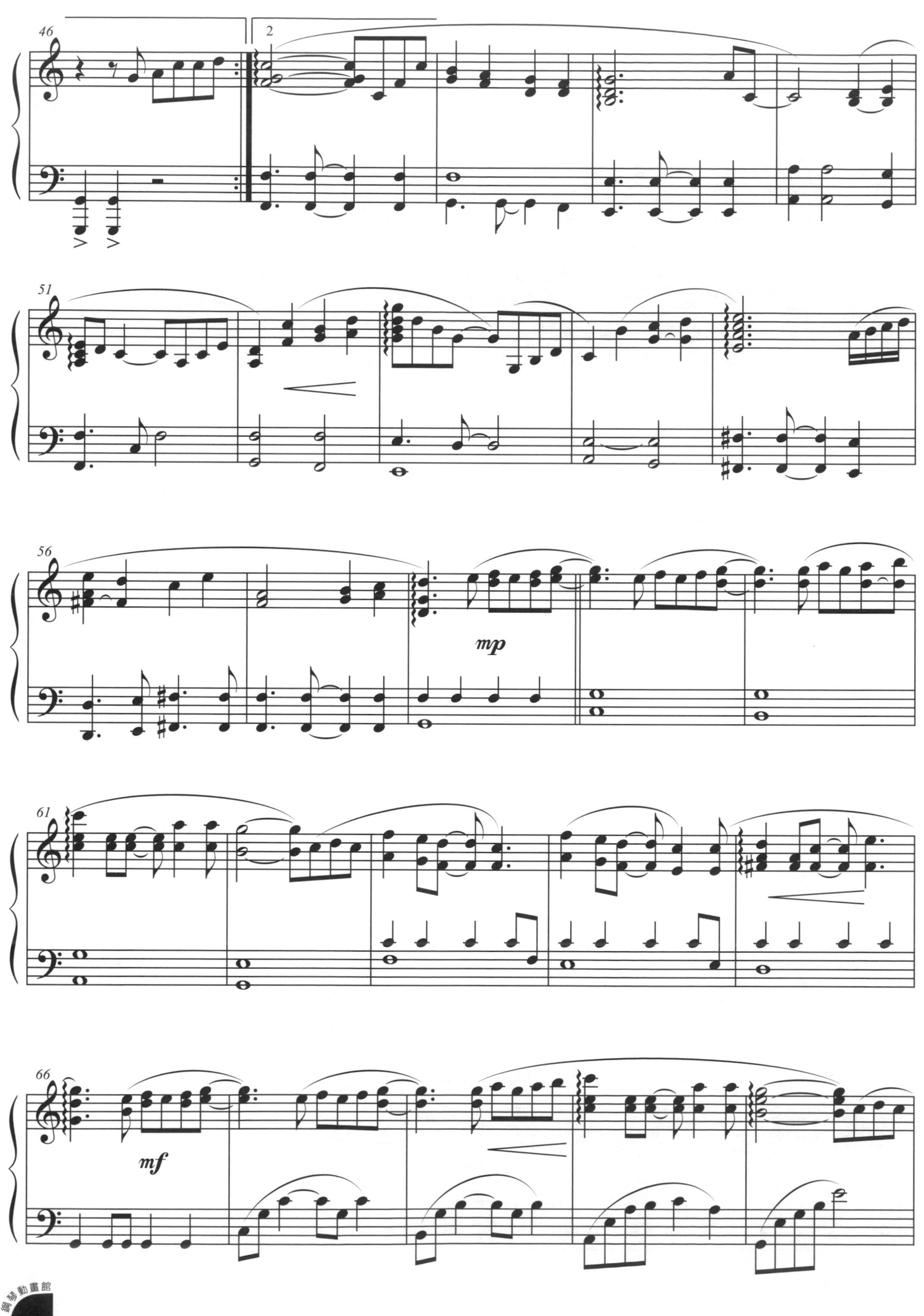
46
2
51
56
mp
61
66
mf

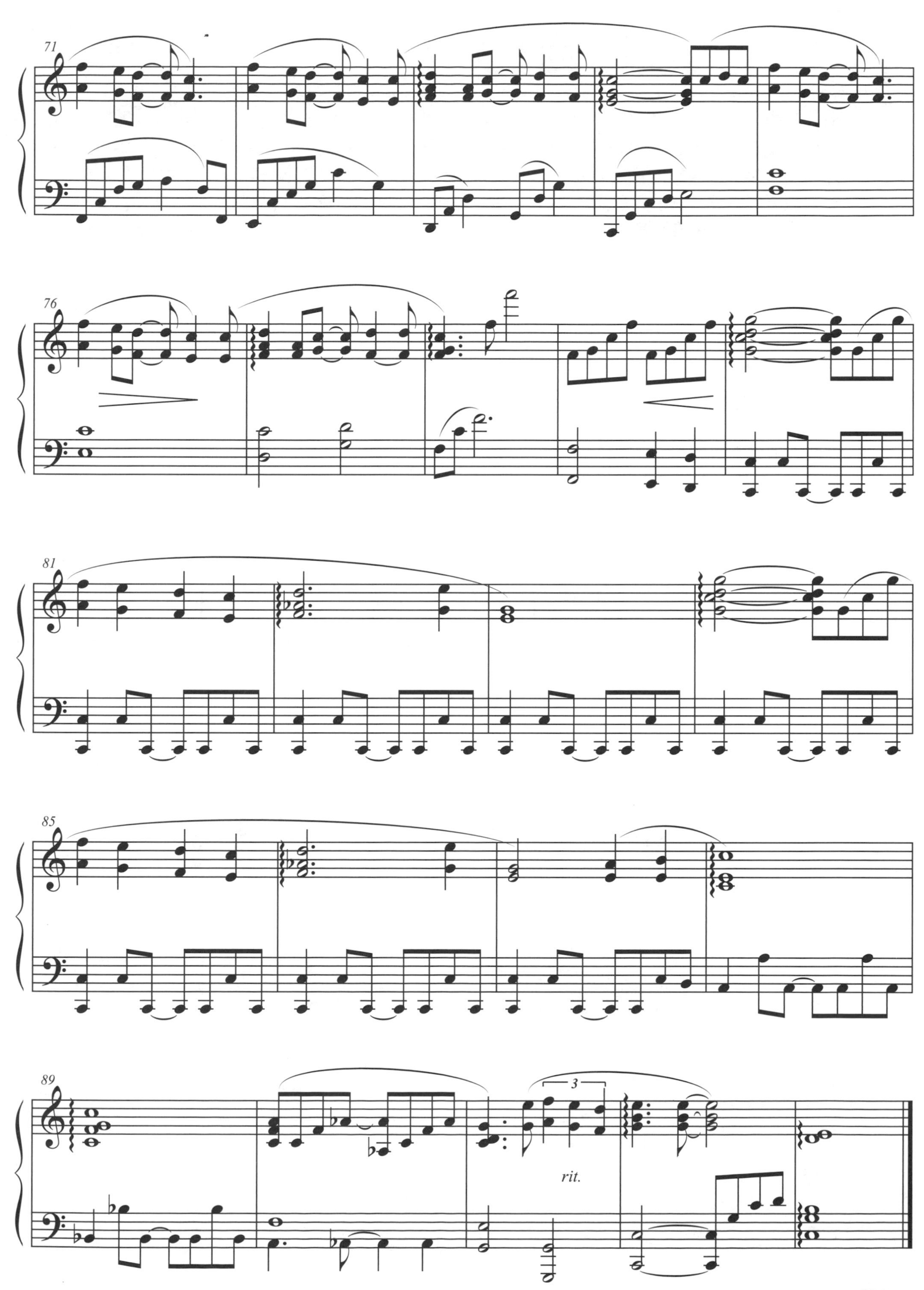
71
76
81
85
89
rit.
3

【忍者亂太郎 Nintan Rantaro】主題曲

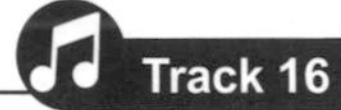

勇氣百分百

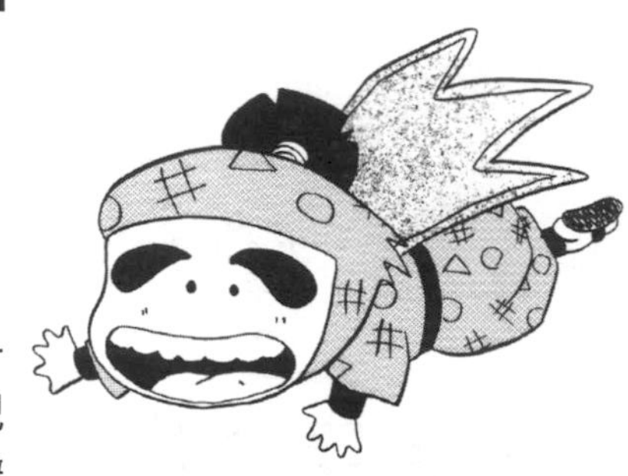

曲目解析

全曲充滿開朗活潑的陽光氣息，但因曲子較長，音形變化也大，加上一連轉了好幾個調，難度算是偏高。69–84小節轉入B大調，多達五個升記號，較不好處理。左手低音要輕快飽滿，強調walking bass的感覺，踏瓣不要踩得太多，免得混濁。

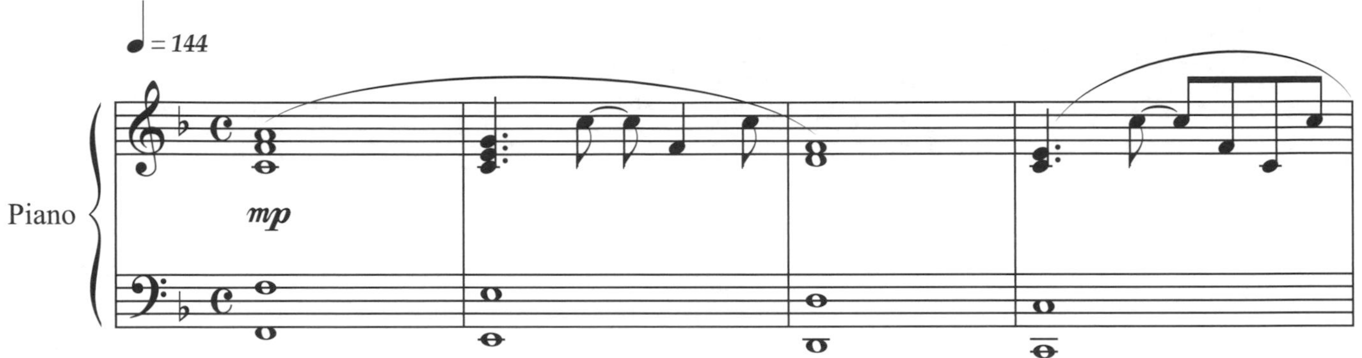

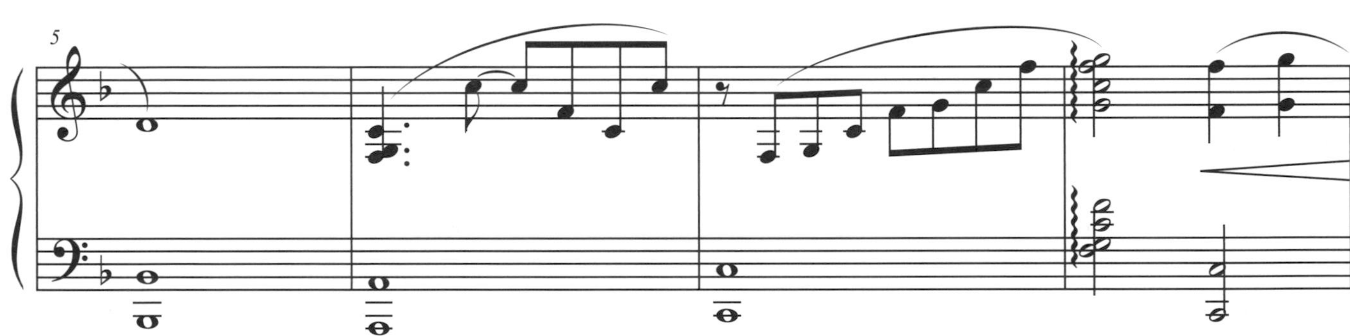

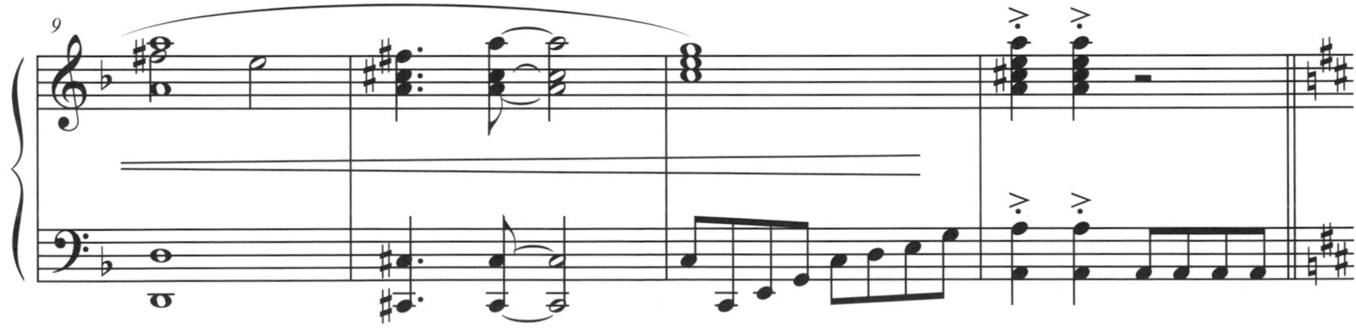

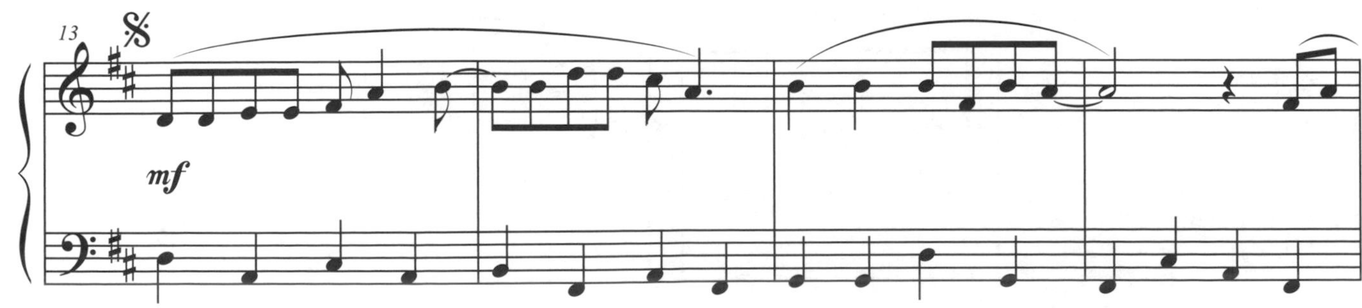

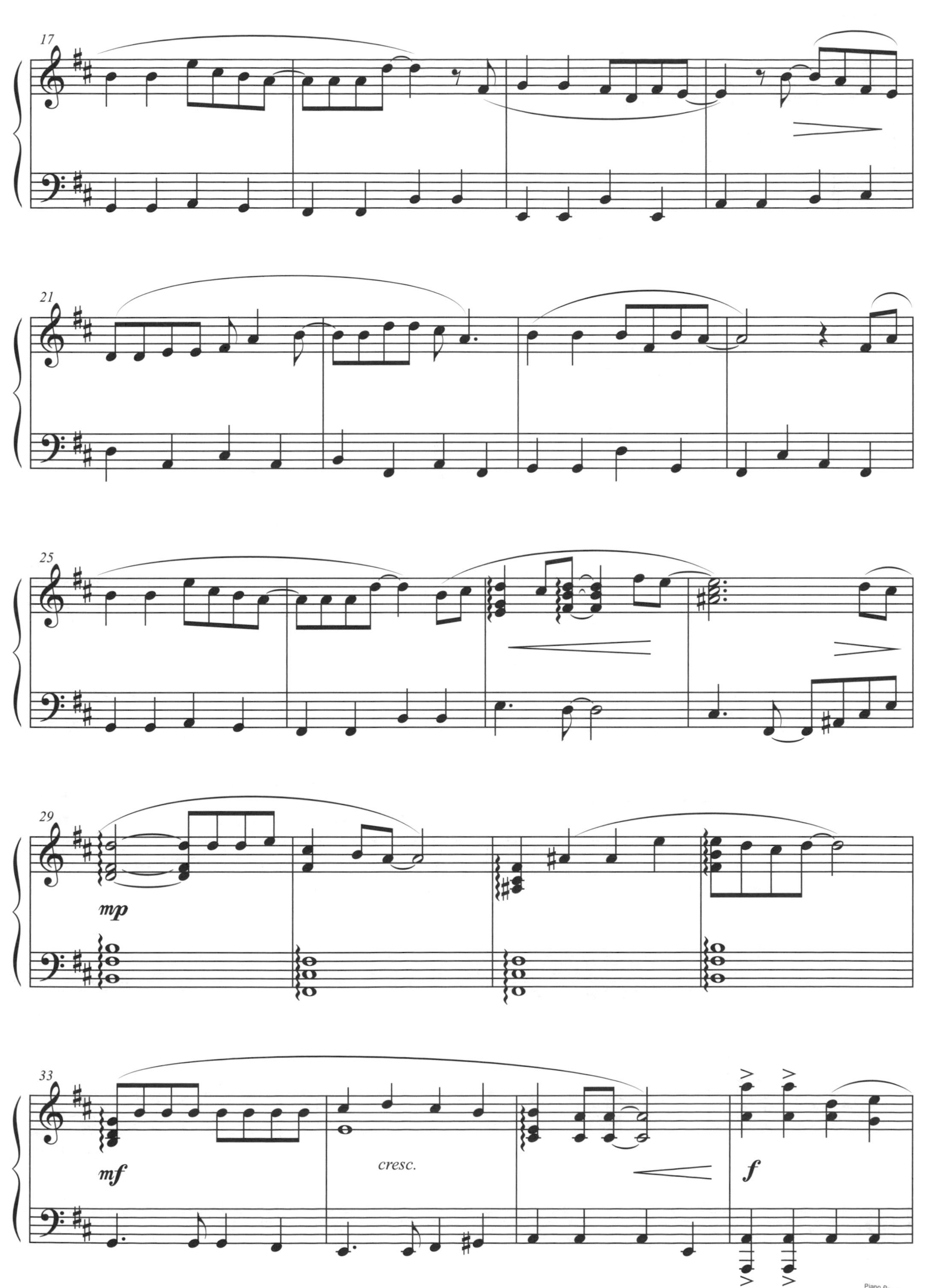
17
21
25
29
mp
33
mf
cresc.
f

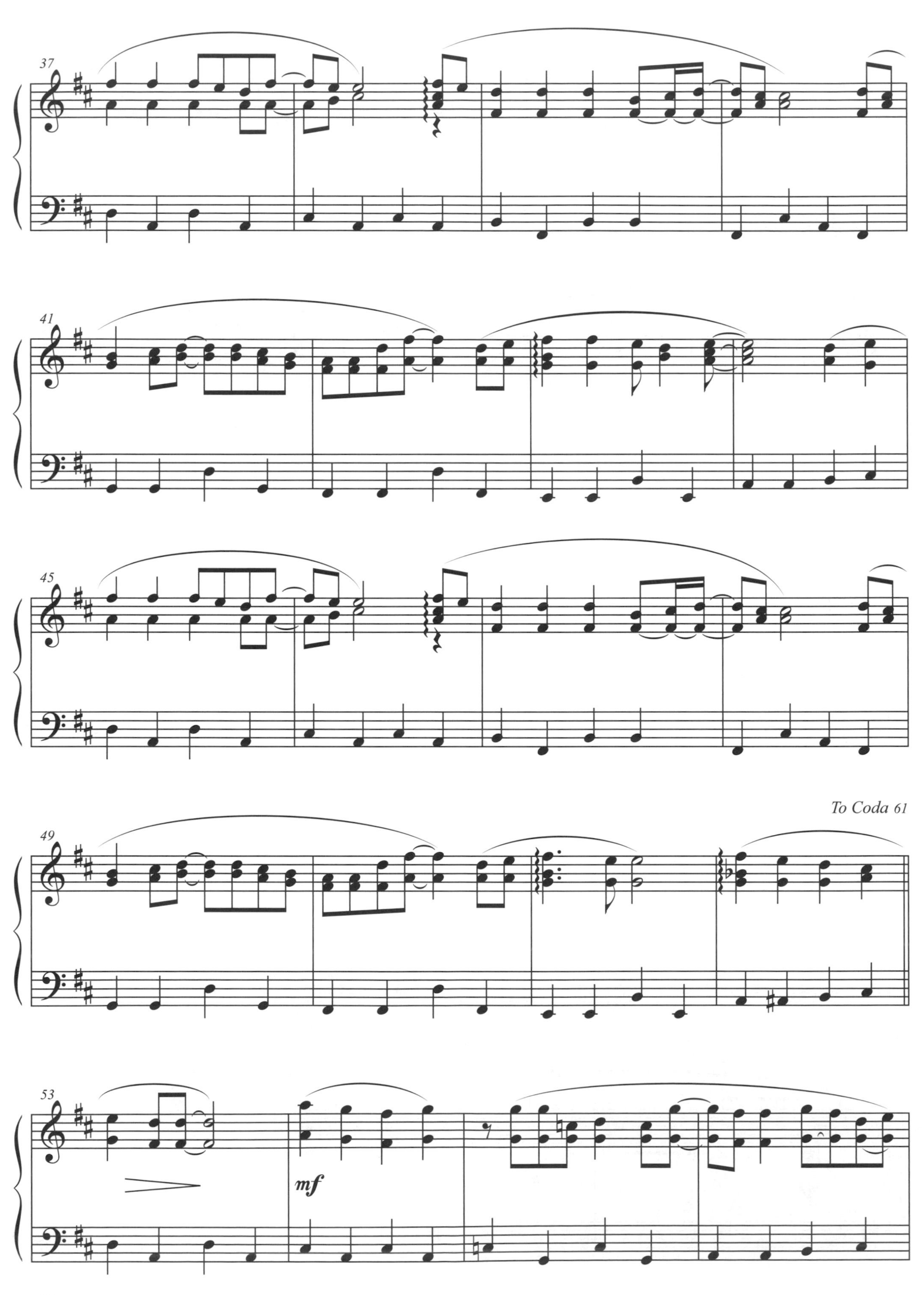

37
41
45
To Coda 61
49
53
mf

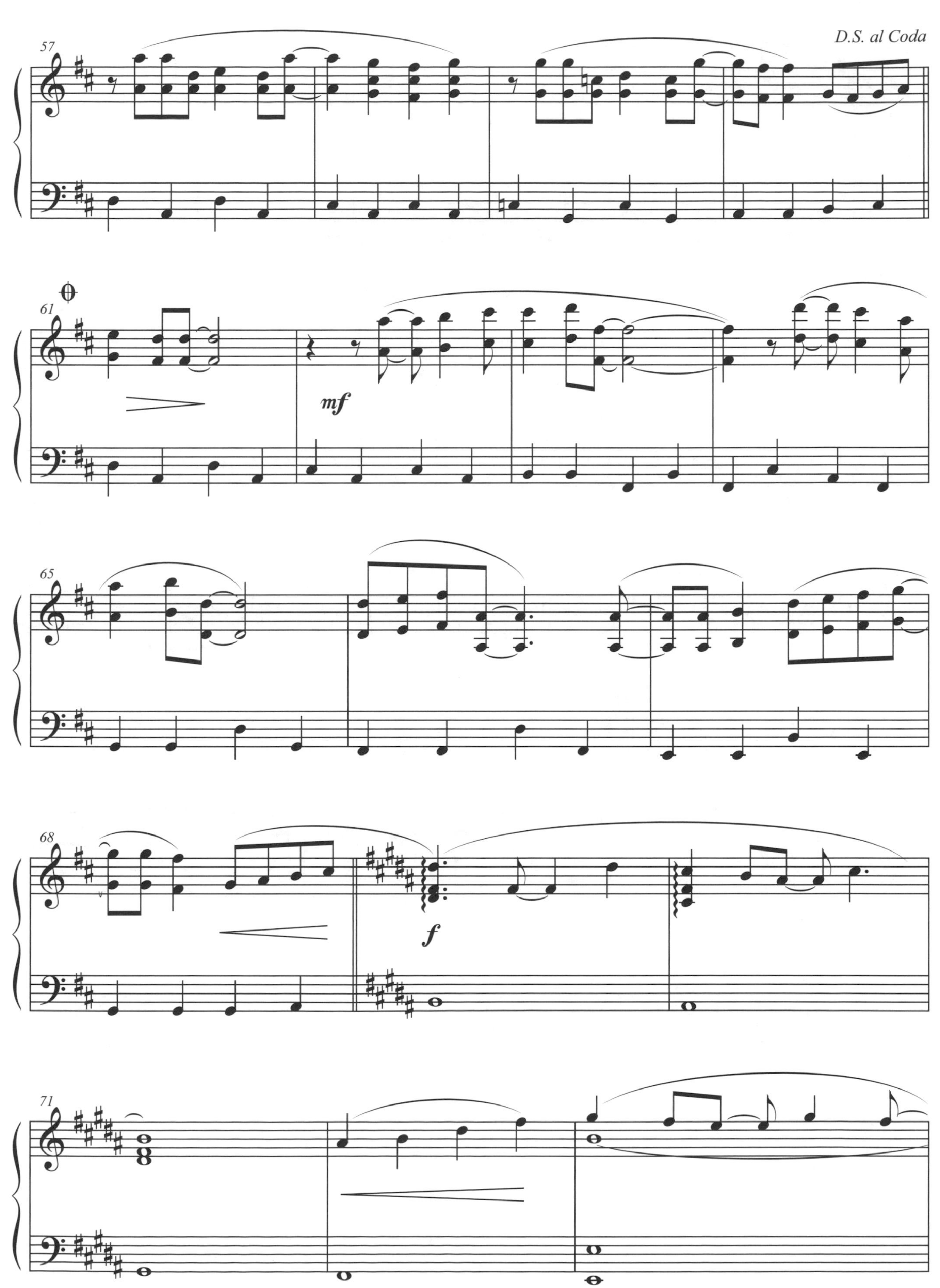
D.S. al Coda
57
61
mf
65
68
f
71

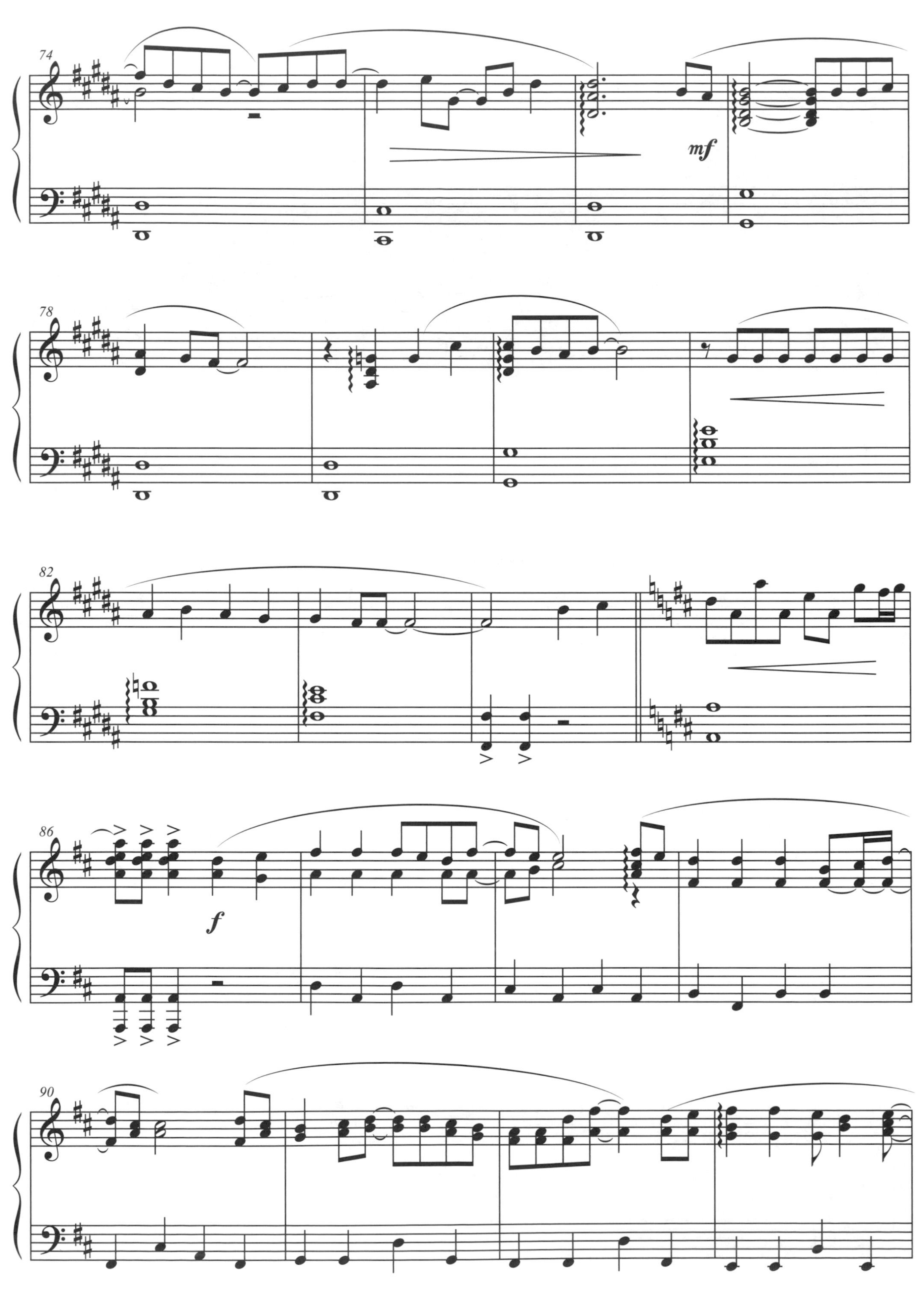
74
mf
78
82
86
f
90

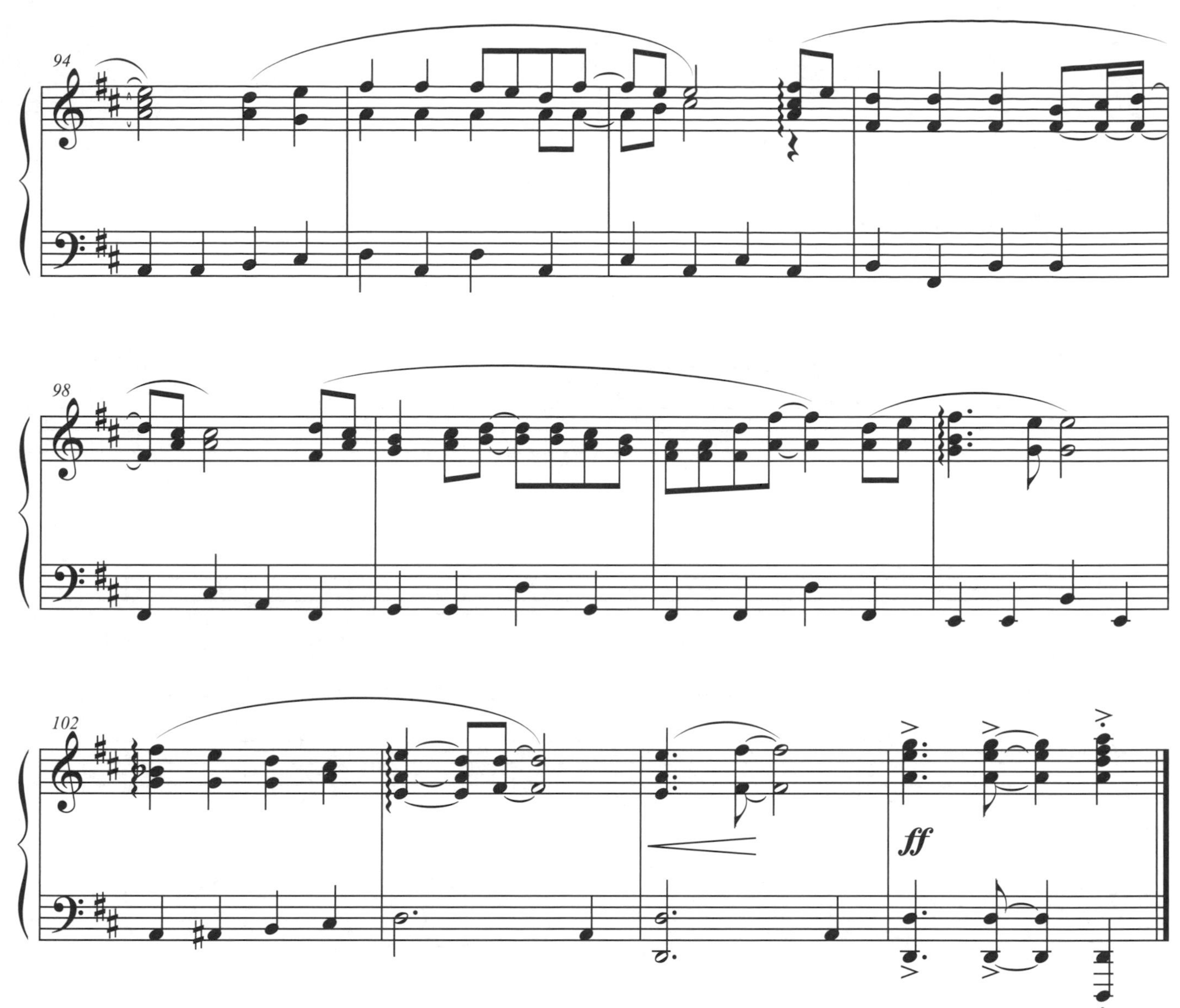
94
98
102
ff

【名偵探柯南 Detective Conan】主題曲

因為有你

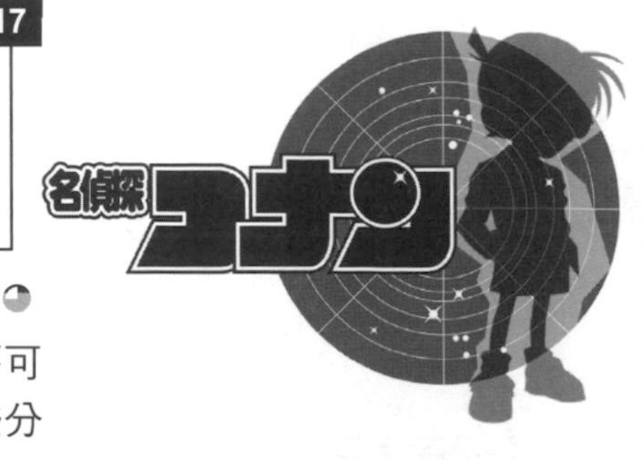

曲目解析

溫暖柔美的旋律。右手二聲部（如5–9小節、12–13小節）要清楚但不可蓋過主題。右手出現不少八度音程，可藉機練習手掌的擴張。左手有些分解和弦音域較廣，不得已可用右手幫忙。

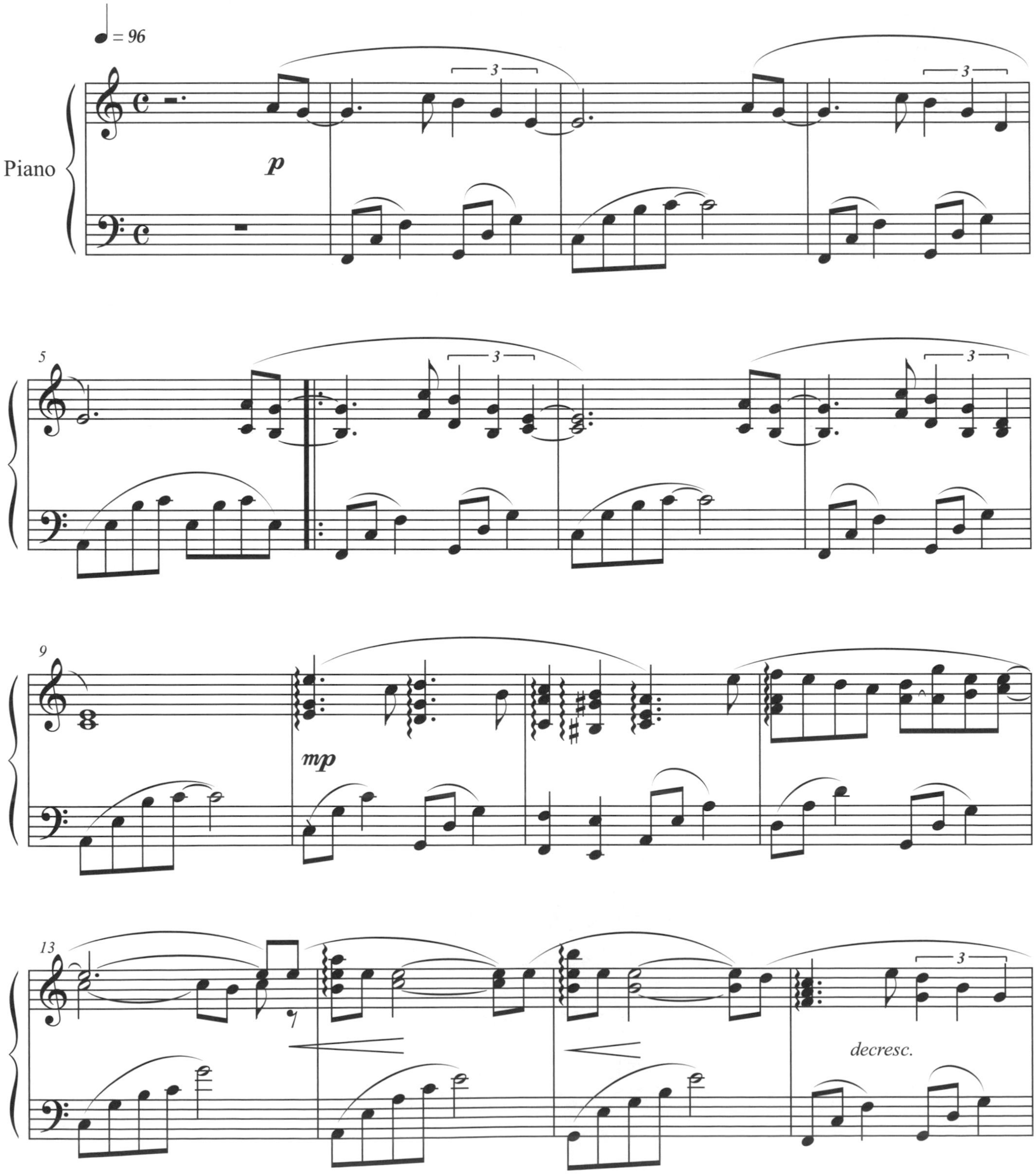

♩= 96

Piano

p

5

9

mp

13

decresc.

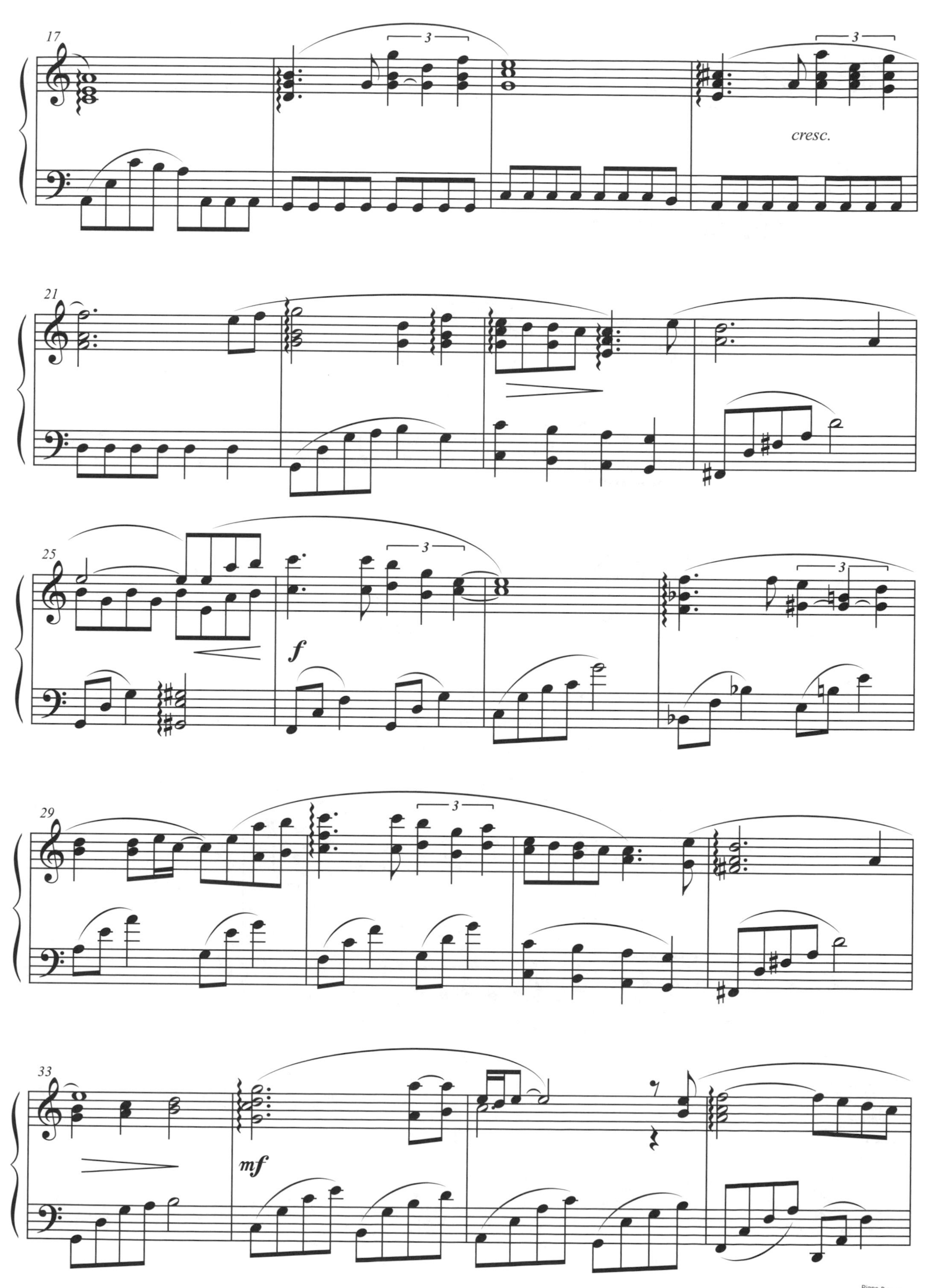
17
3
3
cresc.
21
25
3
f
3
29
3
33
mf

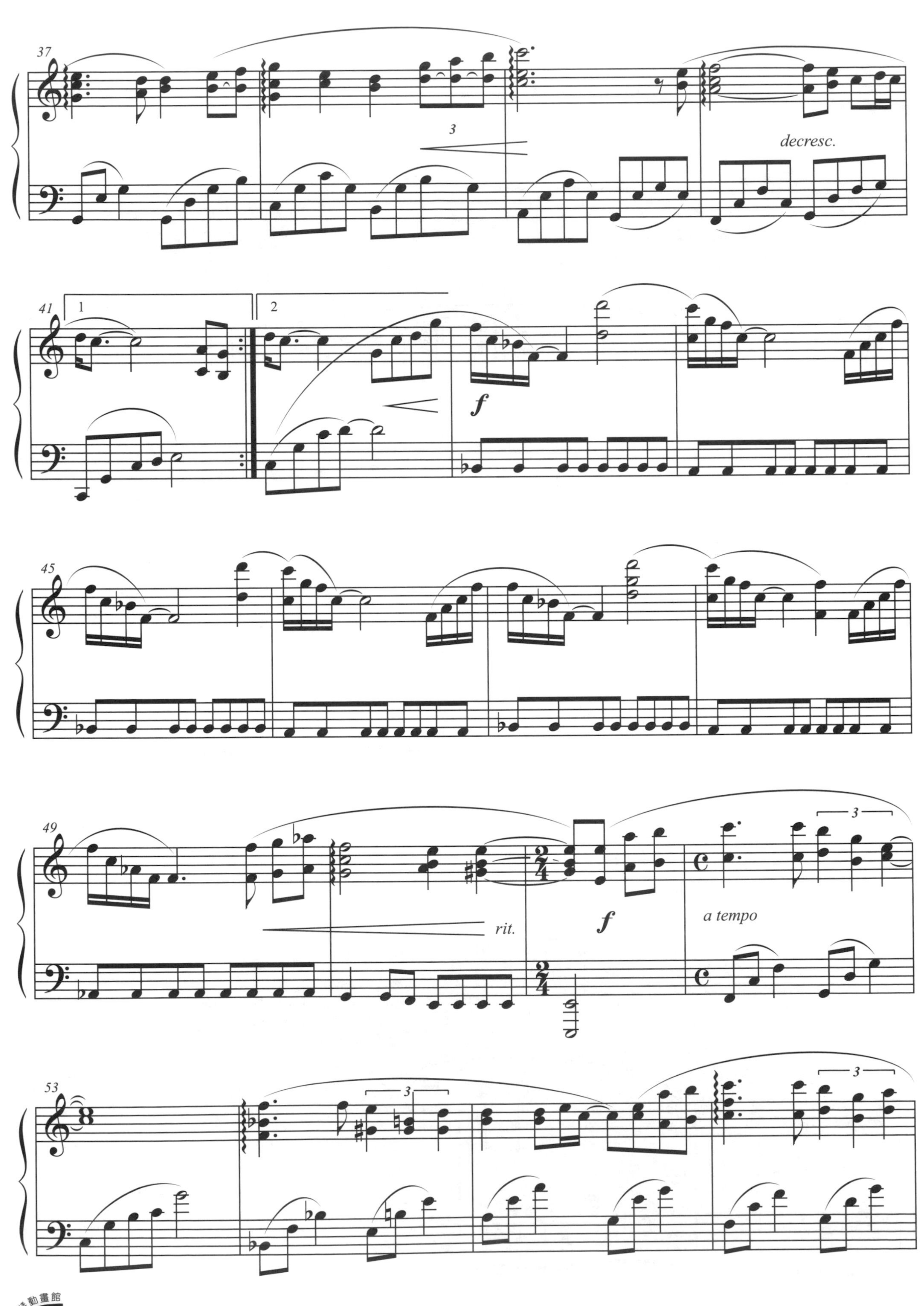
37
decresc.
41
1
2
f
45
49
rit.
f
a tempo
53

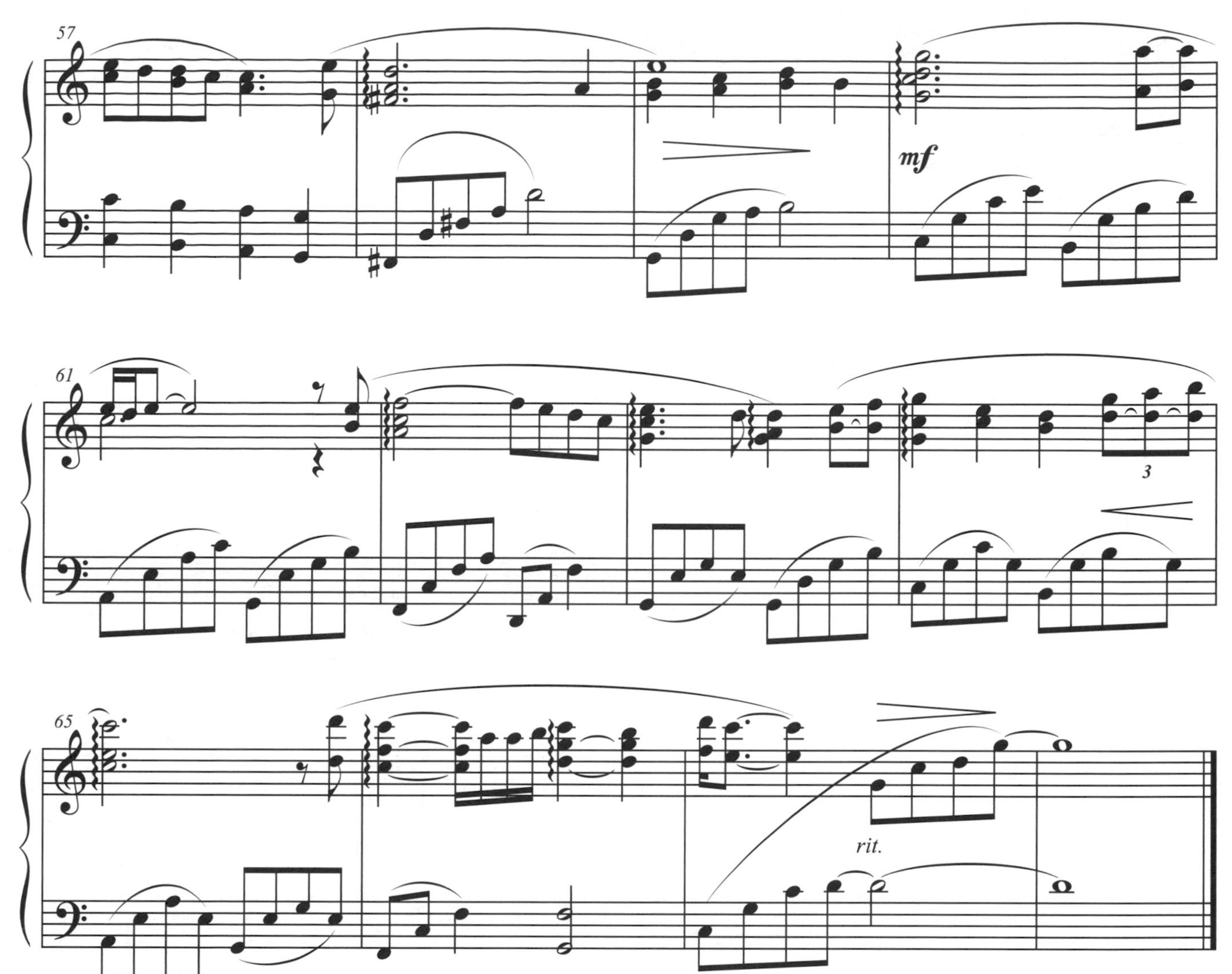
57
mf
61
3
65
rit.

【犬夜叉 Inuyasha】主題曲

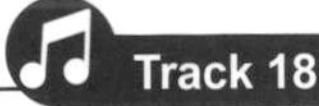

半妖犬夜叉

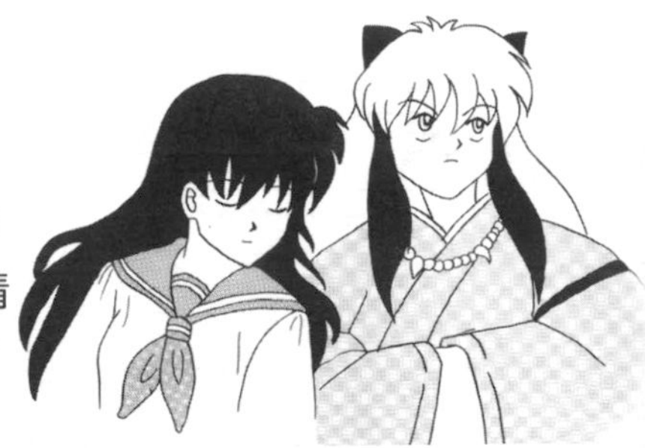

曲目解析

氣勢磅礴的戰鬥音樂。全曲須一氣呵成。左手保持一定力道，和弦整齊清楚，根音部分須訓練小拇指穩定度，並留意拍子。右手旋律要強而有力，樂句乾淨俐落，表現出帥氣和戰鬥力。

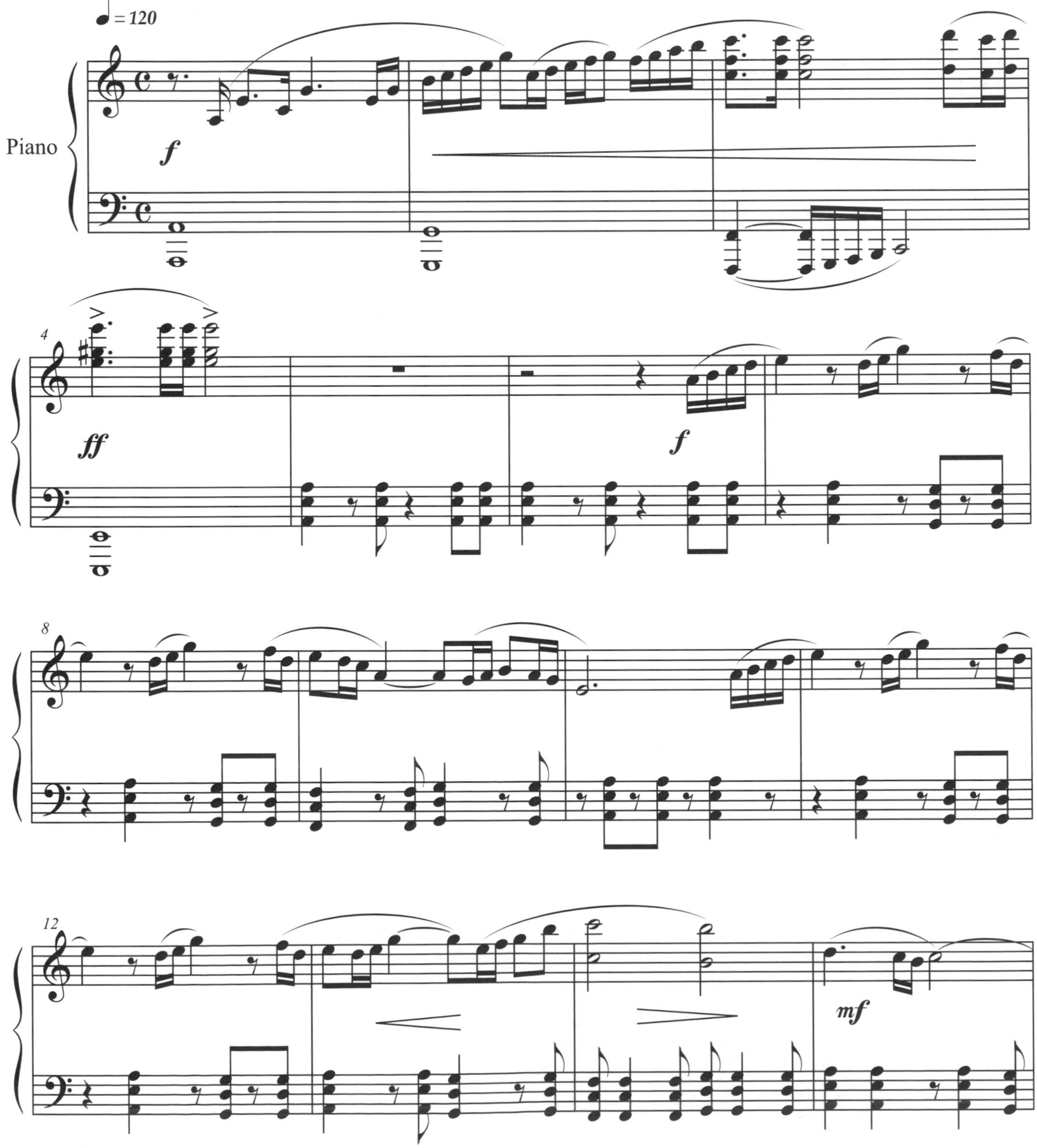

♩= 120

Piano

f

4

ff

f

8

12

mf

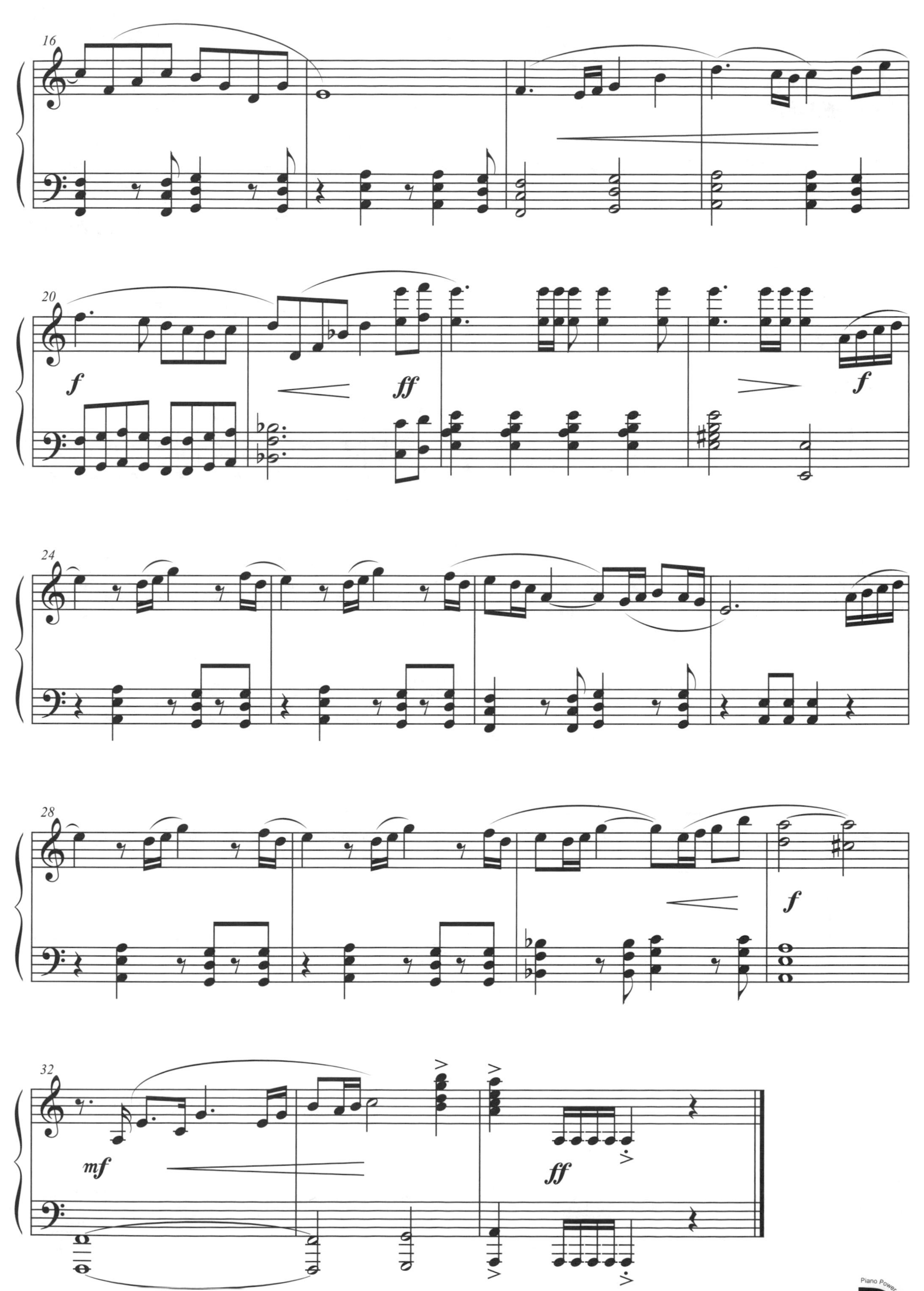
16
20
f
ff
f
24
28
f
32
mf
ff

【櫻桃小丸子 Chibi Maruko】主題曲

劈哩啪啦

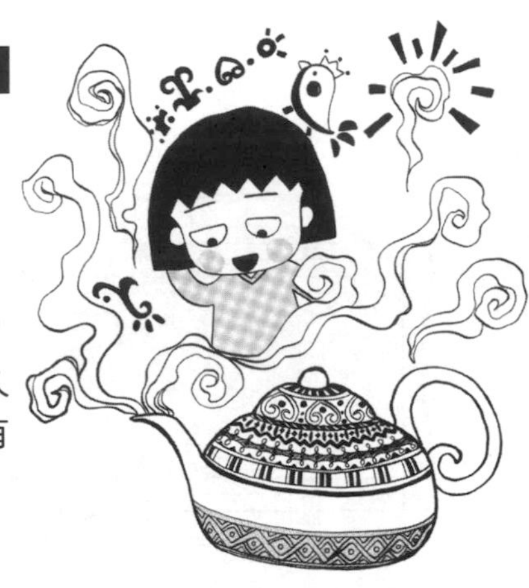

曲目解析

左手持續用分散八度伴奏，是不錯的耐力練習。乍看之下簡單，但彈久了手還是會酸。拇指和小指動作要靈活，觸鍵要明確，右手旋律調皮有精神。

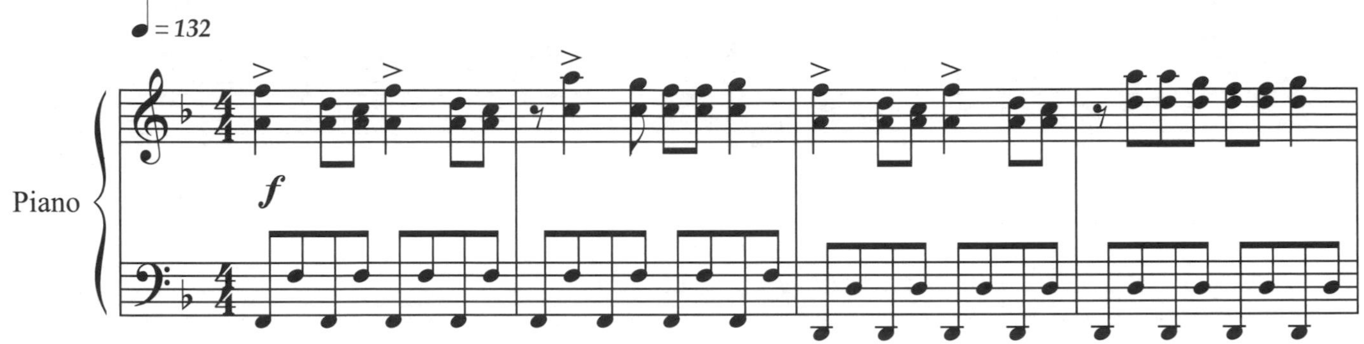

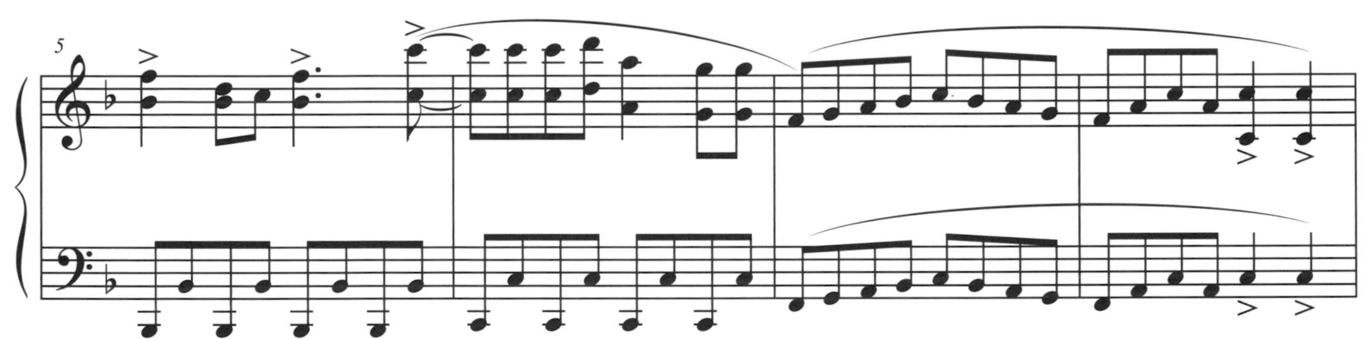

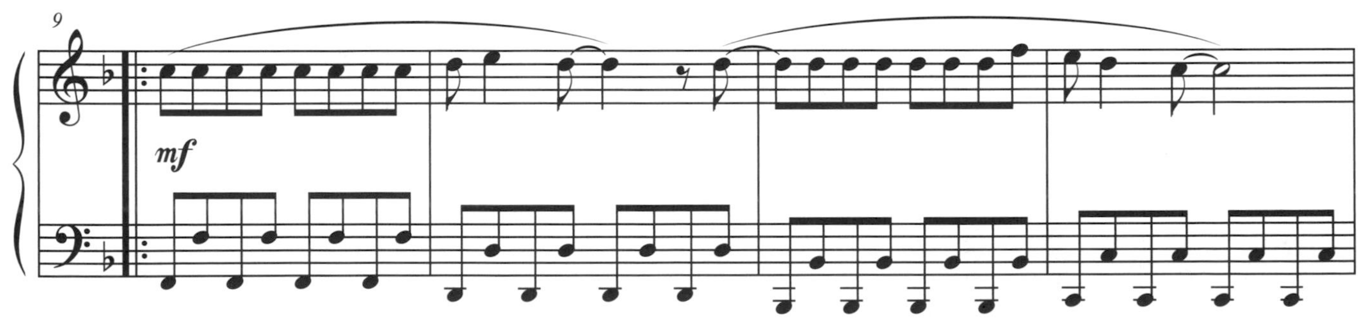

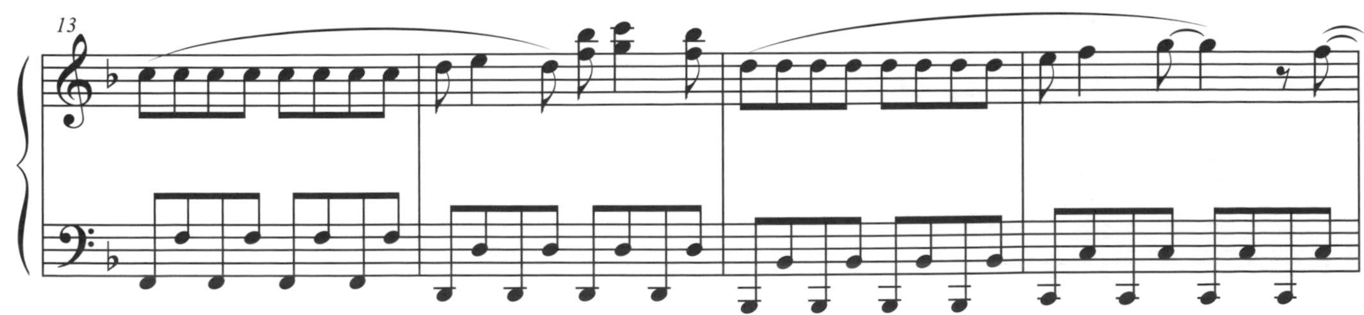

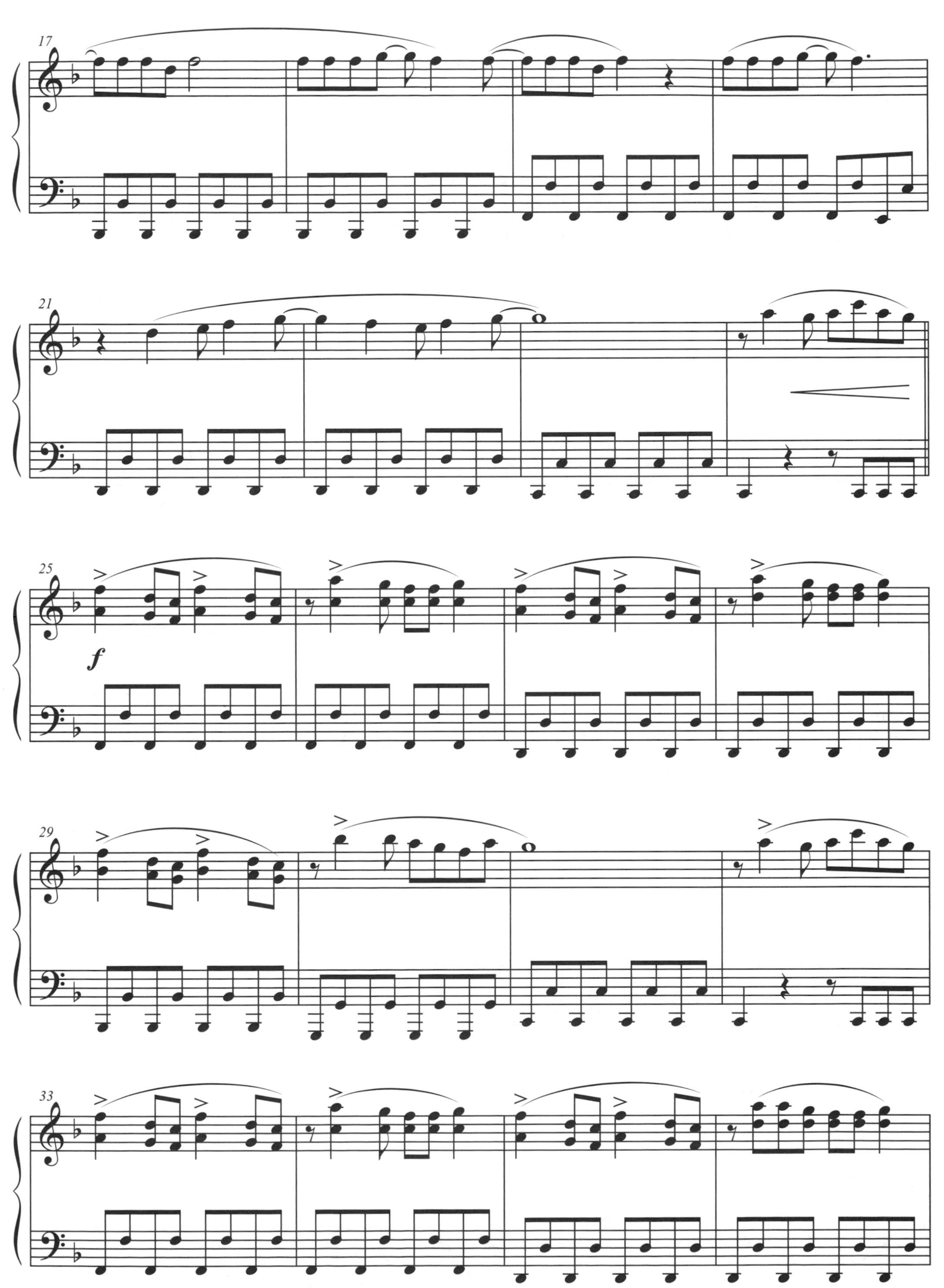
f

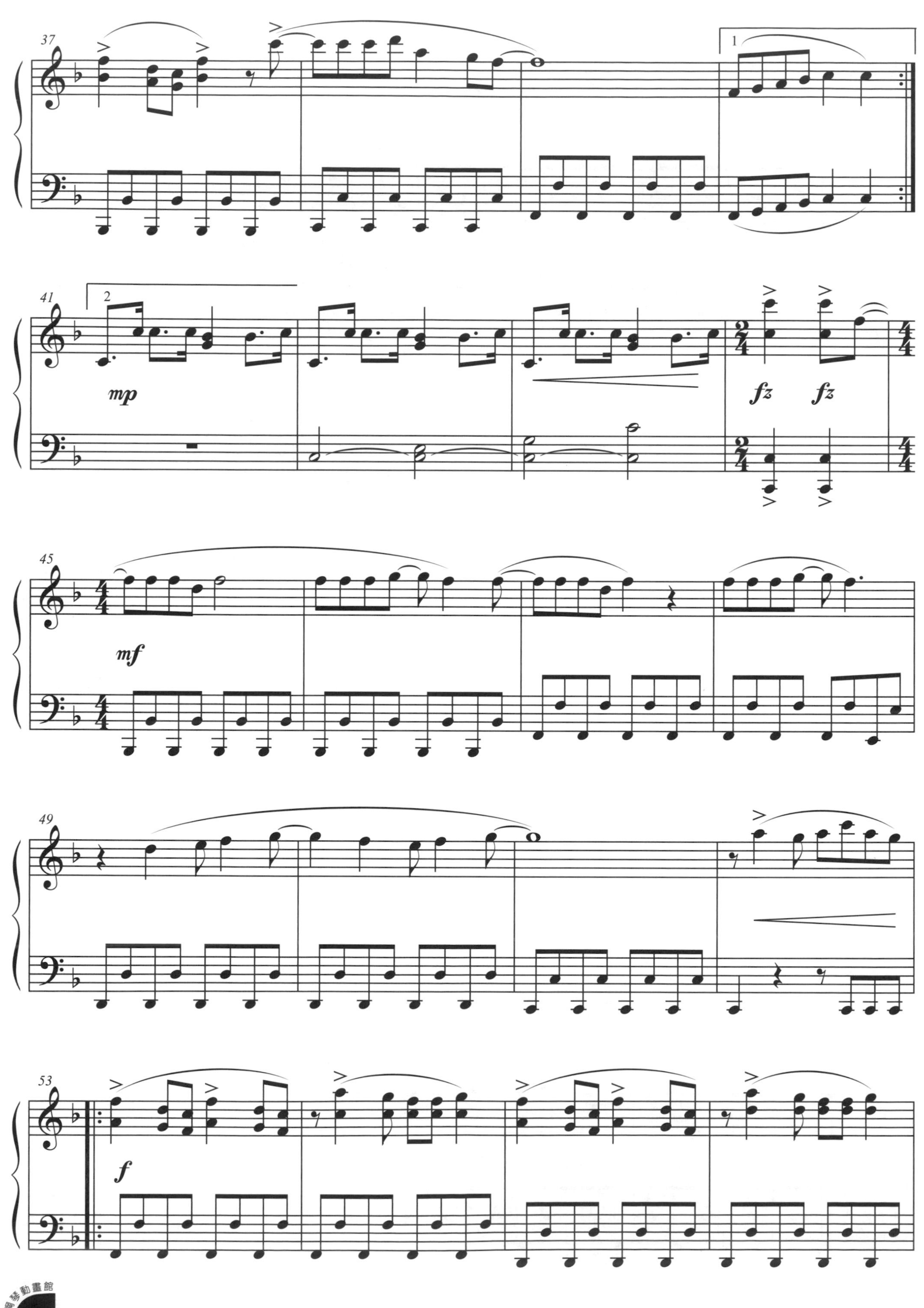

37
1
41
2
mp
fz
fz
45
mf
49
53
f

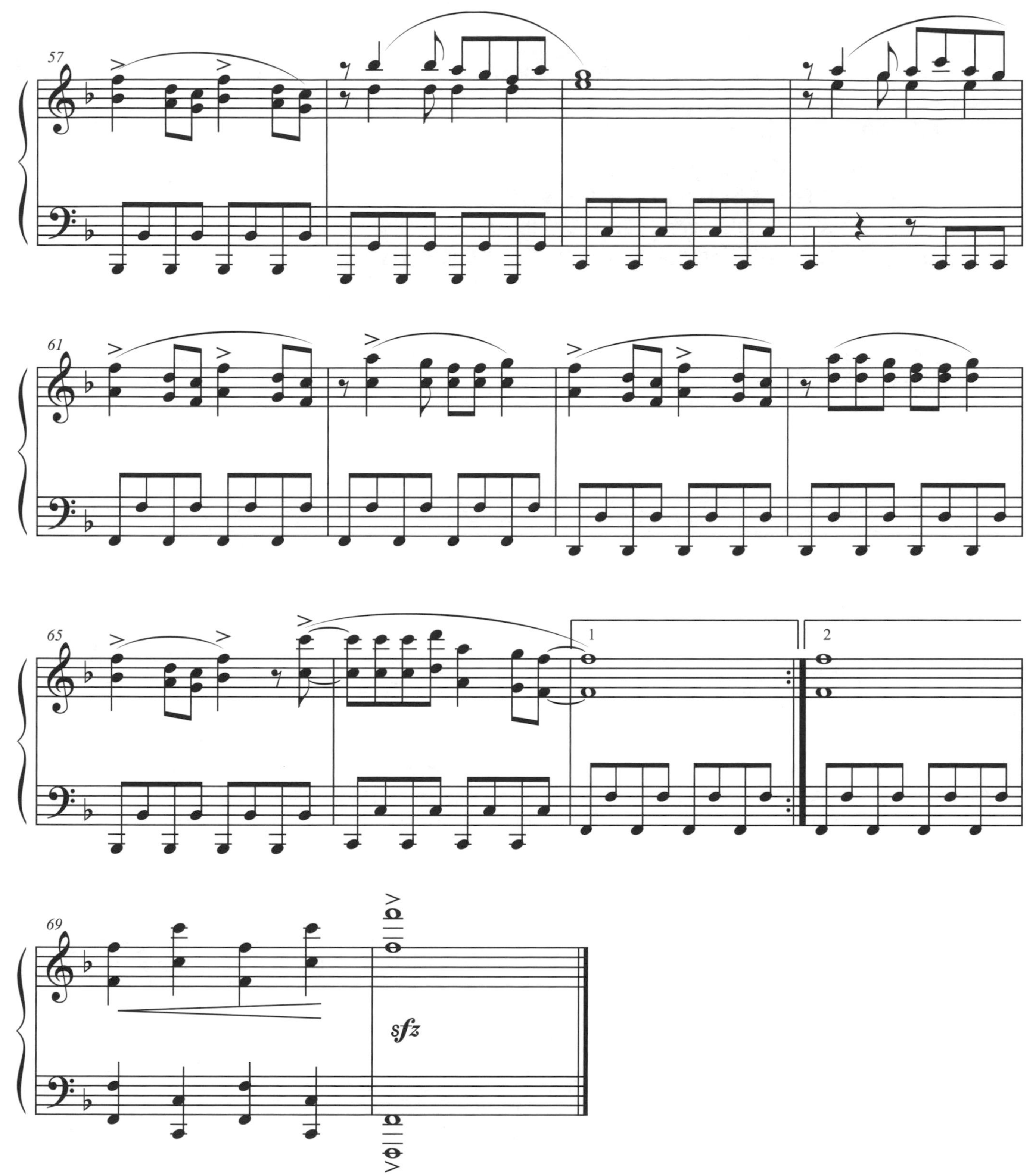

57
61
65
1
2
69
sfz

【點點滴滴的回憶 Only Yesterday】主題曲

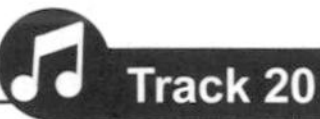

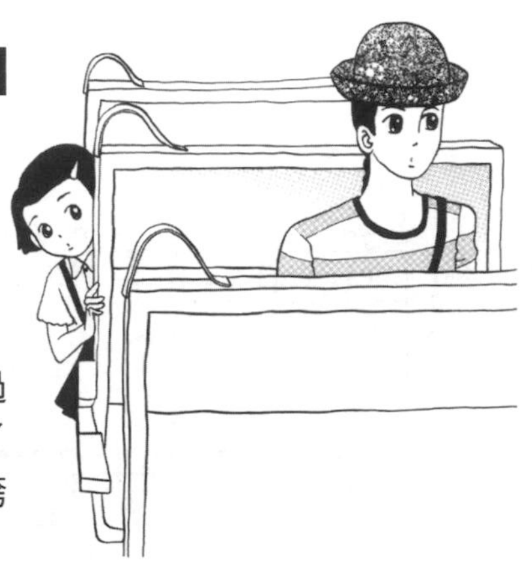

The Rose

曲目解析

耳熟能詳的英文老歌，曲風溫馨。第一段旋律在左手，右手的和弦不應過強。進入第二段，旋律回到右手，難度不高，但要注意樂句的流暢。為了避免曲子太過平淡，第三段編曲加入較多變化，升高了一個調，左右手跨越的音域也加大。踏瓣不可拖泥帶水，以免不必要的和聲滯留。

♩ = 75

Piano

p

mp

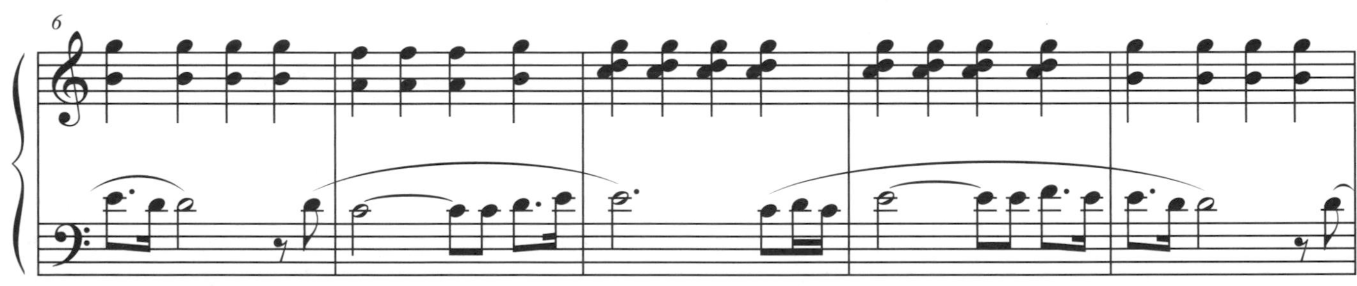

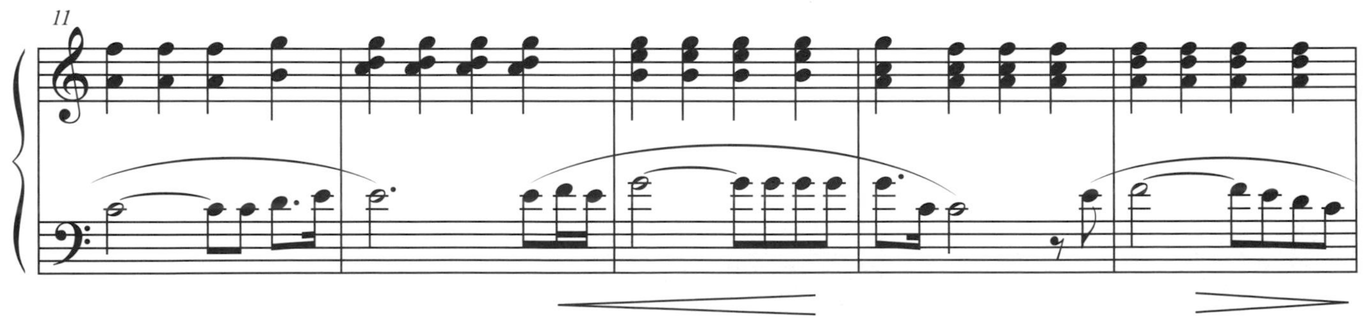

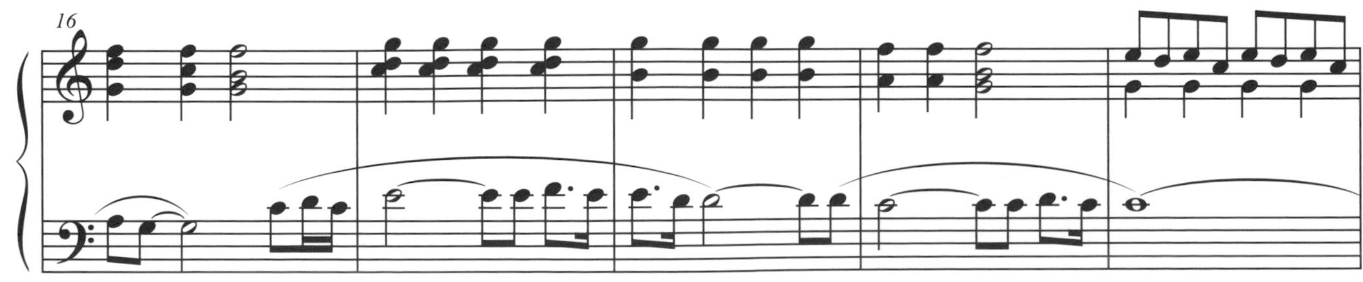

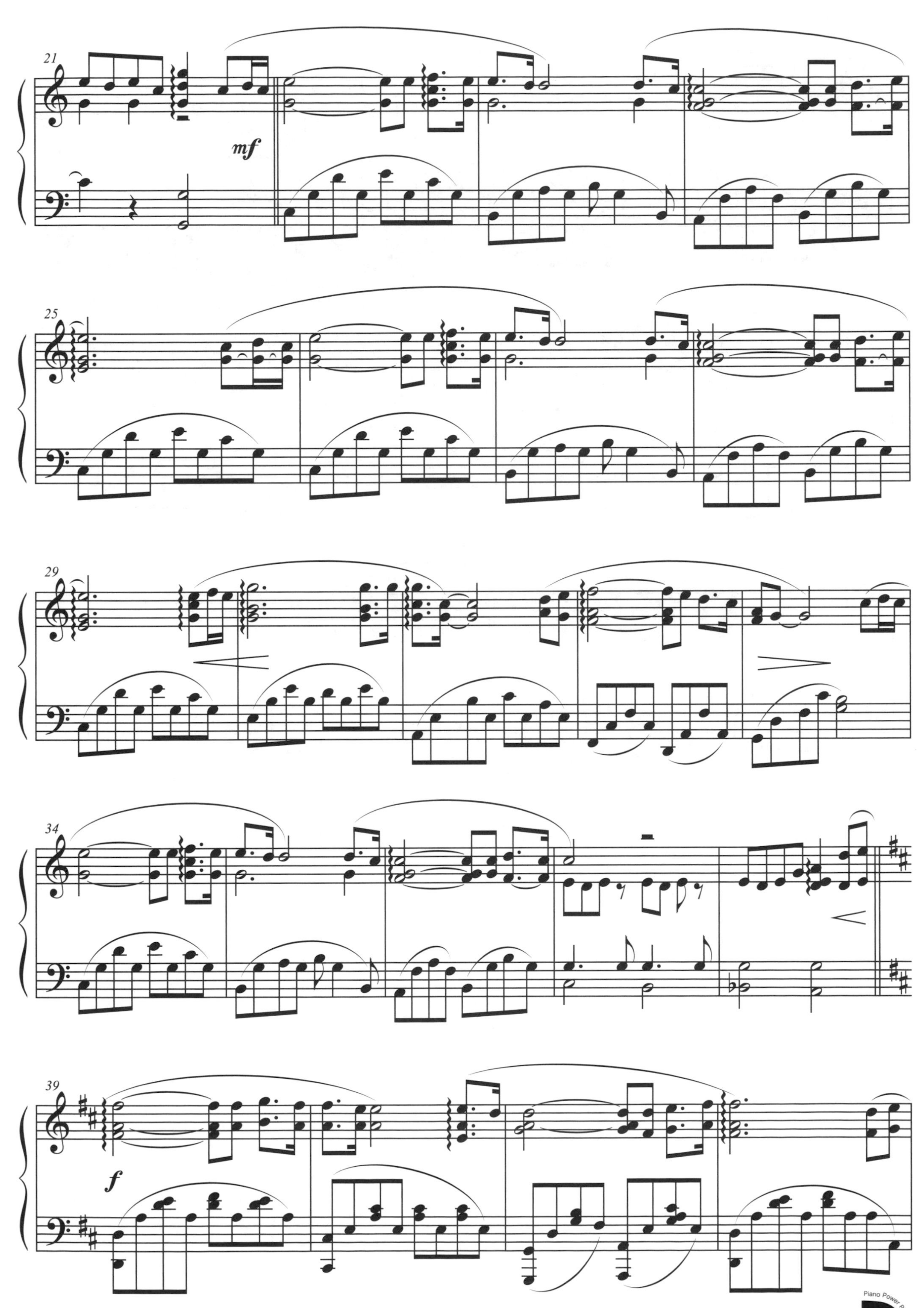
21
mf
25
29
34
39
f

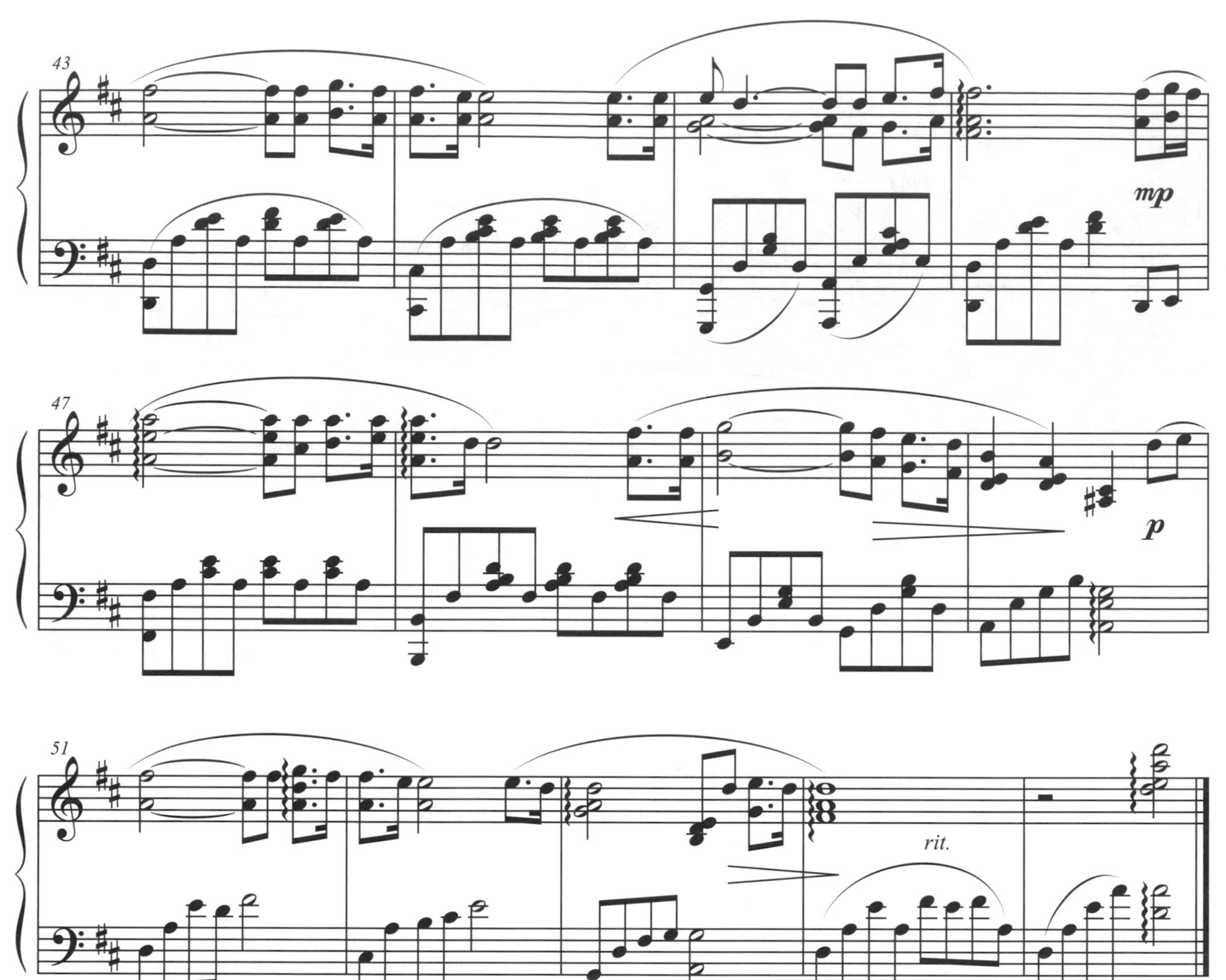
43
mp
47
p
51
rit.

演唱譜歌詞

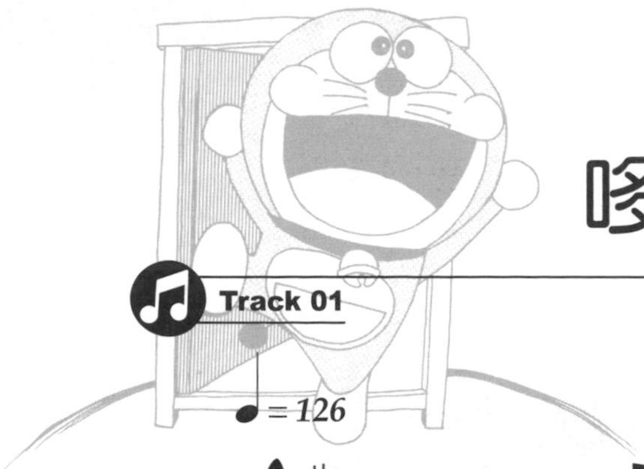

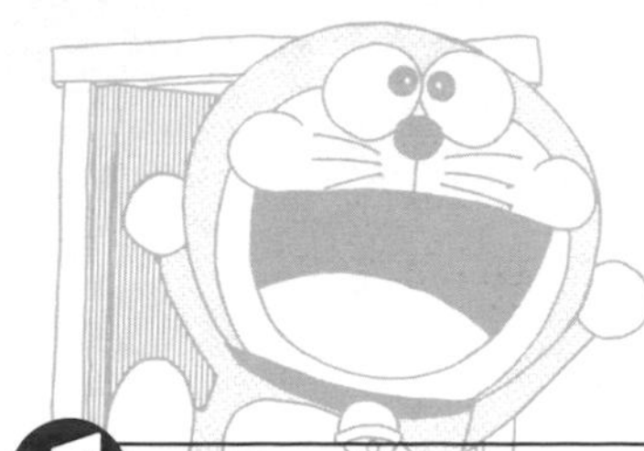

《哆啦A夢》主題曲
DORAEMON

哆啦A夢之歌

Track 01

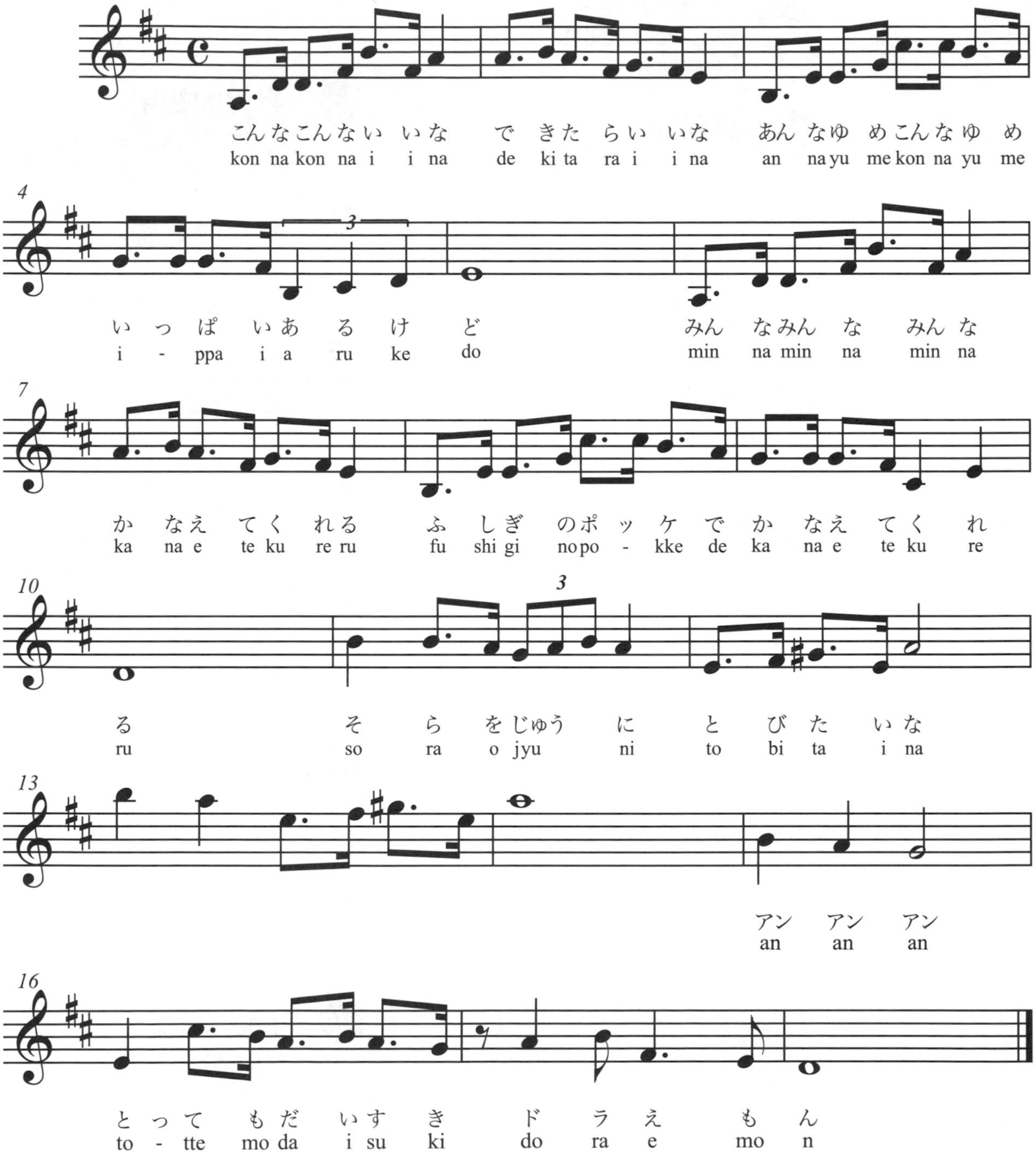

♩= 126

こんなこんないいな　できたらいいな　あんなゆめこんなゆめ
kon na kon na i i na　de ki ta ra i i na　an na yu me kon na yu me

4
いっぱいあるけど　みんなみんなみんな
i - ppa i a ru ke do　min na min na min na

7
かなえてくれる　ふしぎのポッケでかなえてくれ
ka na e te ku re ru　fu shi gi no po - kke de ka na e te ku re

10
る　そらをじゆうにとびたいな
ru　so ra o jyu ni to bi ta i na

13
アン　アン　アン
an　an　an

16
とってもだいすき　ドラえもん
to - tte mo da i su ki　do ra e mo n

《地海戰記》主題曲

TALES FROM EARTHSEA

瑟魯之歌

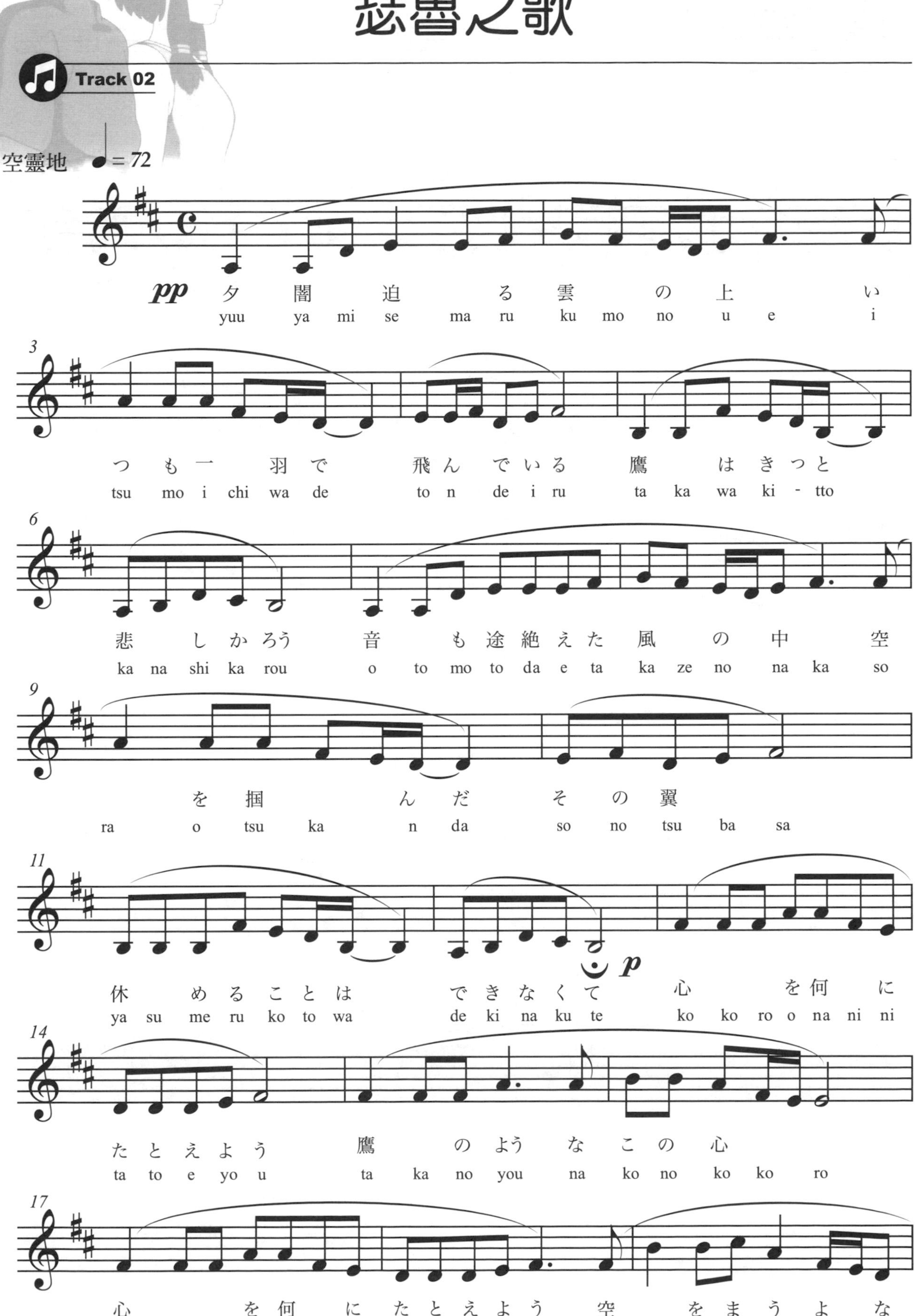

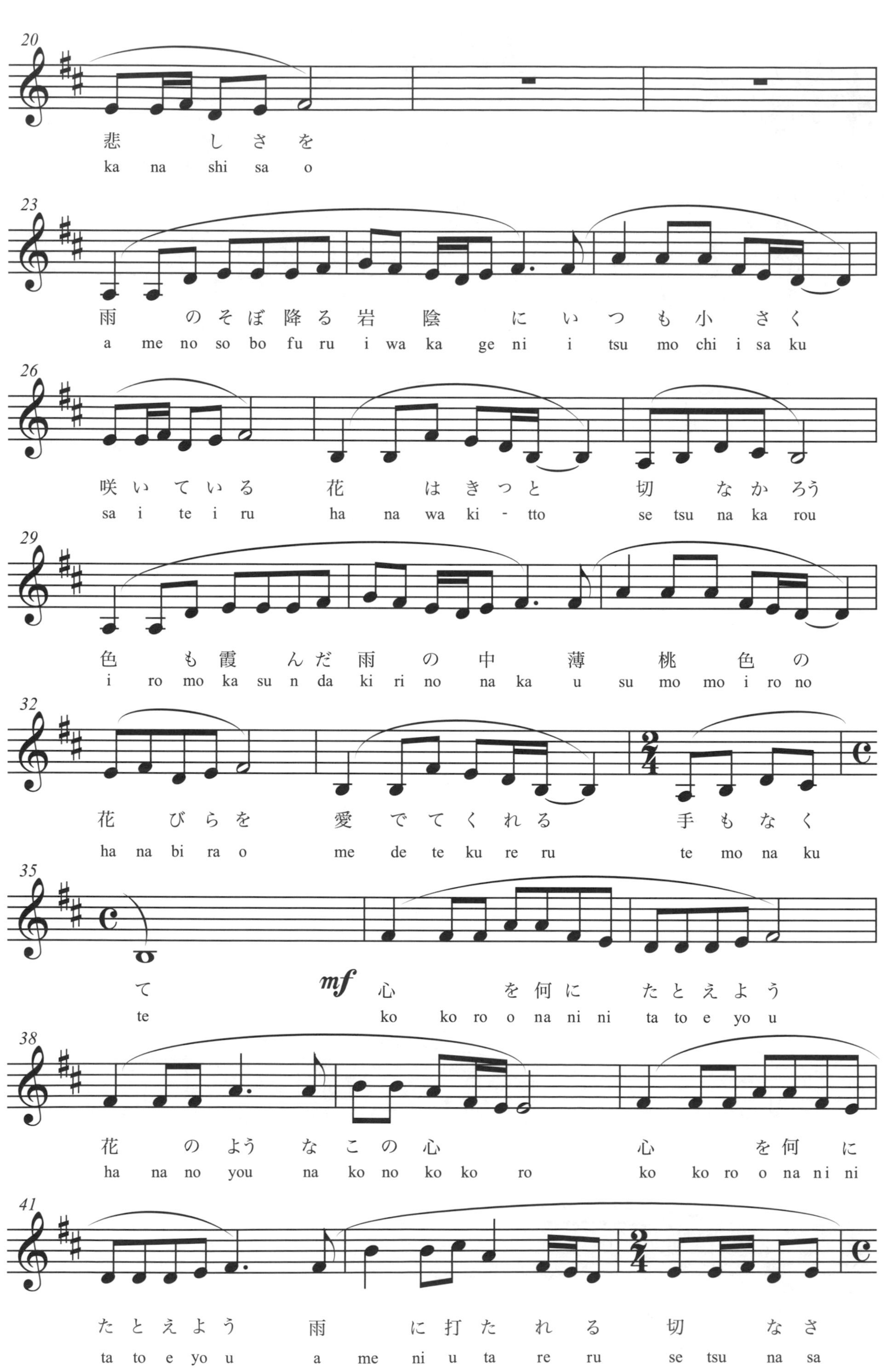
20
悲 し さ を
ka na shi sa o
23
雨 の そ ぼ 降 る 岩 陰 に い つ も 小 さ く
a me no so bo fu ru i wa ka ge ni i tsu mo chi i sa ku
26
咲 い て い る 花 は き つ と 切 な か ろう
sa i te i ru ha na wa ki - tto se tsu na ka rou
29
色 も 霞 ん だ 雨 の 中 薄 桃 色 の
i ro mo ka su n da ki ri no na ka u su mo mo i ro no
32
花 び ら を 愛 で て く れ る 手 も な く
ha na bi ra o me de te ku re ru te mo na ku
35
て mf 心 を 何 に た と え よ う
te ko ko ro o na ni ni ta to e yo u
38
花 の よう な こ の 心 心 を 何 に
ha na no you na ko no ko ko ro ko ko ro o na ni ni
41
た と え よ う 雨 に 打 た れ る 切 な さ
ta to e yo u a me ni u ta re ru se tsu na sa

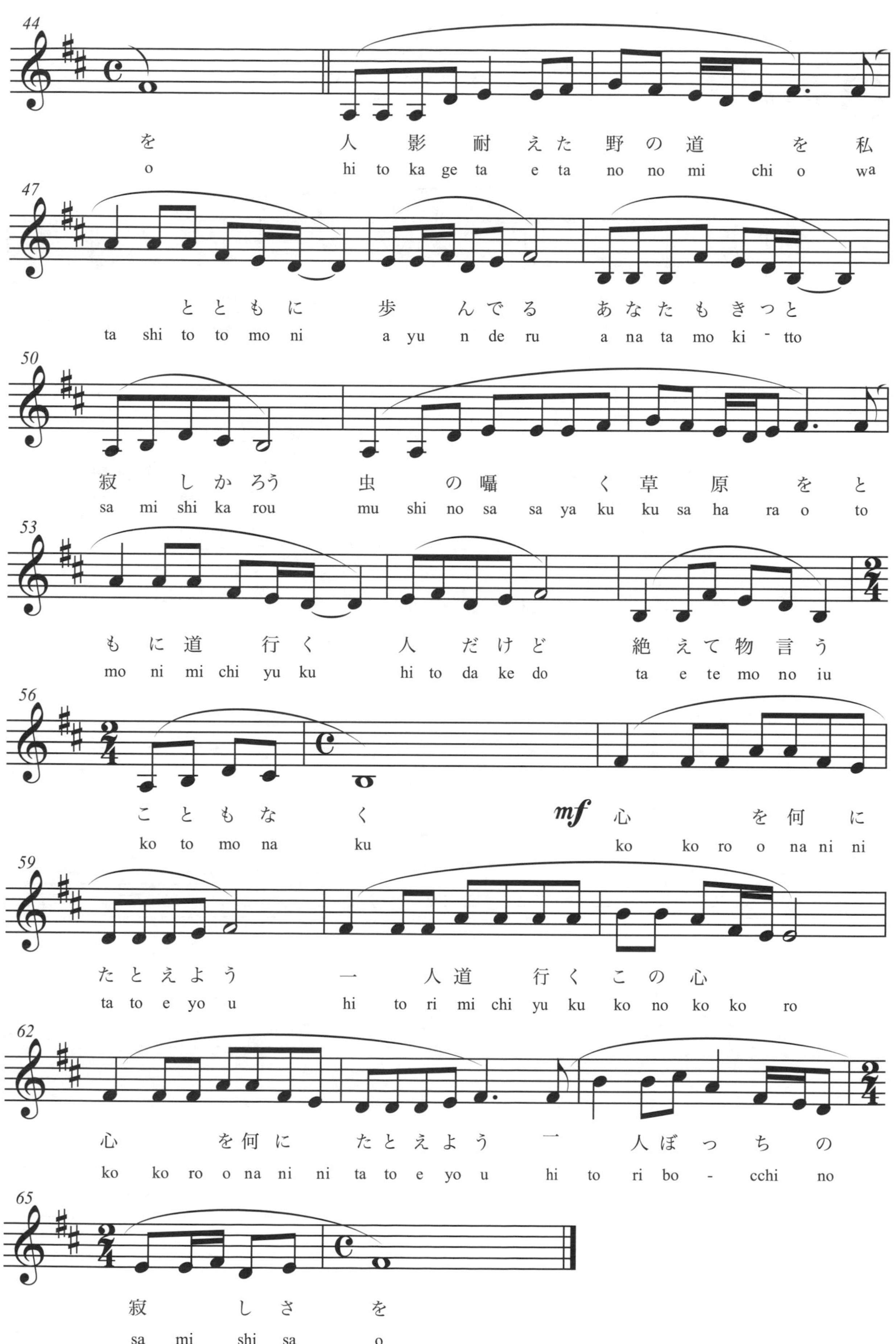
44
を　人　影　耐　え　た　野　の　道　を　私
o　hi to ka ge ta　e ta　no no mi　chi　o　wa
47
と　と　も　に　歩　ん　で　る　あ　な　た　も　き　っ　と
ta shi to to mo ni　a yu n de ru　a na ta mo ki - tto
50
寂　し　か　ろう　虫　の　囁　く　草　原　を　と
sa mi shi ka rou　mu shi no sa　sa ya ku　ku sa ha　ra o　to
53
も　に　道　行　く　人　だ　け　ど　絶　え　て　物　言　う
mo ni mi chi yu ku　hi to da ke do　ta e te mo no iu
56
こ　と　も　な　く　mf　心　を　何　に
ko to mo na　ku　ko　ko ro o na ni ni
59
た　と　え　よ　う　一　人　道　行　く　こ　の　心
ta to e yo u　hi to ri mi chi yu ku ko no ko ko ro
62
心　を　何　に　た　と　え　よ　う　一　人　ぼ　っ　ち　の
ko ko ro o na ni ni ta to e yo u　hi to ri bo - cchi no
65
寂　し　さ　を
sa mi shi sa　o

《鋼之鍊金術師》插曲
FELL METAL ALCHEMIST

兄弟

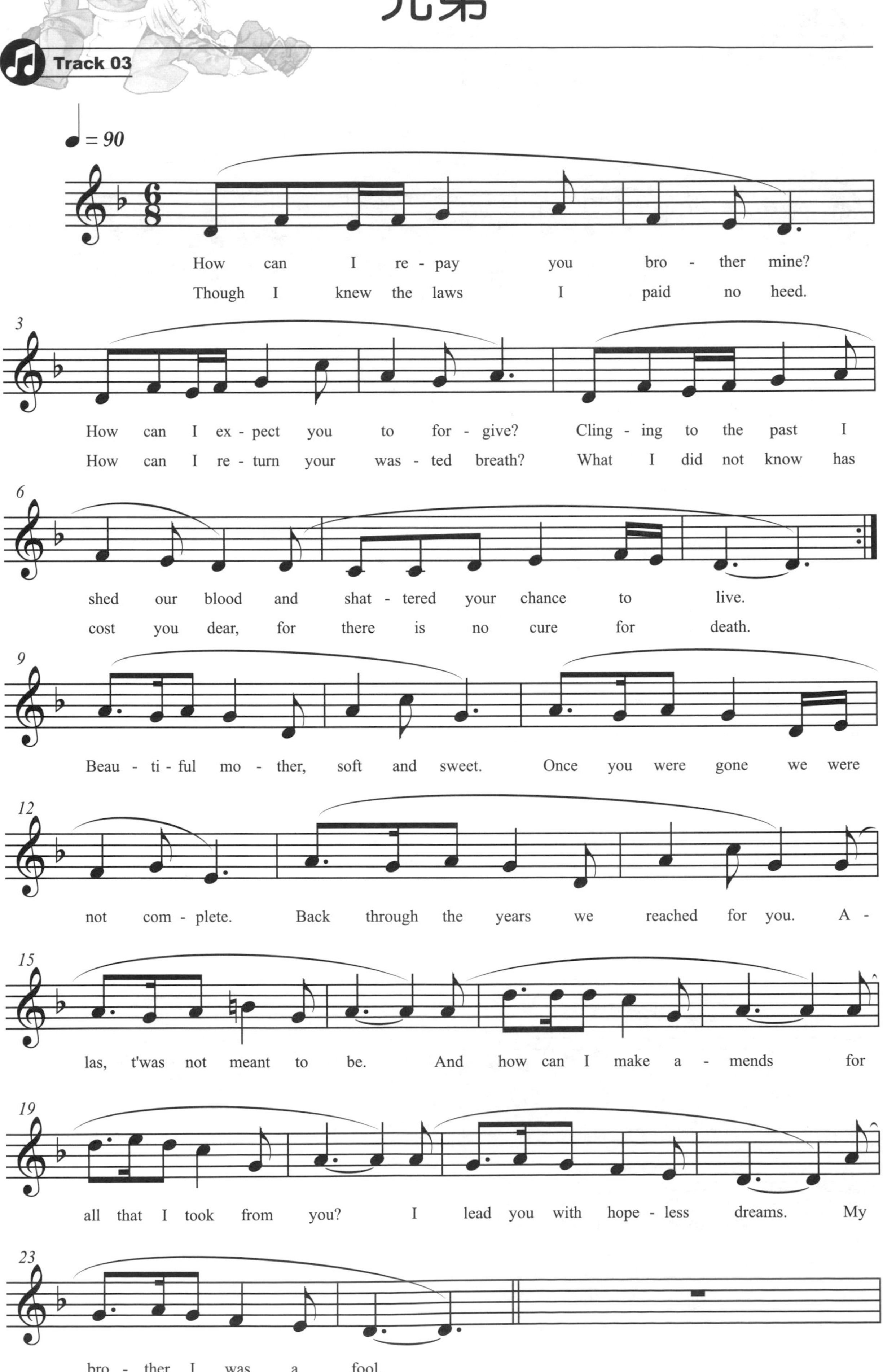

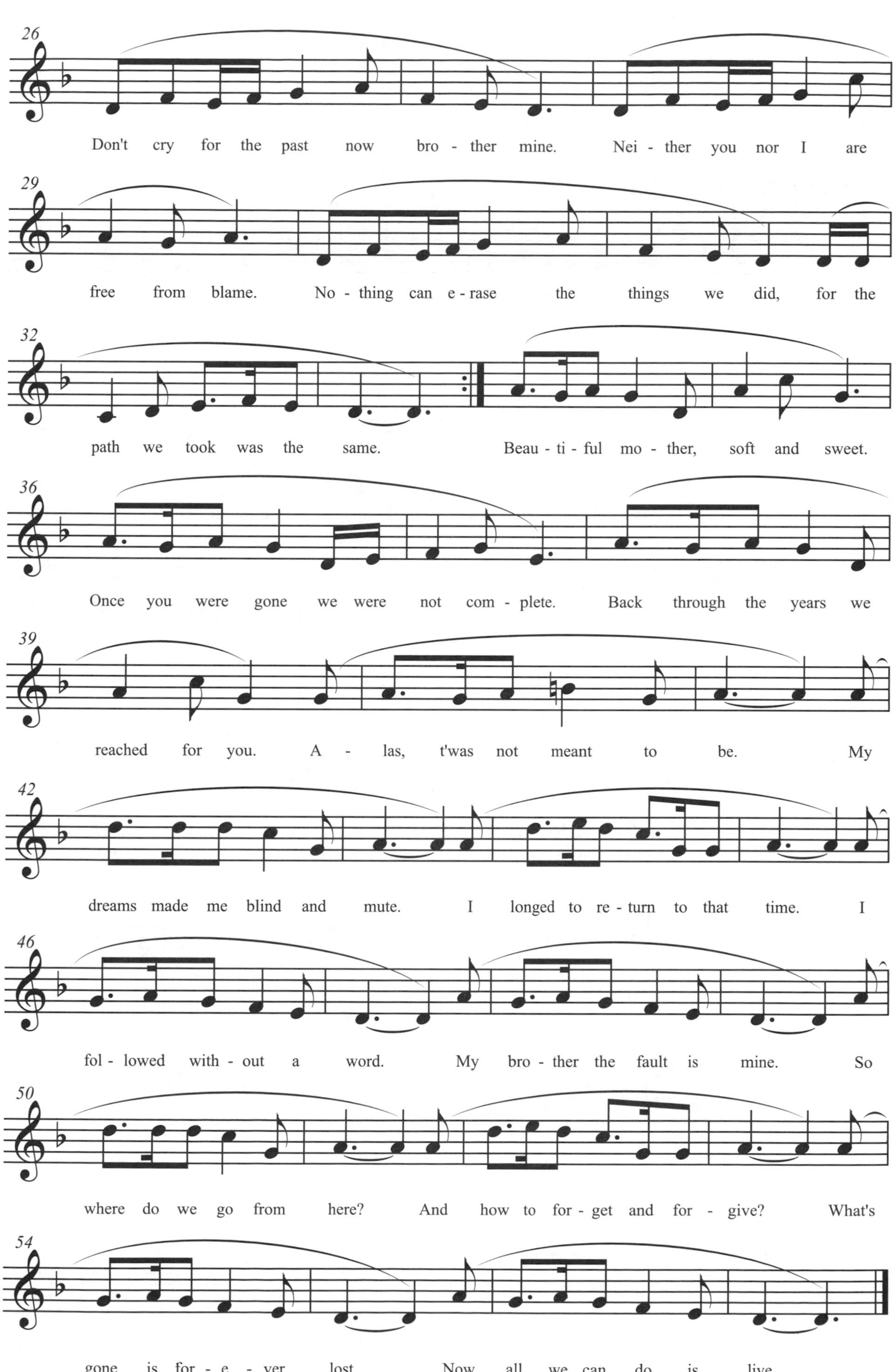
26
Don't cry for the past now bro - ther mine. Nei - ther you nor I are
29
free from blame. No - thing can e - rase the things we did, for the
32
path we took was the same. Beau - ti - ful mo - ther, soft and sweet.
36
Once you were gone we were not com - plete. Back through the years we
39
reached for you. A - las, t'was not meant to be. My
42
dreams made me blind and mute. I longed to re - turn to that time. I
46
fol - lowed with - out a word. My bro - ther the fault is mine. So
50
where do we go from here? And how to for - get and for - give? What's
54
gone is for - e - ver lost. Now all we can do is live.

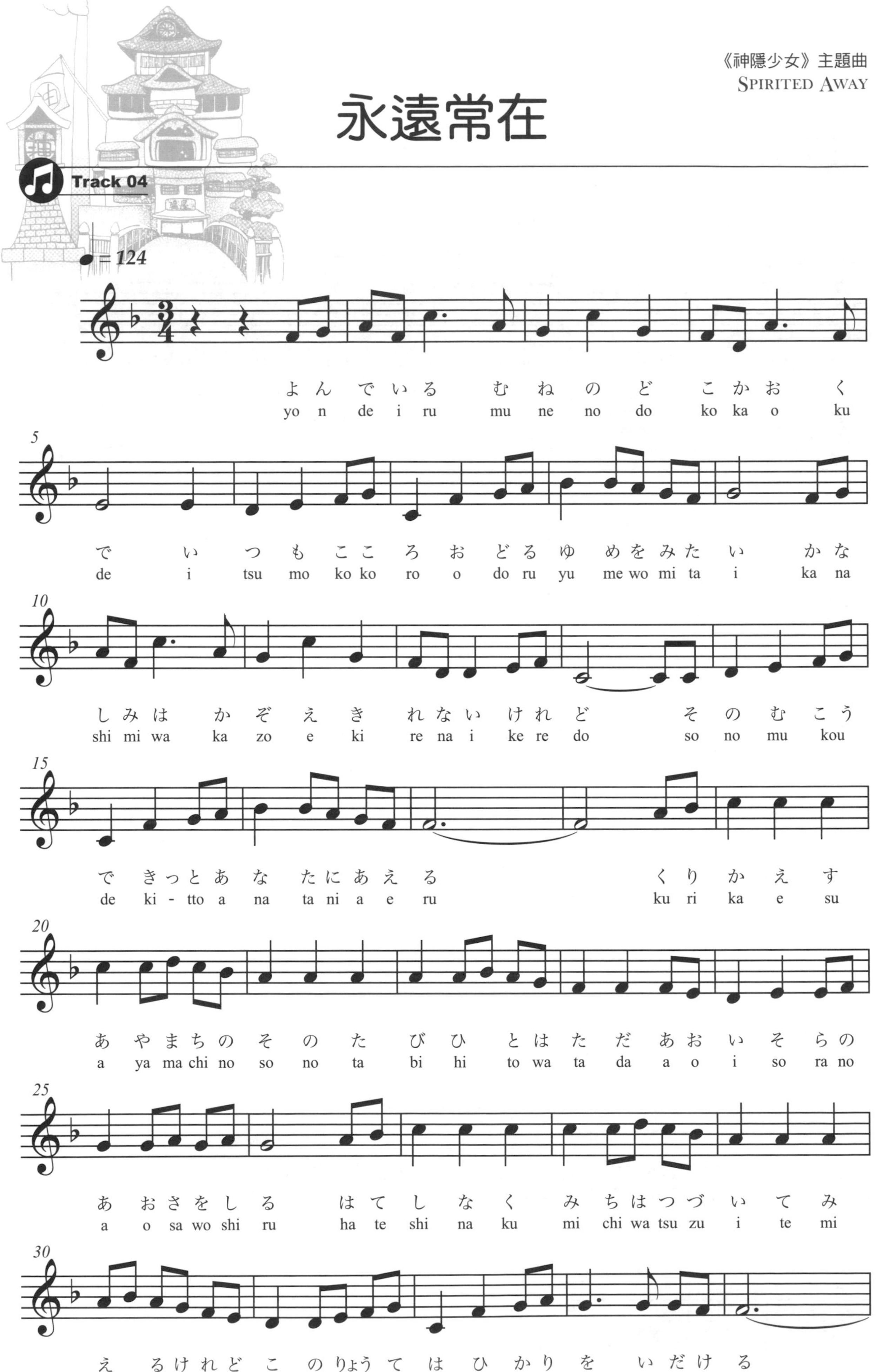
《神隱少女》主題曲
SPIRITED AWAY
永遠常在
Track 04
♩= 124
よ ん で い る む ね の ど こ か お く
yo n de i ru mu ne no do ko ka o ku
で い つ も こ こ ろ お ど る ゆ め を み た い か な
de i tsu mo ko ko ro o do ru yu me wo mi ta i ka na
し み は か ぞ え き れ な い け れ ど そ の む こ う
shi mi wa ka zo e ki re na i ke re do so no mu kou
で きっと あ な た に あ え る く り か え す
de ki - tto a na ta ni a e ru ku ri ka e su
あ や ま ち の そ の た び ひ と は た だ あ お い そ ら の
a ya ma chi no so no ta bi hi to wa ta da a o i so ra no
あ お さ を し る は て し な く み ち は つ づ い て み
a o sa wo shi ru ha te shi na ku mi chi wa tsu zu i te mi
え る け れ ど こ の りょう て は ひ か り を い だ け る
e ru ke re do ko no ryou te wa hi ka ri o i da ke ru

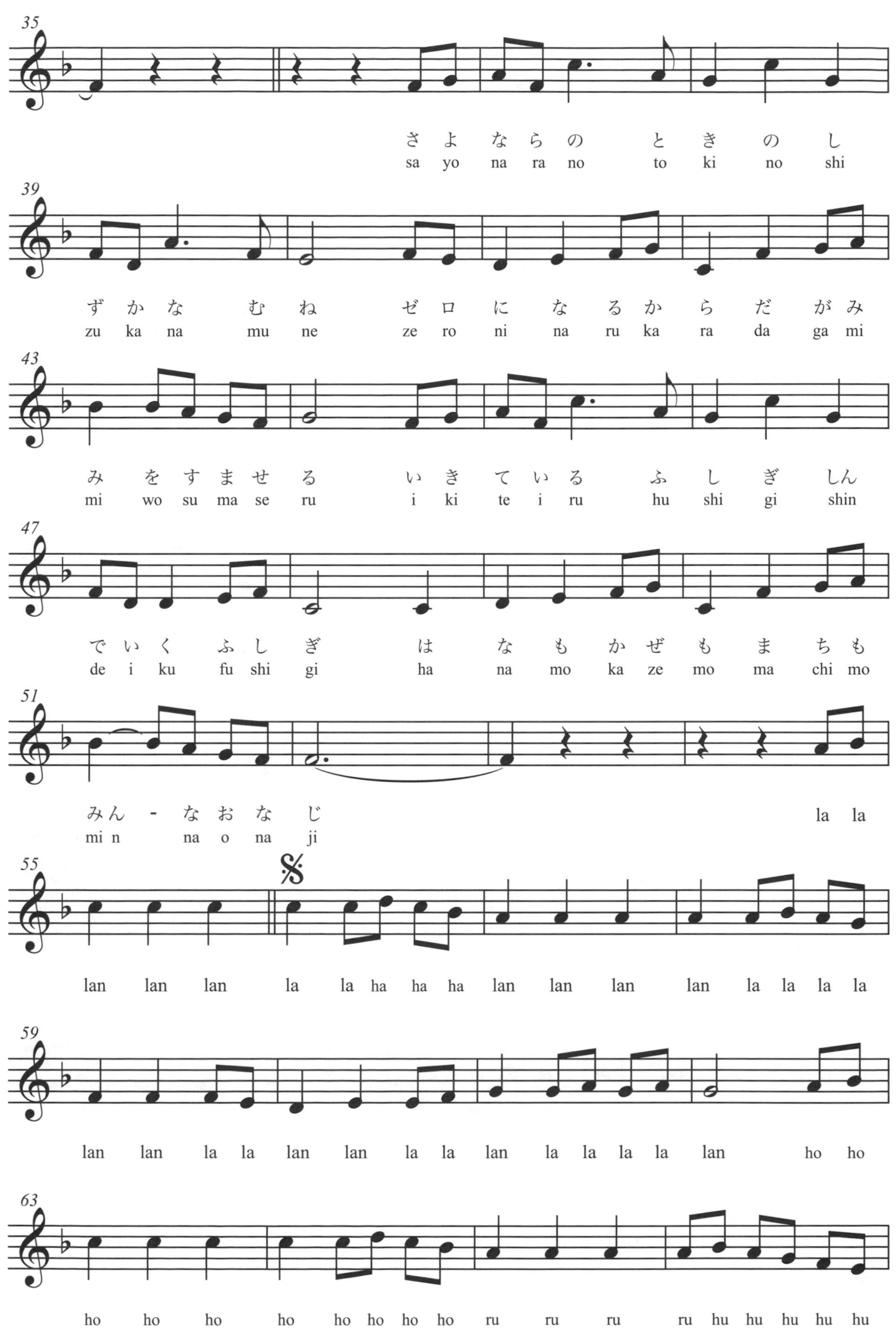
35
さ よ な ら の と き の し
sa yo na ra no to ki no shi
39
ず か な む ね ゼ ロ に な る か ら だ が み
zu ka na mu ne ze ro ni na ru ka ra da ga mi
43
み を す ま せ る い き て い る ふ し ぎ しん
mi wo su ma se ru i ki te i ru hu shi gi shin
47
で い く ふ し ぎ は な も か ぜ も ま ち も
de i ku fu shi gi ha na mo ka ze mo ma chi mo
51
みん - な お な じ la la
mi n na o na ji
55
lan lan lan la la ha ha ha lan lan lan lan la la la la
59
lan lan la la lan lan la la lan la la la la lan ho ho
63
ho ho ho ho ho ho ho ho ru ru ru ru hu hu hu hu hu

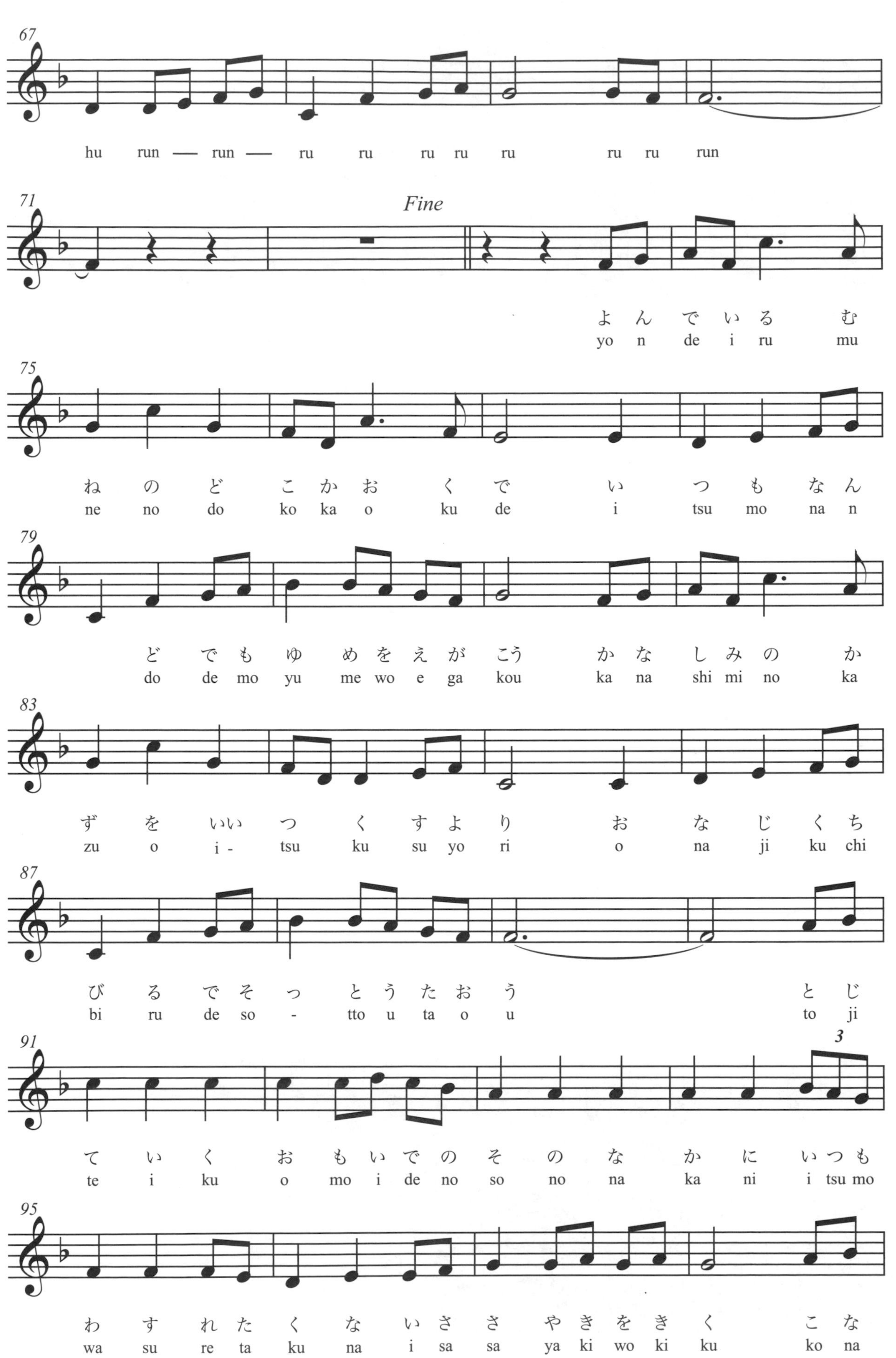
67
hu run — run — ru ru ru ru ru ru ru run
71
Fine
よ ん で い る む
yo n de i ru mu
75
ね の ど こ か お く で い つ も な ん
ne no do ko ka o ku de i tsu mo na n
79
ど で も ゆ め を え が こう か な し み の か
do de mo yu me wo e ga kou ka na shi mi no ka
83
ず を いい つ く す よ り お な じ く ち
zu o i - tsu ku su yo ri o na ji ku chi
87
び る で そ っ と う た お う と じ
bi ru de so - tto u ta o u to ji
91
3
て い く お も い で の そ の な か に い つ も
te i ku o mo i de no so no na ka ni i tsu mo
95
わ す れ た く な い さ さ や き を き く こ な
wa su re ta ku na i sa sa ya ki wo ki ku ko na

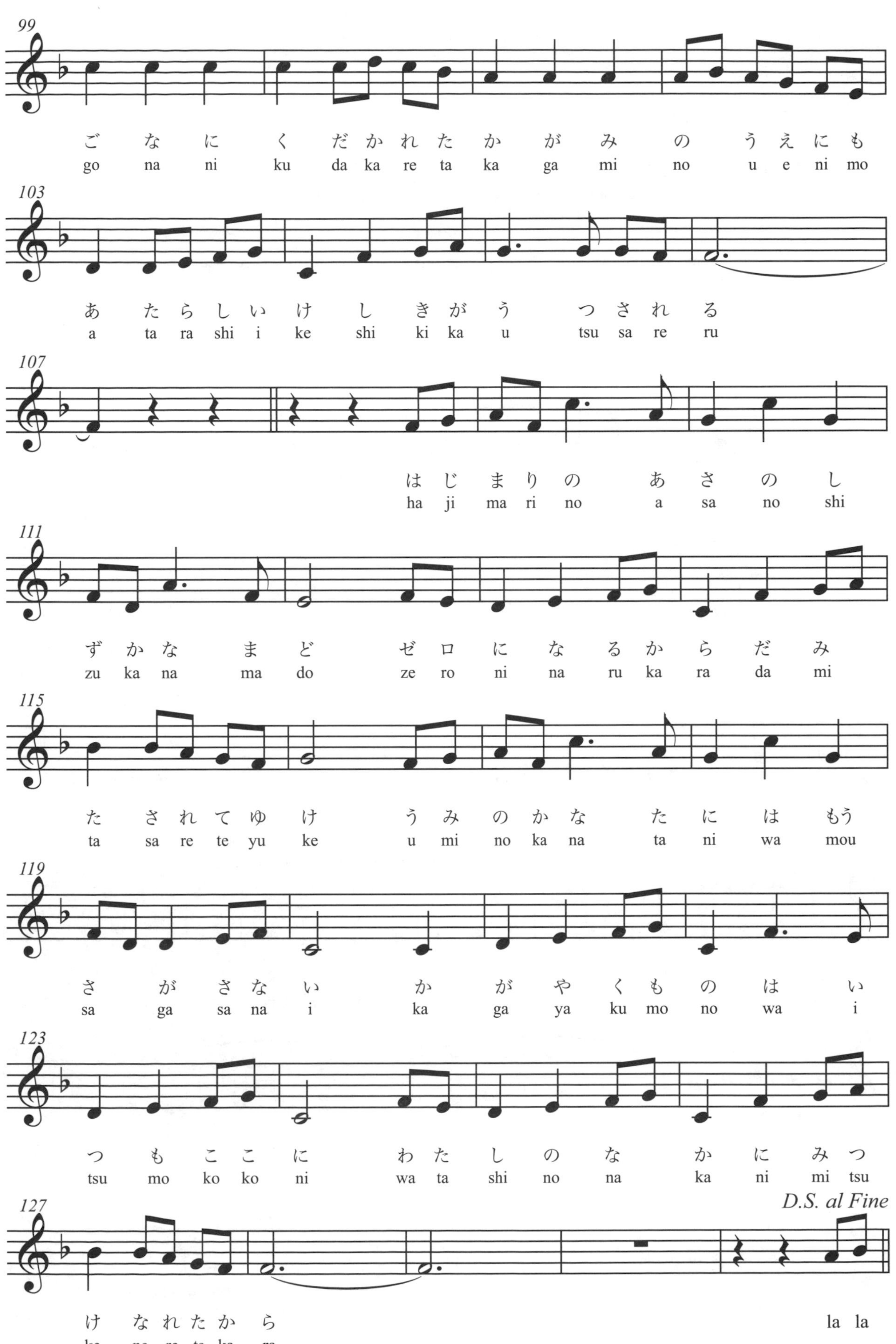
99
ご な に く だ か れ た か が み の う え に も
go na ni ku da ka re ta ka ga mi no u e ni mo
103
あ た ら し い け し き が う つ さ れ る
a ta ra shi i ke shi ki ka u tsu sa re ru
107
は じ ま り の あ さ の し
ha ji ma ri no a sa no shi
111
ず か な ま ど ゼ ロ に な る か ら だ み
zu ka na ma do ze ro ni na ru ka ra da mi
115
た さ れ て ゆ け う み の か な た に は もう
ta sa re te yu ke u mi no ka na ta ni wa mou
119
さ が さ な い か が や く も の は い
sa ga sa na i ka ga ya ku mo no wa i
123
つ も こ こ に わ た し の な か に み つ
tsu mo ko ko ni wa ta shi no na ka ni mi tsu
127
D.S. al Fine
け な れ た か ら la la
ke na re ta ka ra

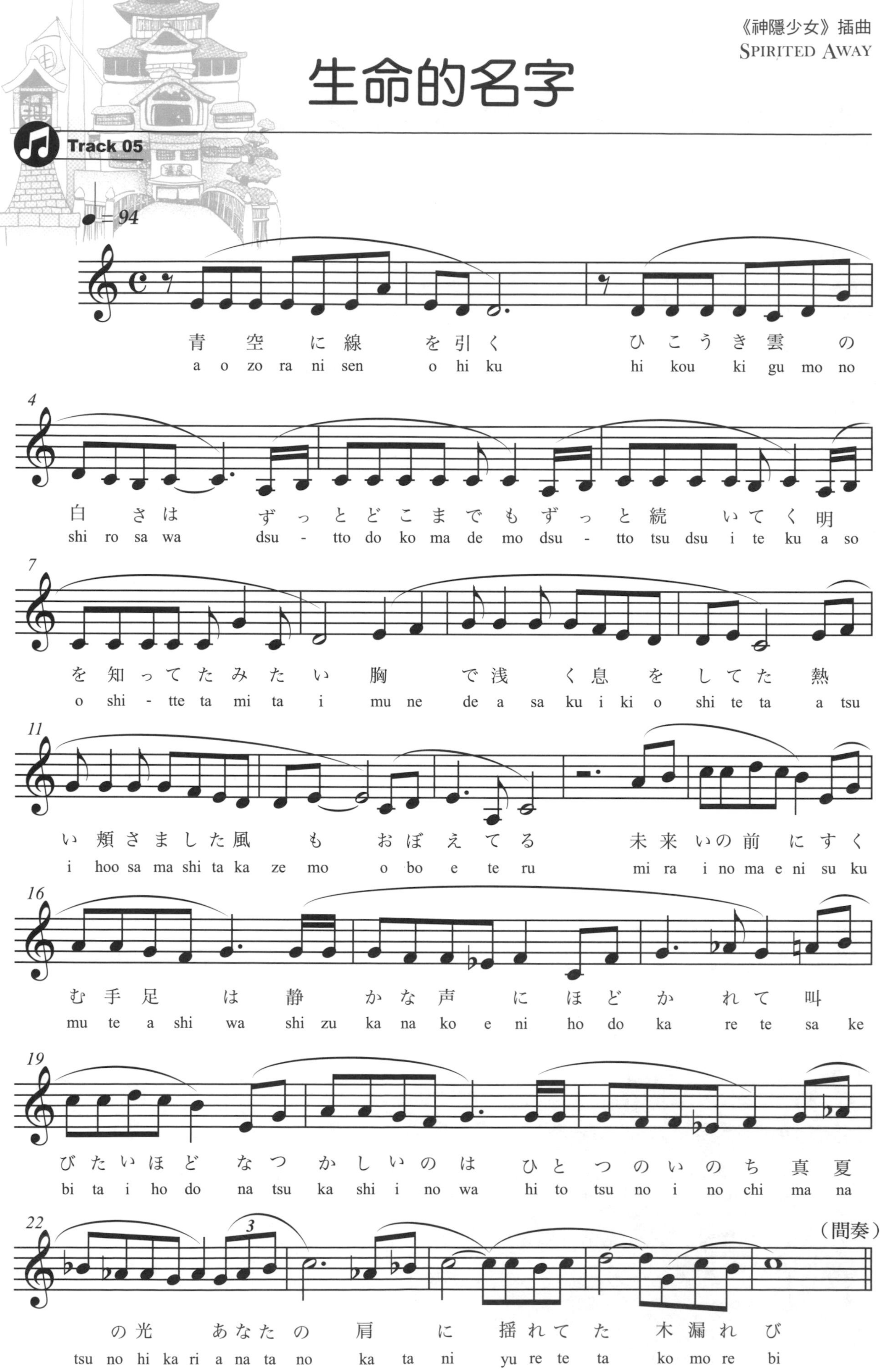
《神隱少女》插曲
SPIRITED AWAY
生命的名字
Track 05
♩= 94
青空に線を引く　ひこうき雲の
a o zo ra ni sen o hi ku hi kou ki gu mo no
白さは　ずっとどこまでもずっと続いてく明
shi ro sa wa dsu - tto do ko ma de mo dsu - tto tsu dsu i te ku a so
を知ってたみたい胸で浅く息をしてた熱
o shi - tte ta mi ta i mu ne de a sa ku i ki o shi te ta a tsu
い頬さました風も　おぼえてる　未来いの前にすく
i hoo sa ma shi ta ka ze mo o bo e te ru mi ra i no ma e ni su ku
む手足は静かな声にほどかれて叫
mu te a shi wa shi zu ka na ko e ni ho do ka re te sa ke
びたいほどなつかしいのは　ひとつのいのち真夏
bi ta i ho do na tsu ka shi i no wa hi to tsu no i no chi ma na
の光あなたの肩に揺れてた木漏れび
tsu no hi ka ri a na ta no ka ta ni yu re te ta ko mo re bi
（間奏）

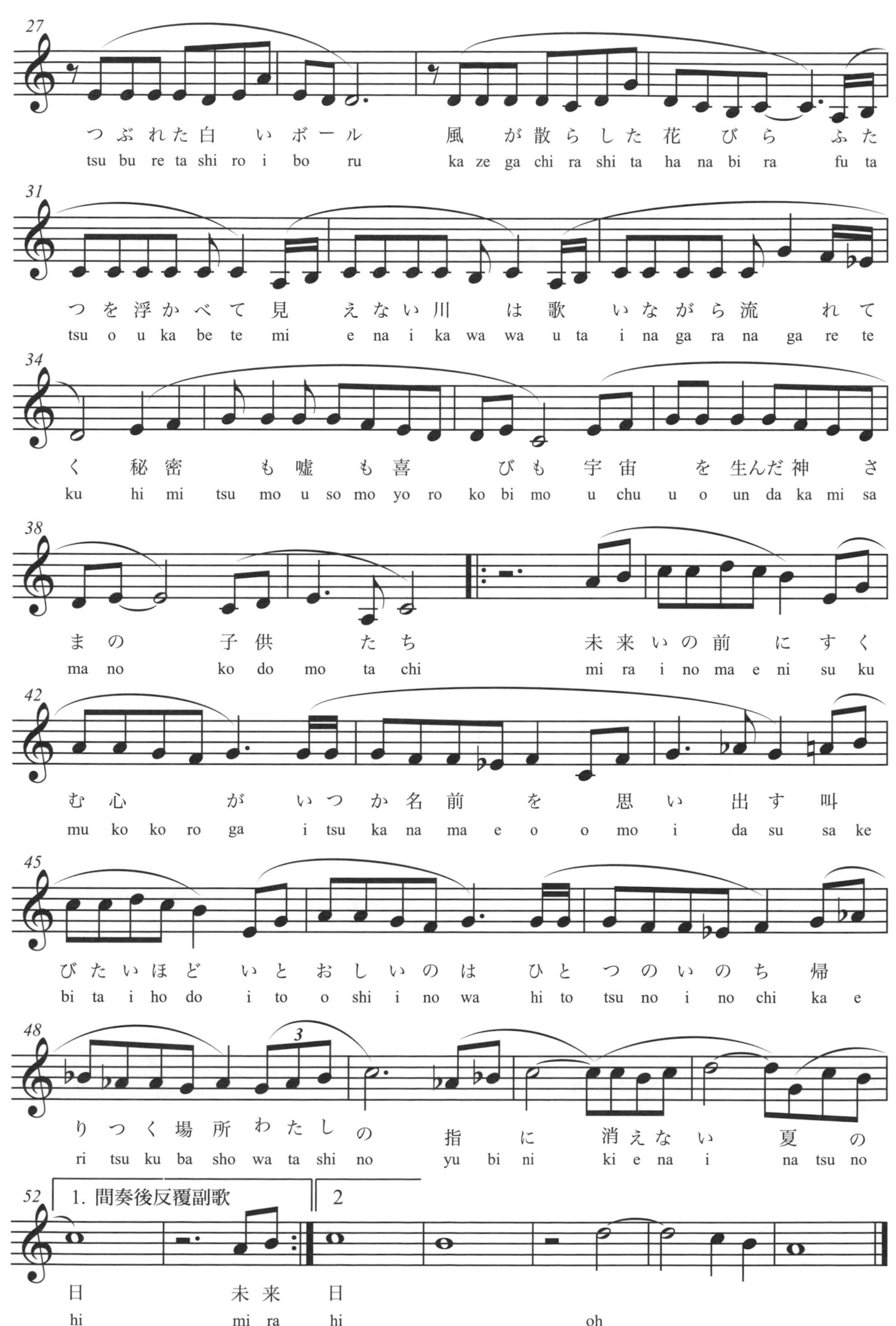
27
つぶれた白 い ボール 風 が 散らした花 び ら ふた
tsu bu re ta shi ro i bo ru ka ze ga chi ra shi ta ha na bi ra fu ta
31
つを浮かべて見 えない川 は 歌 いながら流 れて
tsu o u ka be te mi e na i ka wa wa u ta i na ga ra na ga re te
34
く 秘密 も 嘘 も 喜 びも 宇宙 を生んだ神 さ
ku hi mi tsu mo u so mo yo ro ko bi mo u chu u o un da ka mi sa
38
まの 子供 たち 未来いの前 にすく
ma no ko do mo ta chi mi ra i no ma e ni su ku
42
む 心 が いつ か 名 前 を 思 い 出 す 叫
mu ko ko ro ga i tsu ka na ma e o o mo i da su sa ke
45
びたいほど いとおしいのは ひとつのいのち 帰
bi ta i ho do i to o shi i no wa hi to tsu no i no chi ka e
48
3
りつく場所わたしの 指 に 消えない 夏 の
ri tsu ku ba sho wa ta shi no yu bi ni ki e na i na tsu no
52
1. 間奏後反覆副歌
2
日 未来 日
hi mi ra hi oh

《魔法公主》主題曲
PRINCESS MONONOKE

魔法公主

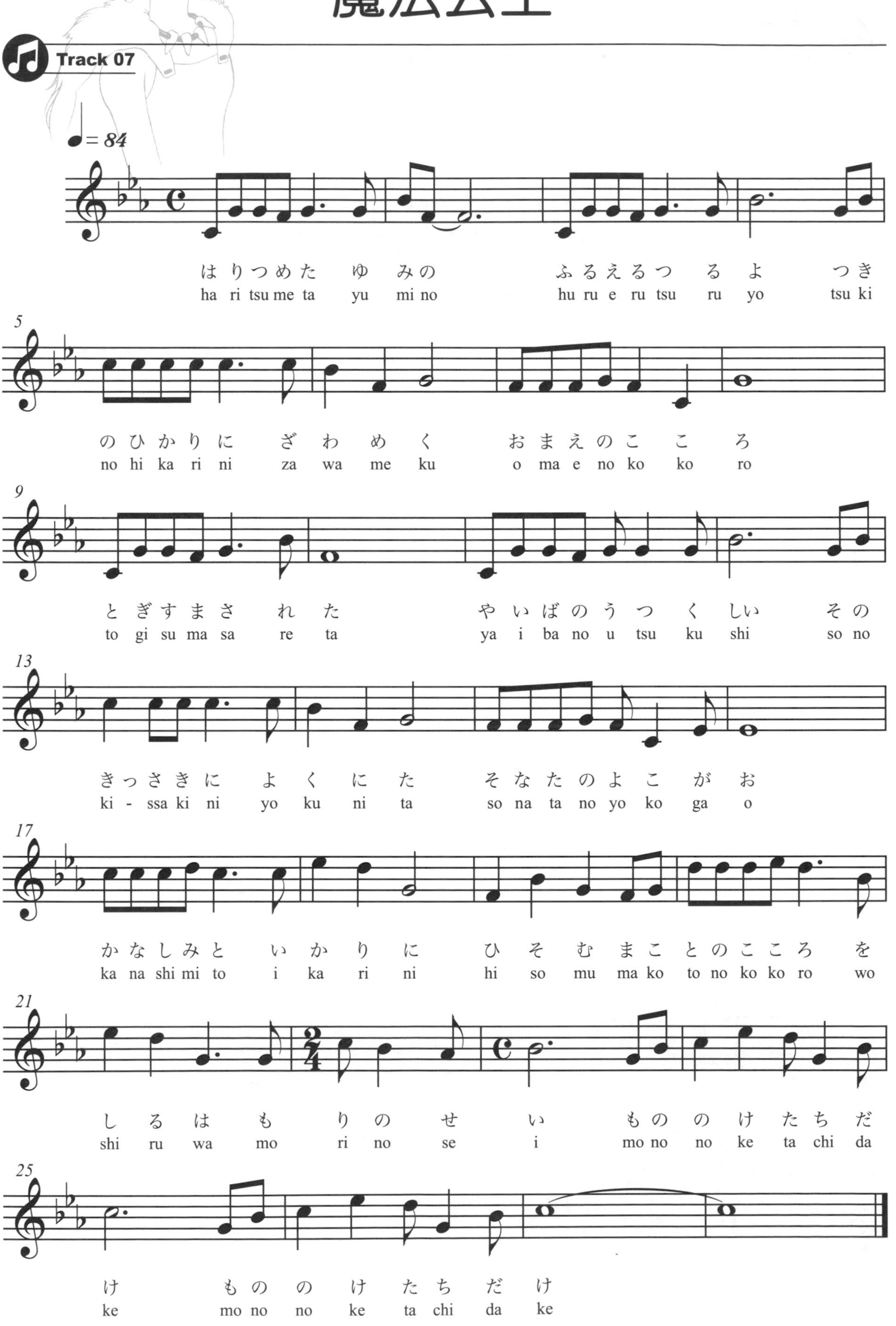

《霍爾的移動城堡》主題曲
HOWL'S MOVING CASTLE

世界的約束

Track 09

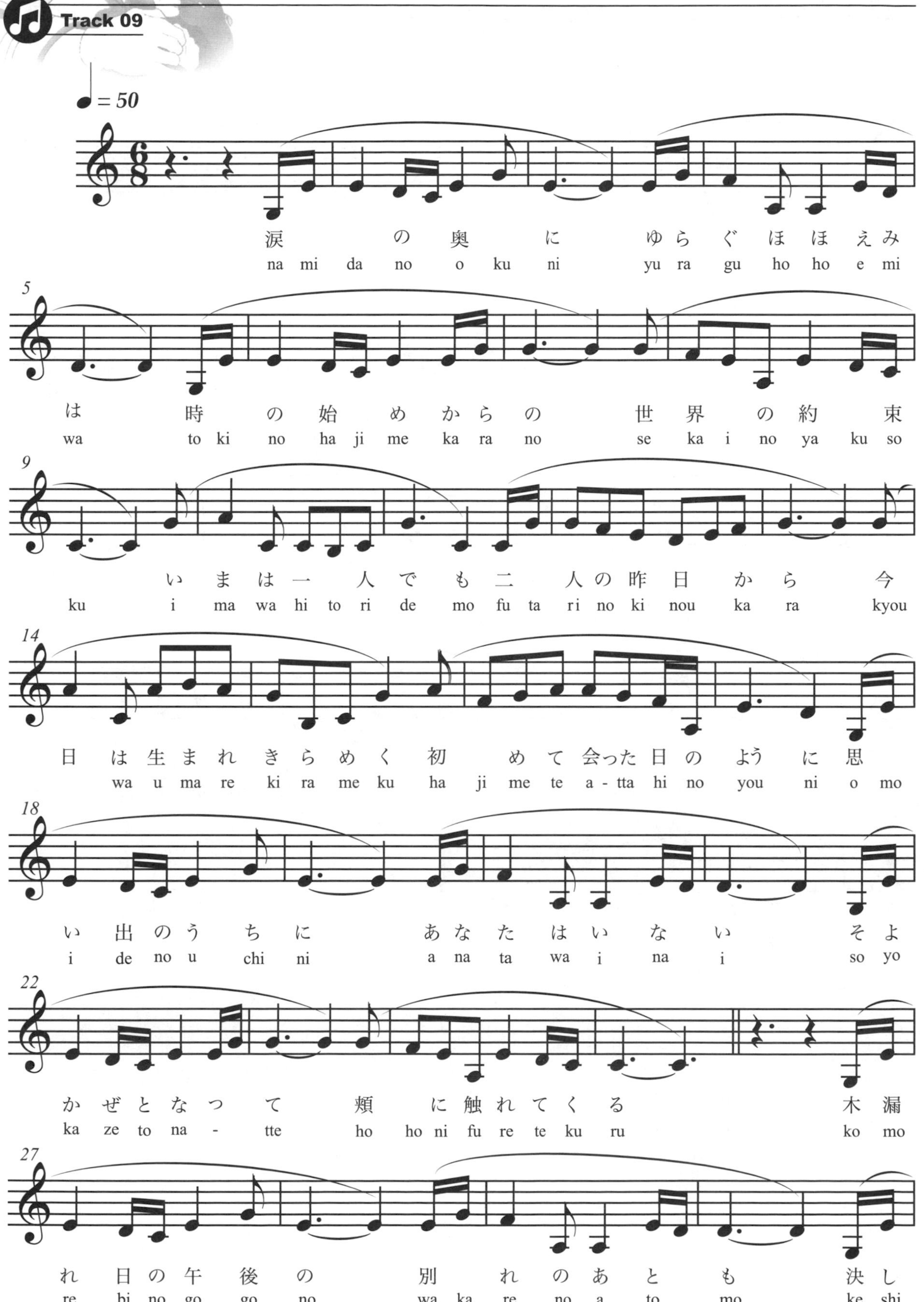

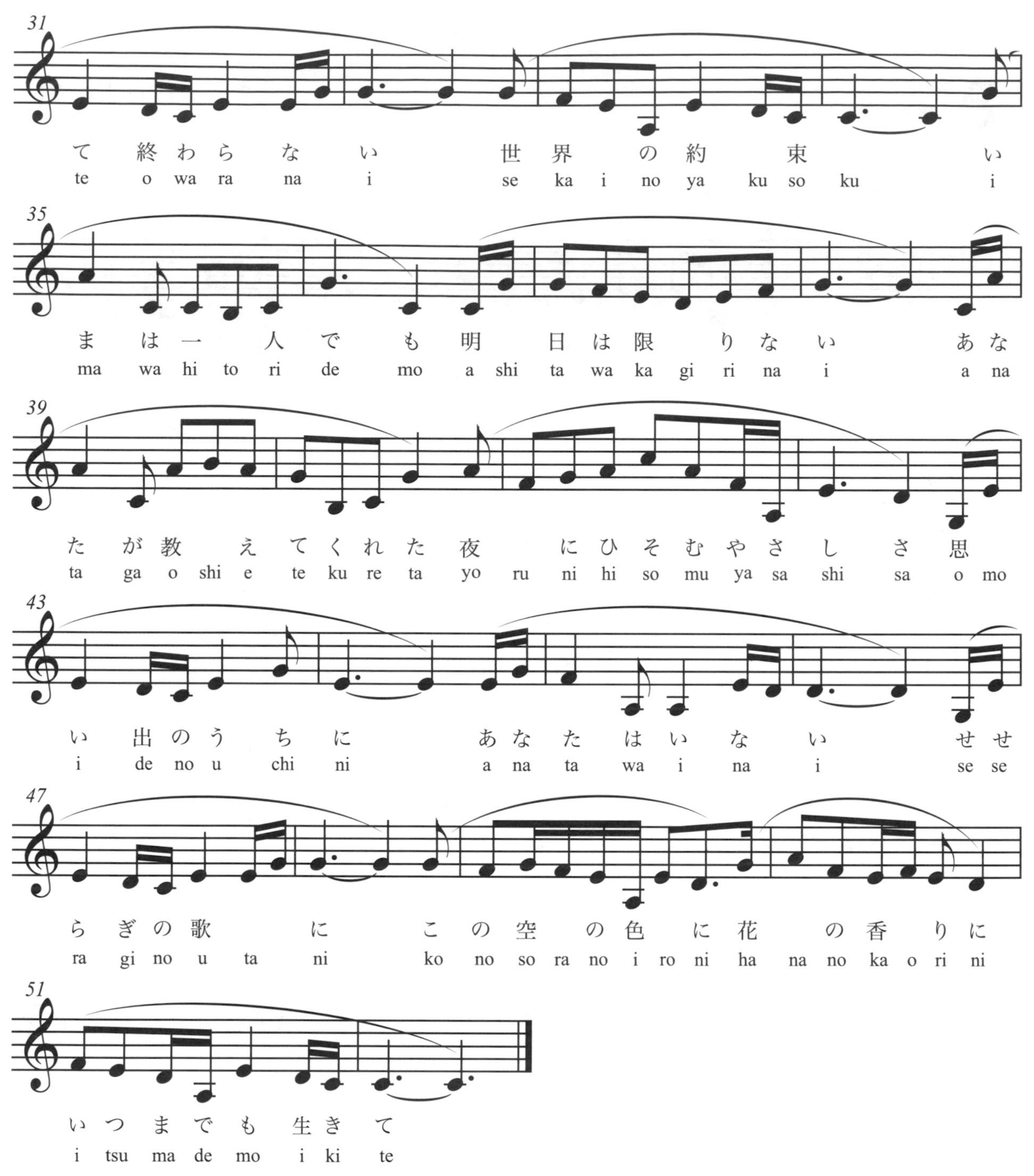
31
て 終 わ ら な い 世 界 の 約 束 い
te o wa ra na i se ka i no ya ku so ku i
35
ま は 一 人 で も 明 日 は 限 り な い あ な
ma wa hi to ri de mo a shi ta wa ka gi ri na i a na
39
た が 教 え て く れ た 夜 に ひ そ む や さ し さ 思
ta ga o shi e te ku re ta yo ru ni hi so mu ya sa shi sa o mo
43
い 出 の う ち に あ な た は い な い せ せ
i de no u chi ni a na ta wa i na i se se
47
ら ぎ の 歌 に こ の 空 の 色 に 花 の 香 り に
ra gi no u ta ni ko no so ra no i ro ni ha na no ka o ri ni
51
い つ ま で も 生 き て
i tsu ma de mo i ki te

《龍貓》主題曲
MY NEIGHBOR TOTORO

鄰家的龍貓

Track 10

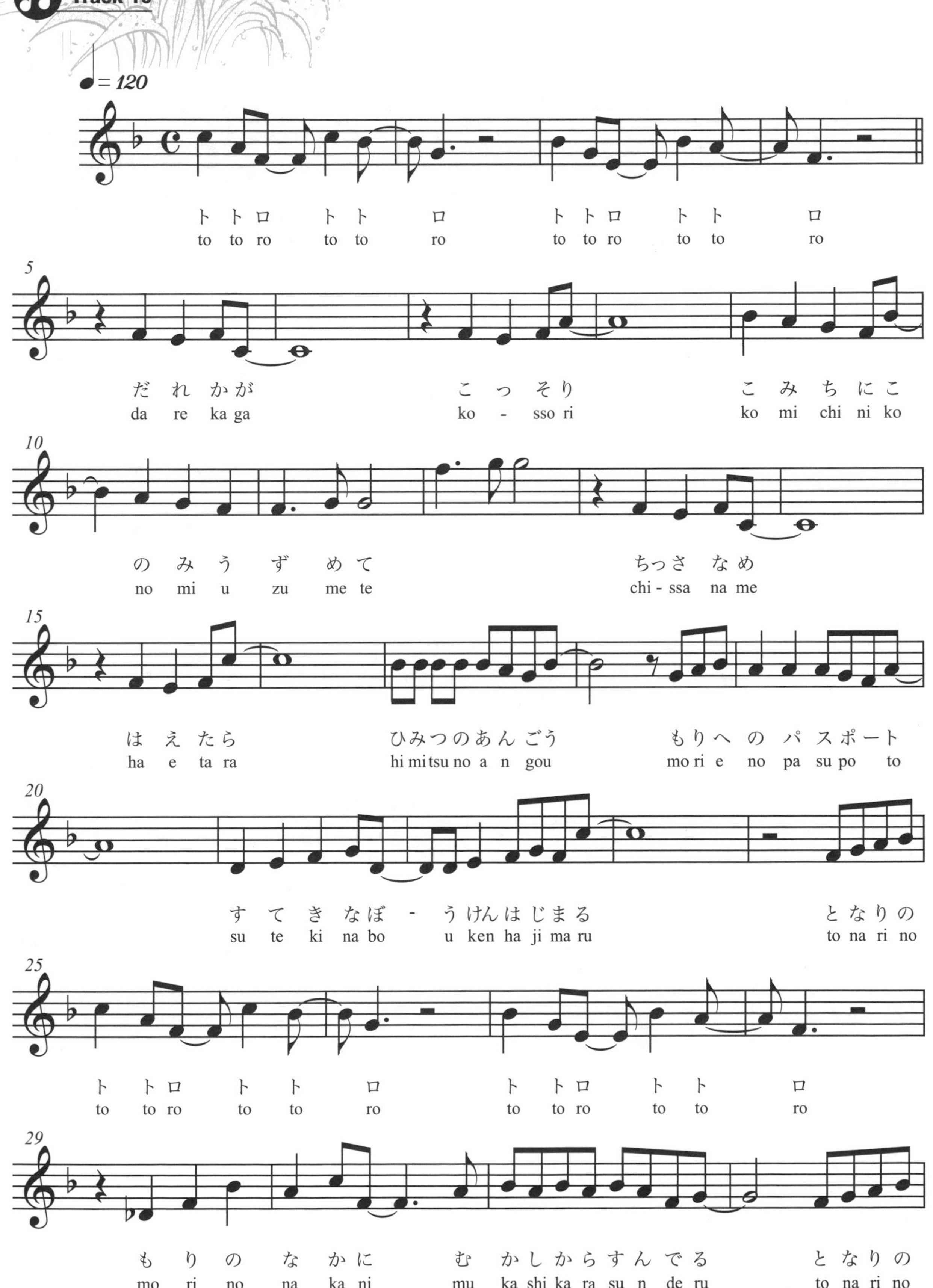

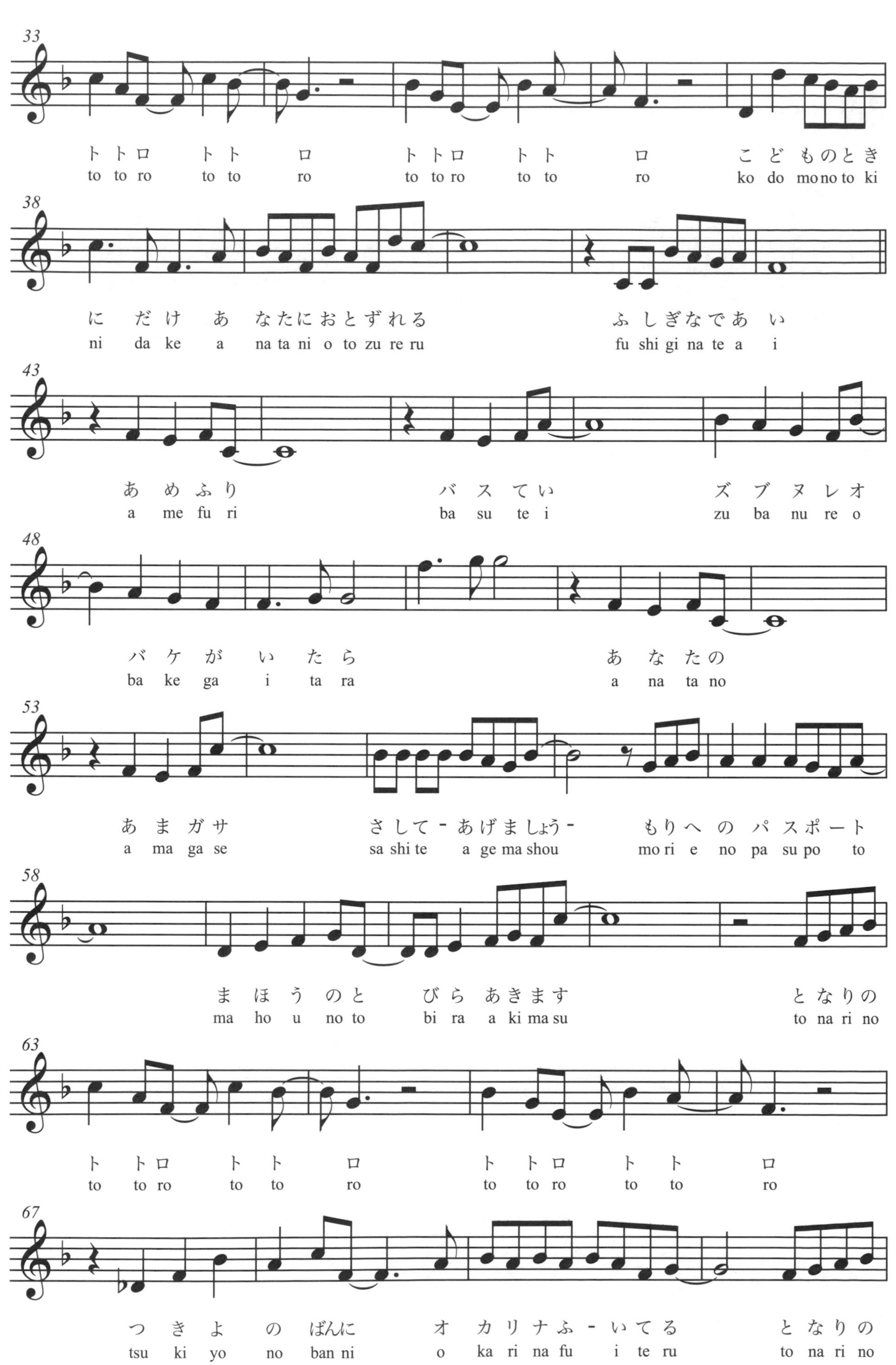
33
トトロ トト ロ トトロ トト ロ こどものとき
to to ro to to ro to to ro to to ro ko do mono to ki
38
にだけ あなたにおとずれる ふしぎなであい
ni da ke a na ta ni o to zu re ru fu shi gi na te a i
43
あめふり バスてい ズブヌレオ
a me fu ri ba su te i zu ba nu re o
48
バケがいたら あなたの
ba ke ga i ta ra a na ta no
53
あまガサ さして-あげましょう- もりへのパスポート
a ma ga se sa shi te a ge ma shou mo ri e no pa su po to
58
まほうのとびらあきます となりの
ma ho u no to bi ra a ki ma su to na ri no
63
トトロ トト ロ トトロ トト ロ
to to ro to to ro to to ro to to ro
67
つきよのばんに オカリナふ-いてる となりの
tsu ki yo no ban ni o ka ri na fu i te ru to na ri no

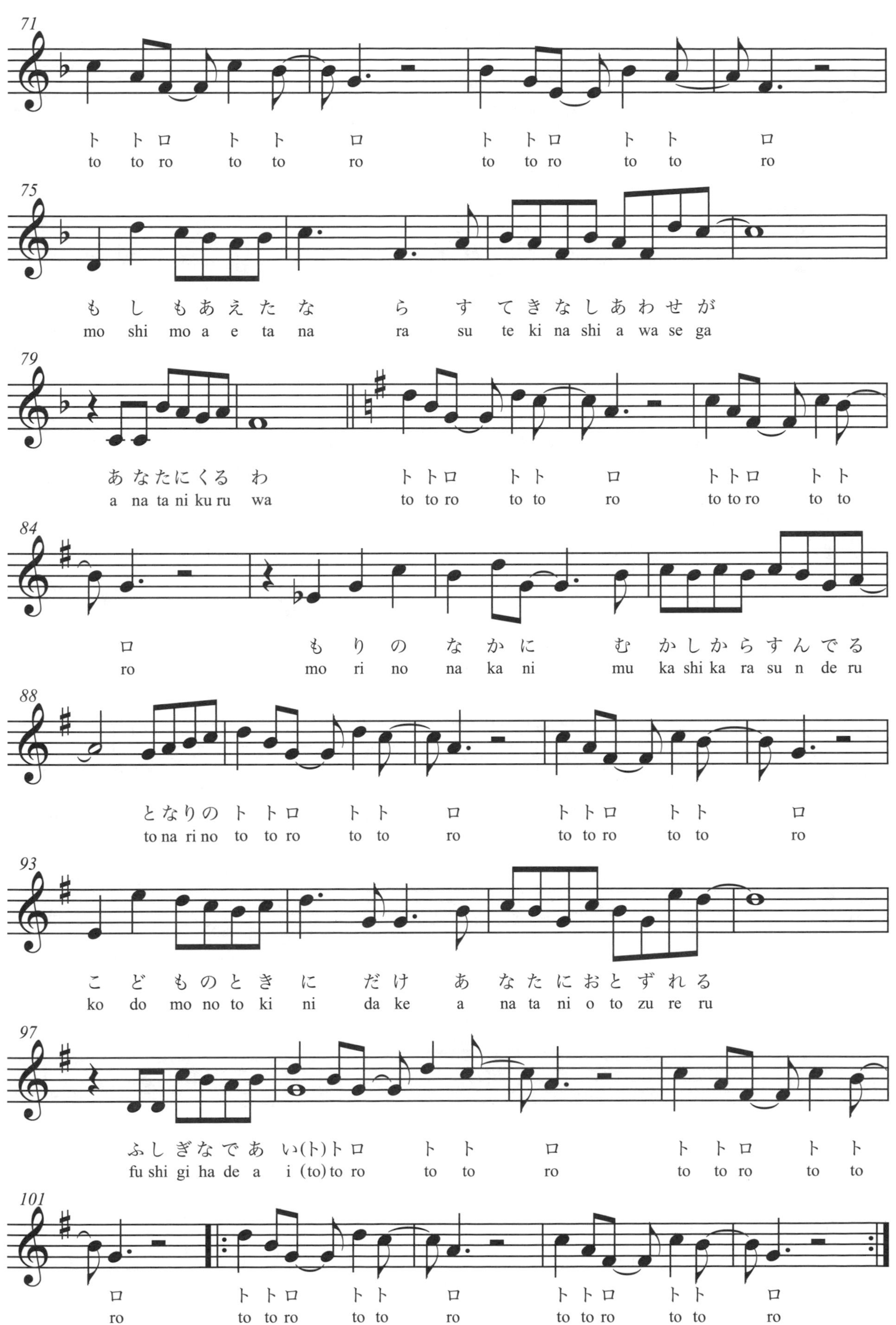
71
ト ト ロ ト ト ロ ト ト ロ ト ト ロ
to to ro to to ro to to ro to to ro
75
も し も あ え た な ら す て き な し あ わ せ が
mo shi mo a e ta na ra su te ki na shi a wa se ga
79
あ な た に く る わ ト ト ロ ト ト ロ ト ト ロ ト ト
a na ta ni ku ru wa to to ro to to ro to to ro to to
84
ロ も り の な か に む か し か ら す ん で る
ro mo ri no na ka ni mu ka shi ka ra su n de ru
88
と な り の ト ト ロ ト ト ロ ト ト ロ ト ト ロ
to na ri no to to ro to to ro to to ro to to ro
93
こ ど も の と き に だ け あ な た に お と ず れ る
ko do mo no to ki ni da ke a na ta ni o to zu re ru
97
ふ し ぎ な で あ い(ト)ト ロ ト ト ロ ト ト ロ ト ト
fu shi gi ha de a i (to) to ro to to ro to to ro to to
101
ロ ト ト ロ ト ト ロ ト ト ロ ト ト ロ
ro to to ro to to ro to to ro to to ro

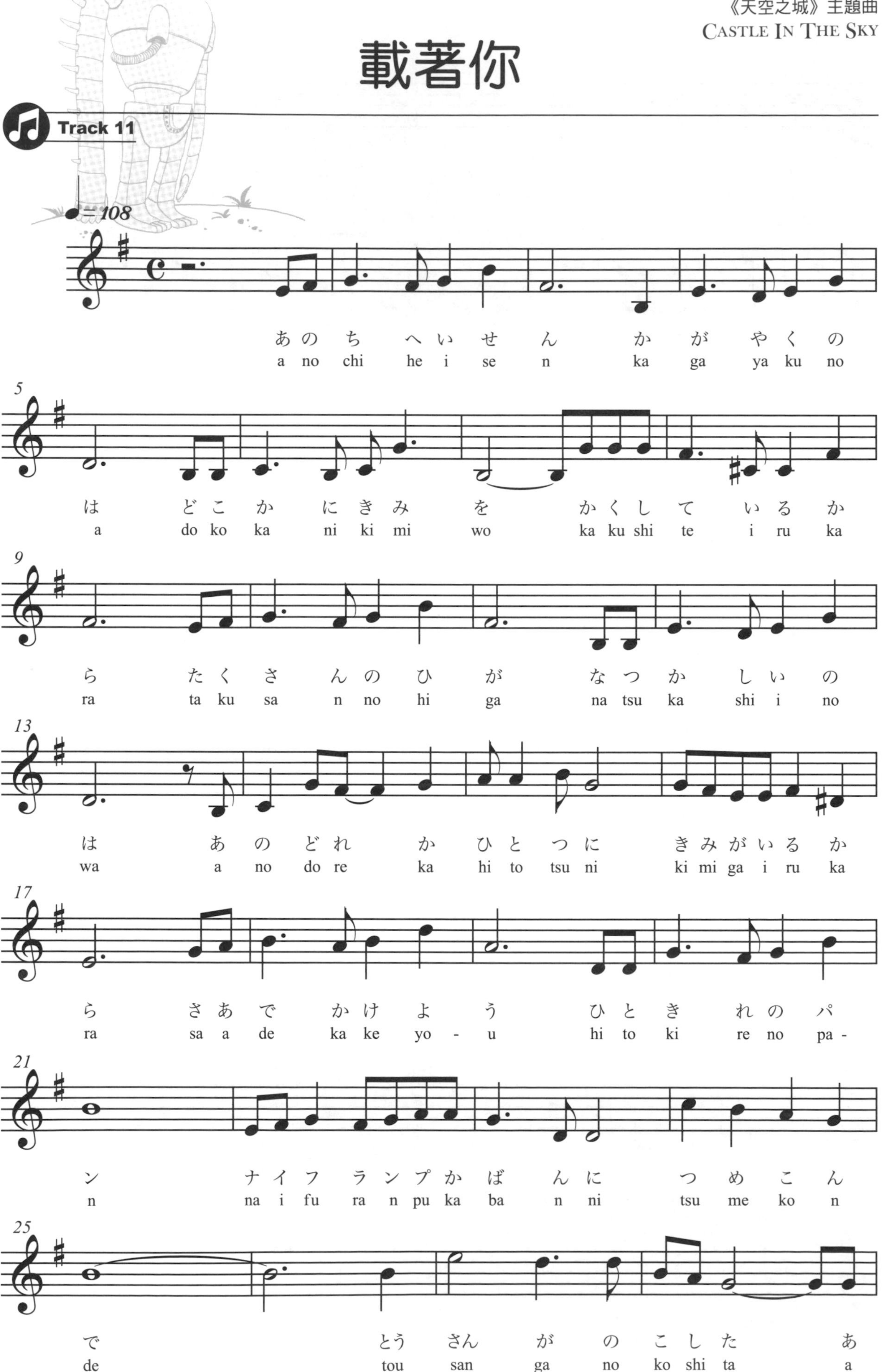
《天空之城》主題曲
CASTLE IN THE SKY
載著你
Track 11
♩=108
あのち へいせ ん かが やくの
a no chi he i se n ka ga ya ku no
は どこか にきみ を かくして いるか
a do ko ka ni ki mi wo ka ku shi te i ru ka
ら たくさ んのひ が なつか しいの
ra ta ku sa n no hi ga na tsu ka shi i no
は あのどれ か ひとつに きみがいるか
wa a no do re ka hi to tsu ni ki mi ga i ru ka
ら さあで かけよう ひとき れのパ
ra sa a de ka ke yo - u hi to ki re no pa -
ン ナイフランプかばんに つめこん
n na i fu ra n pu ka ba n ni tsu me ko n
で とうさんがのこした あ
de tou san ga no ko shi ta a

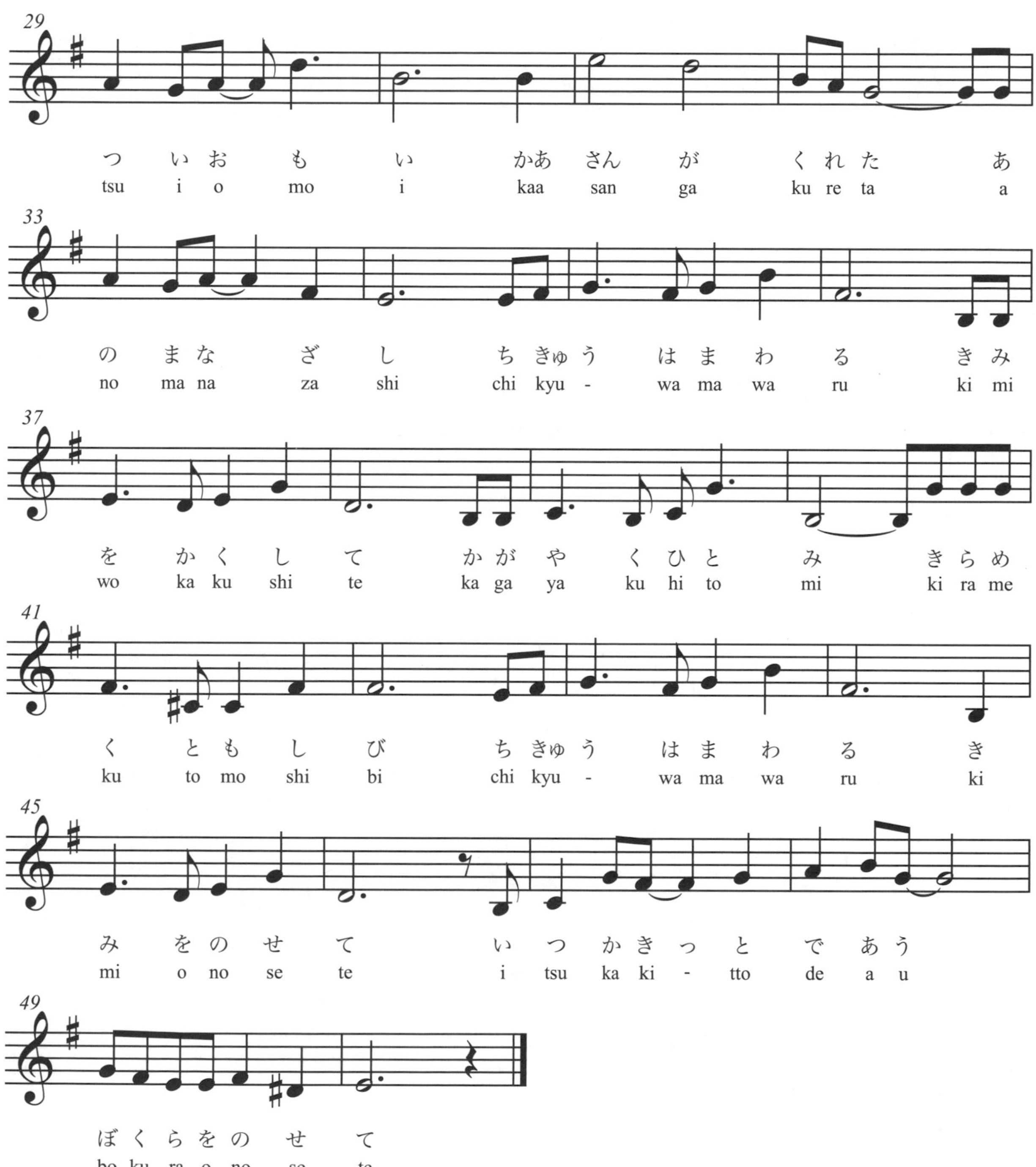
29
つ い お も い かあ さん が く れ た あ
tsu i o mo i kaa san ga ku re ta a
33
の ま な ざ し ち きゅ う は ま わ る き み
no ma na za shi chi kyu - wa ma wa ru ki mi
37
を か く し て か が や く ひ と み き ら め
wo ka ku shi te ka ga ya ku hi to mi ki ra me
41
く と も し び ち きゅ う は ま わ る き
ku to mo shi bi chi kyu - wa ma wa ru ki
45
み を の せ て い つ か き っ と で あ う
mi o no se te i tsu ka ki - tto de a u
49
ぼ く ら を の せ て
bo ku ra o no se te

《魔女宅急便》主題曲
KIKI'S DELIVERY SERVICE

變化的季節

Track 12

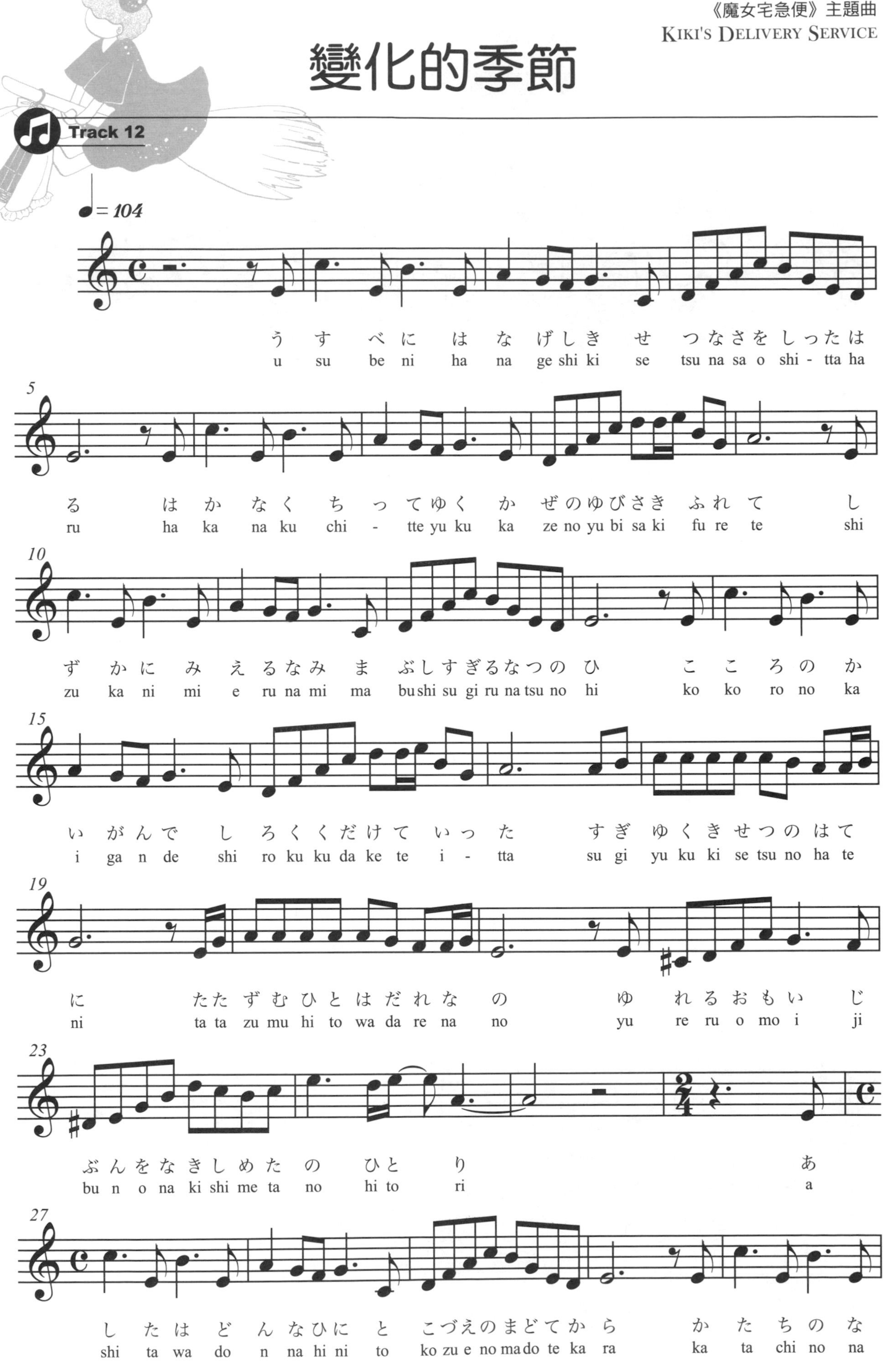

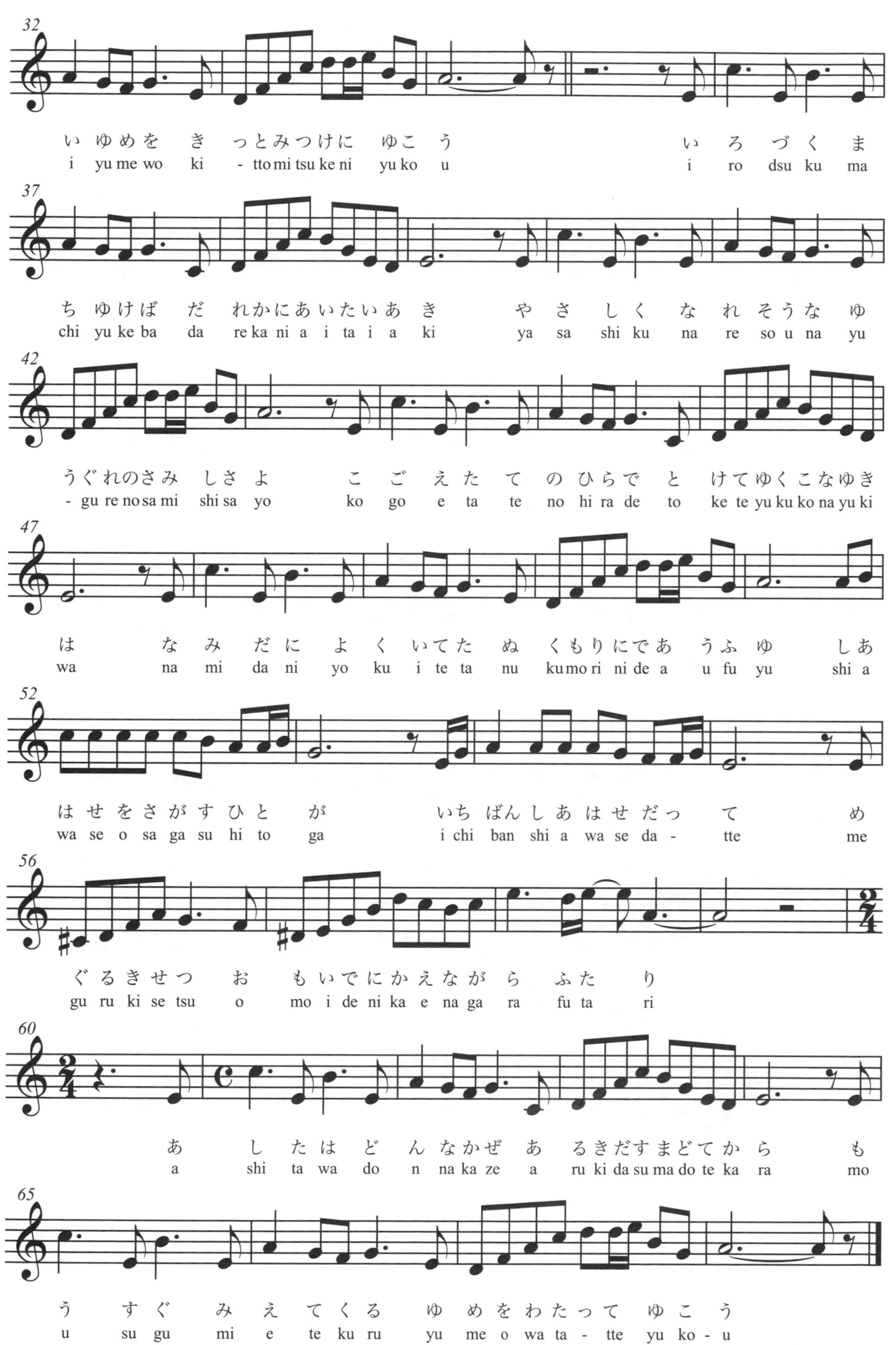
32
い ゆめを き っとみつけに ゆこ う いろづくま
i yu me wo ki - tto mi tsu ke ni yu ko u i ro dsu ku ma
37
ち ゆけば だ れかにあいたいあ き やさしく なれそうな ゆ
chi yu ke ba da re ka ni a i ta i a ki ya sa shi ku na re so u na yu
42
うぐれのさみ しさ よ こごえたてのひらで とけてゆくこなゆき
- gu re no sa mi shi sa yo ko go e ta te no hi ra de to ke te yu ku ko na yu ki
47
は なみだに よく いてた ぬ くもりにであ うふゆ しあ
wa na mi da ni yo ku i te ta nu ku mo ri ni de a u fu yu shi a
52
はせをさがすひと が いちばんしあはせだっ て め
wa se o sa ga su hi to ga i chi ban shi a wa se da - tte me
56
ぐるきせつ お もいでにかえなが ら ふた り
gu ru ki se tsu o mo i de ni ka e na ga ra fu ta ri
60
あ したはどんなかぜ あ るきだすまどてから も
a shi ta wa do n na ka ze a ru ki da su ma do te ka ra mo
65
う すぐ みえてくる ゆめをわたって ゆこう
u su gu mi e te ku ru yu me o wa ta - tte yu ko - u

《貓的報恩》主題曲
THE CAT RETURNS

幻化成風

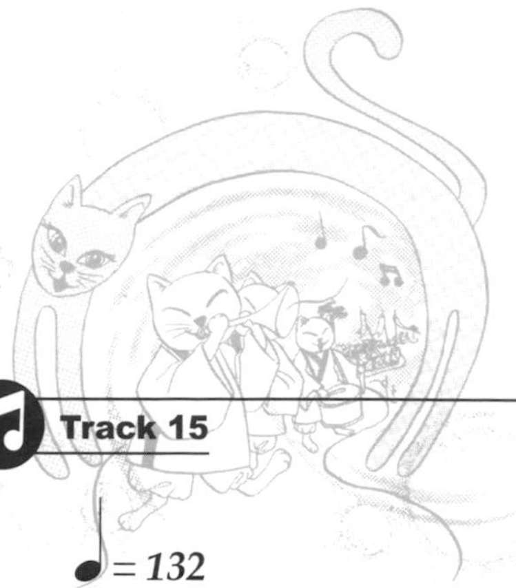

Track 15

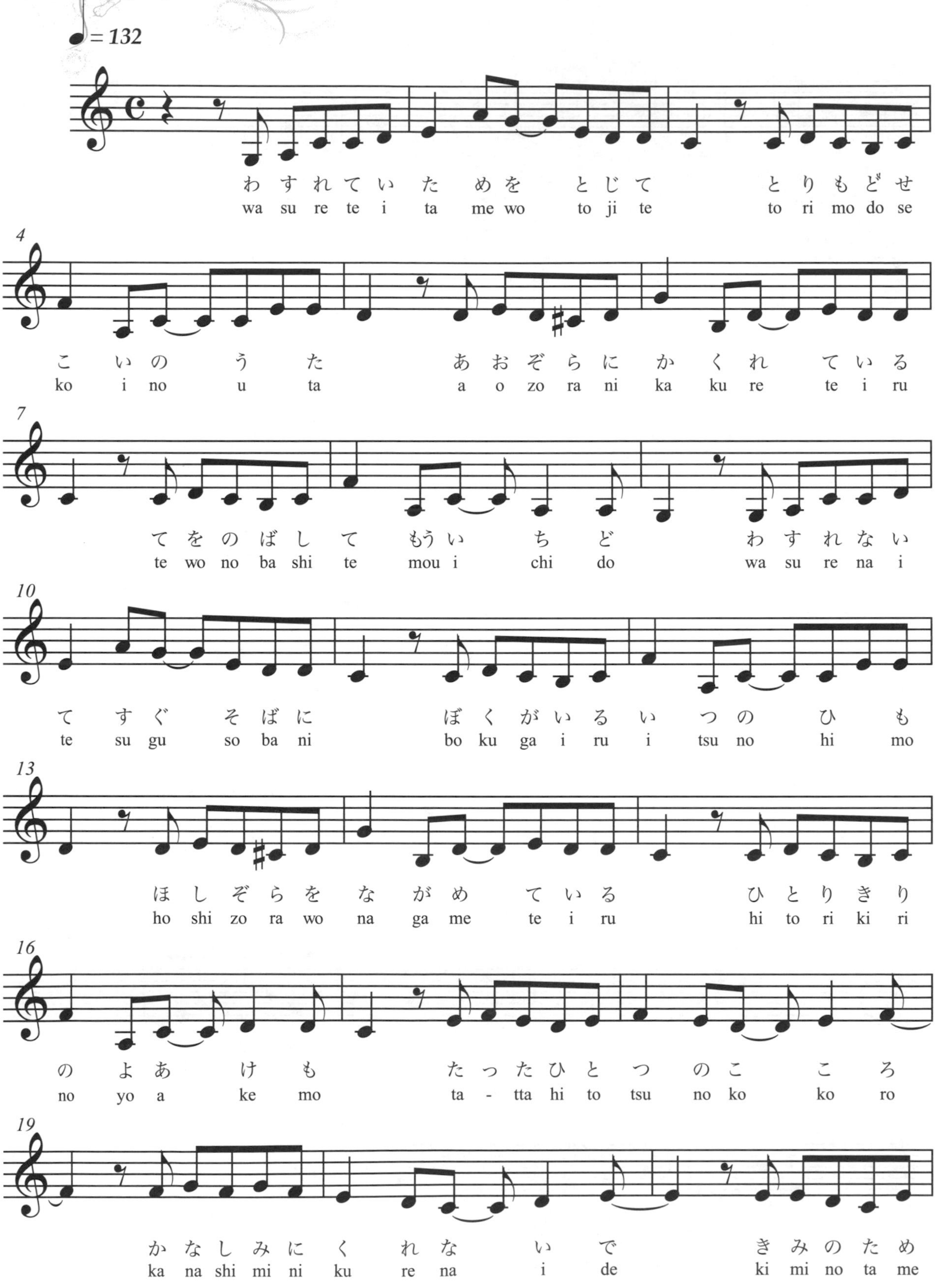

♩= 132

わ す れ て い た め を と じ て と り も ど せ
wa su re te i ta me wo to ji te to ri mo do se

4 こ い の う た あ お ぞ ら に か く れ て い る
ko i no u ta a o zo ra ni ka ku re te i ru

7 て を の ば し て もう い ち ど わ す れ な い
te wo no ba shi te mou i chi do wa su re na i

10 て す ぐ そ ば に ぼ く が い る い つ の ひ も
te su gu so ba ni bo ku ga i ru i tsu no hi mo

13 ほ し ぞ ら を な が め て い る ひ と り き り
ho shi zo ra wo na ga me te i ru hi to ri ki ri

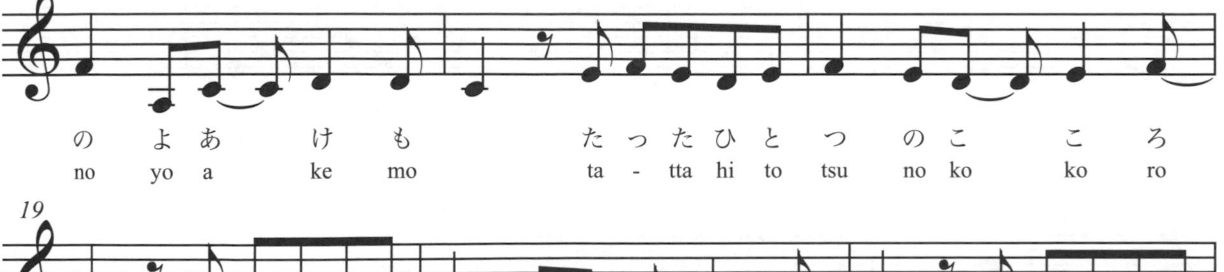

19 か な し み に く れ な い で き み の た め
ka na shi mi ni ku re na i de ki mi no ta me

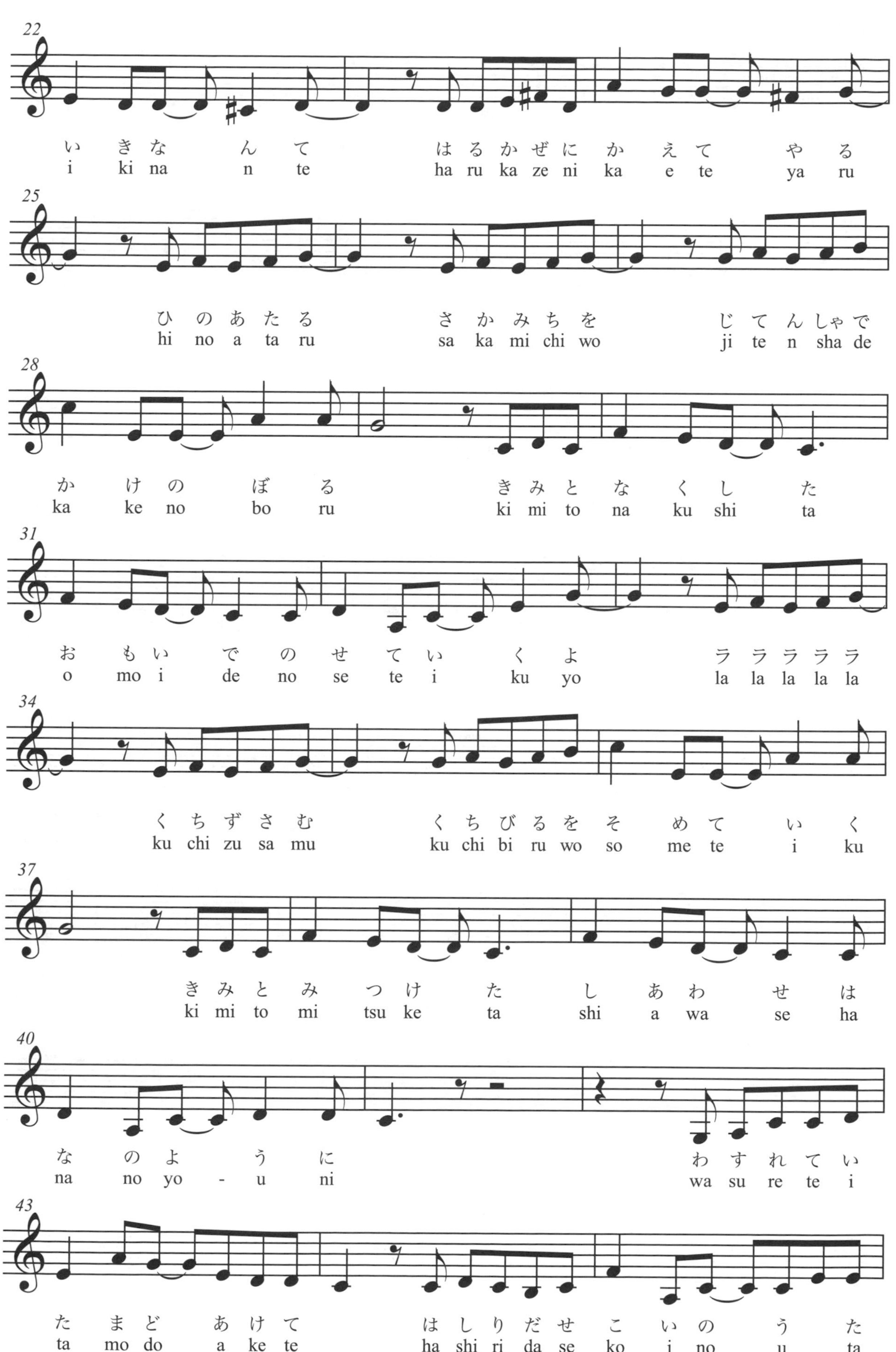
22
い き な ん て は る か ぜ に か え て や る
i ki na n te ha ru ka ze ni ka e te ya ru
25
ひ の あ た る さ か み ち を じ て ん しゃ で
hi no a ta ru sa ka mi chi wo ji te n sha de
28
か け の ぼ る き み と な く し た
ka ke no bo ru ki mi to na ku shi ta
31
お も い で の せ て い く よ ラ ラ ラ ラ ラ
o mo i de no se te i ku yo la la la la la
34
く ち ず さ む く ち び る を そ め て い く
ku chi zu sa mu ku chi bi ru wo so me te i ku
37
き み と み つ け た し あ わ せ は
ki mi to mi tsu ke ta shi a wa se ha
40
な の よ う に わ す れ て い
na no yo - u ni wa su re te i
43
た ま ど あ け て は し り だ せ こ い の う た
ta mo do a ke te ha shi ri da se ko i no u ta

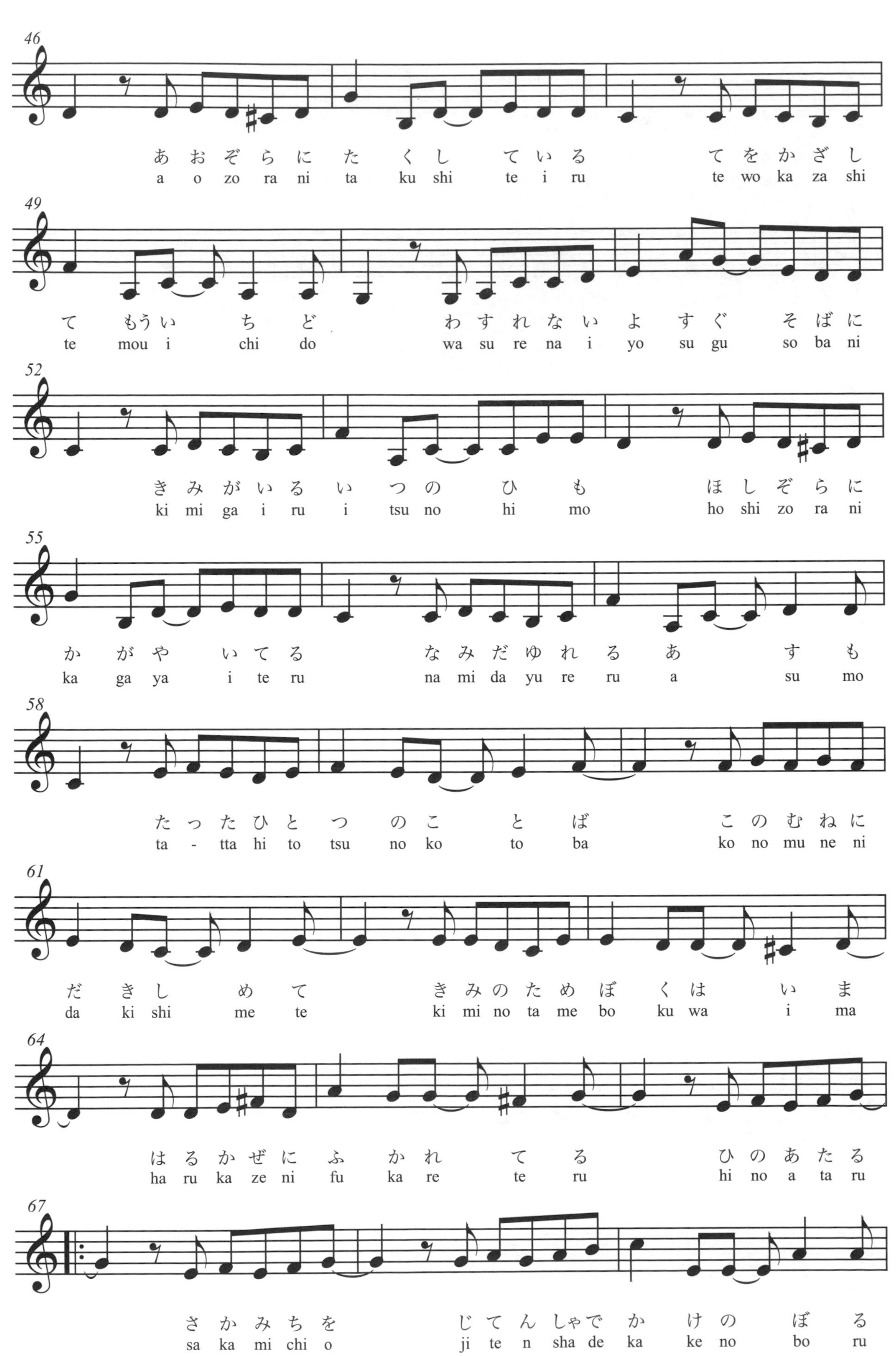
46
あ お ぞ ら に た く し て い る て を か ざ し
a o zo ra ni ta ku shi te i ru te wo ka za shi
49
て もう い ち ど わ す れ な い よ す ぐ そ ば に
te mou i chi do wa su re na i yo su gu so ba ni
52
き み が い る い つ の ひ も ほ し ぞ ら に
ki mi ga i ru i tsu no hi mo ho shi zo ra ni
55
か が や い て る な み だ ゆ れ る あ す も
ka ga ya i te ru na mi da yu re ru a su mo
58
た っ た ひ と つ の こ と ば こ の む ね に
ta - tta hi to tsu no ko to ba ko no mu ne ni
61
だ き し め て き み の た め ぼ く は い ま
da ki shi me te ki mi no ta me bo ku wa i ma
64
は る か ぜ に ふ か れ て る ひ の あ た る
ha ru ka ze ni fu ka re te ru hi no a ta ru
67
さ か み ち を じ て ん しゃ で か け の ぼ る
sa ka mi chi o ji te n sha de ka ke no bo ru

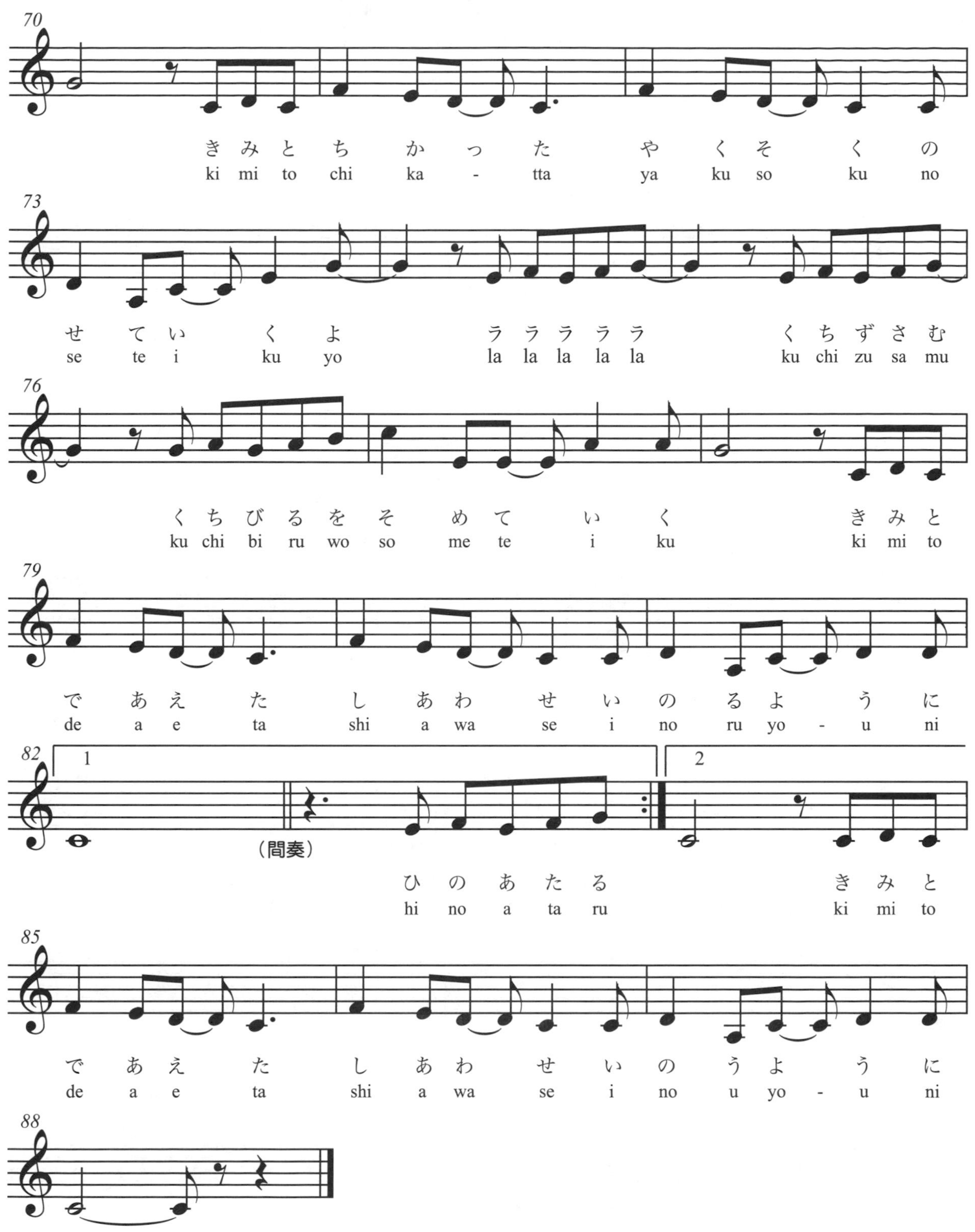
70
きみとちかったやくそくの
ki mi to chi ka - tta ya ku so ku no
73
せていくよ ラララララ くちずさむ
se te i ku yo la la la la la ku chi zu sa mu
76
くちびるをそめていく きみと
ku chi bi ru wo so me te i ku ki mi to
79
であえたしあわせいのるように
de a e ta shi a wa se i no ru yo - u ni
82
1
(間奏)
2
ひのあたる きみと
hi no a ta ru ki mi to
85
であえたしあわせいのうように
de a e ta shi a wa se i no u yo - u ni
88

《忍者亂太郎》主題曲
NINTAN RANTARO

勇氣百分百

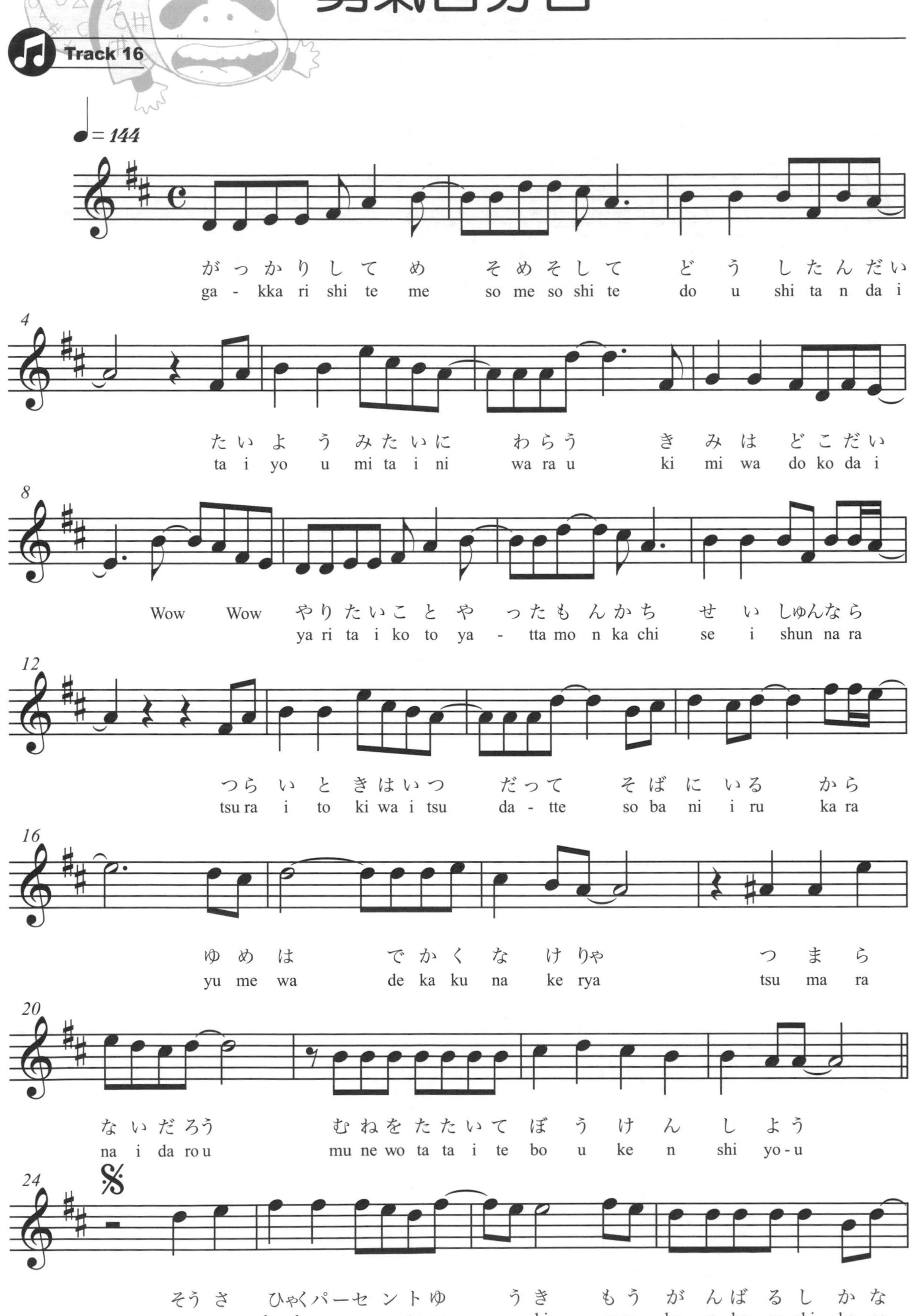

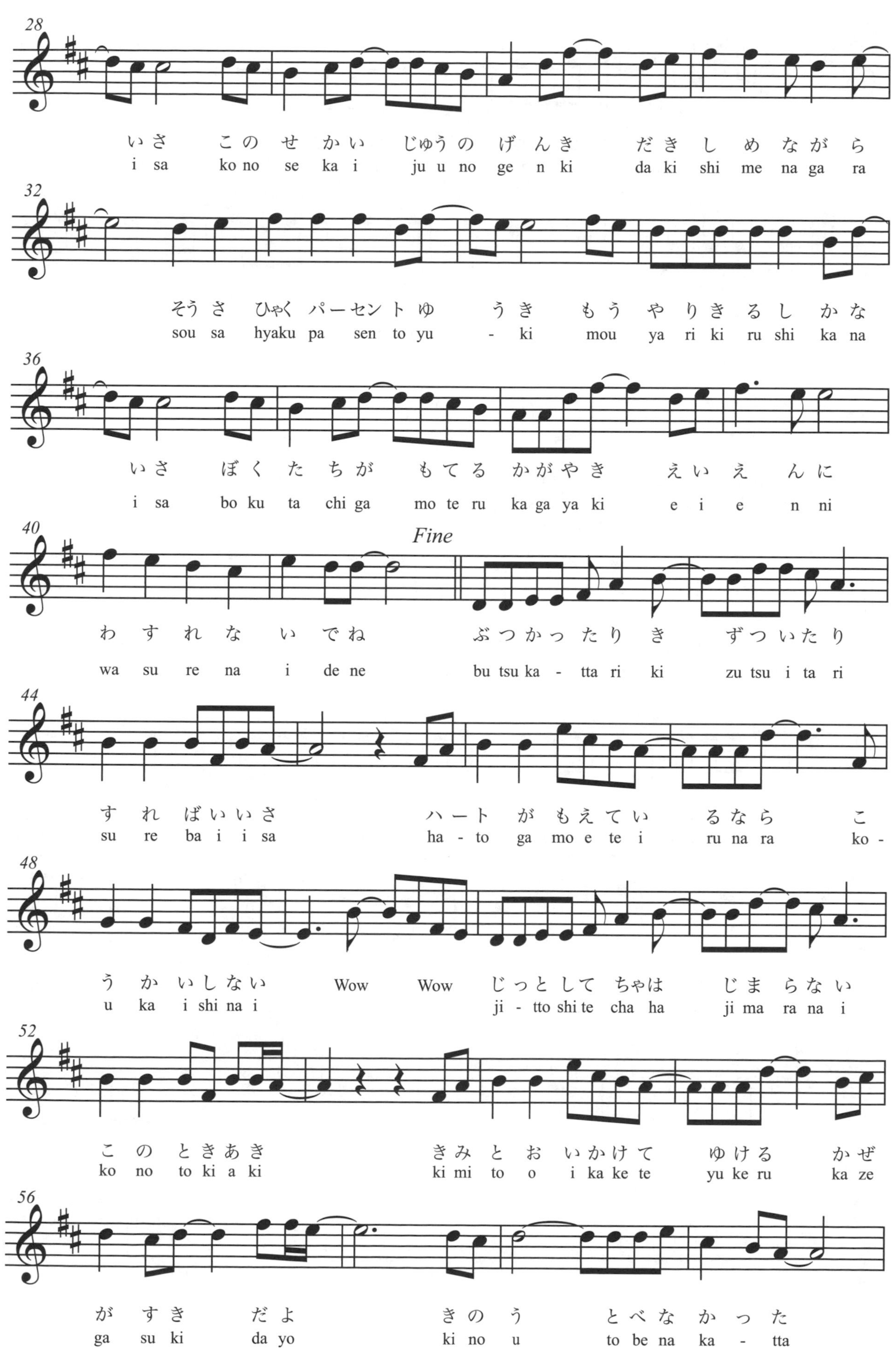
28
いさ このせかい じゅうのげんき だきしめながら
i sa ko no se ka i ju u no ge n ki da ki shi me na ga ra
32
そうさ ひゃく パーセント ゆ うき もうやりきるしかな
sou sa hyaku pa sen to yu - ki mou ya ri ki ru shi ka na
36
いさ ぼくたちが もてる かがやき えいえ んに
i sa bo ku ta chi ga mo te ru ka ga ya ki e i e n ni
40
Fine
わすれないでね ぶつかったりき ずついたり
wa su re na i de ne bu tsu ka - tta ri ki zu tsu i ta ri
44
すればいいさ ハート がもえてい るなら こ
su re ba i i sa ha - to ga mo e te i ru na ra ko -
48
うかいしない Wow Wow じっとしてちゃは じまらない
u ka i shi na i ji - tto shi te cha ha ji ma ra na i
52
このときあき きみとおいかけて ゆける かぜ
ko no to ki a ki ki mi to o i ka ke te yu ke ru ka ze
56
がすき だよ きのう とべなかった
ga su ki da yo ki no u to be na ka - tta

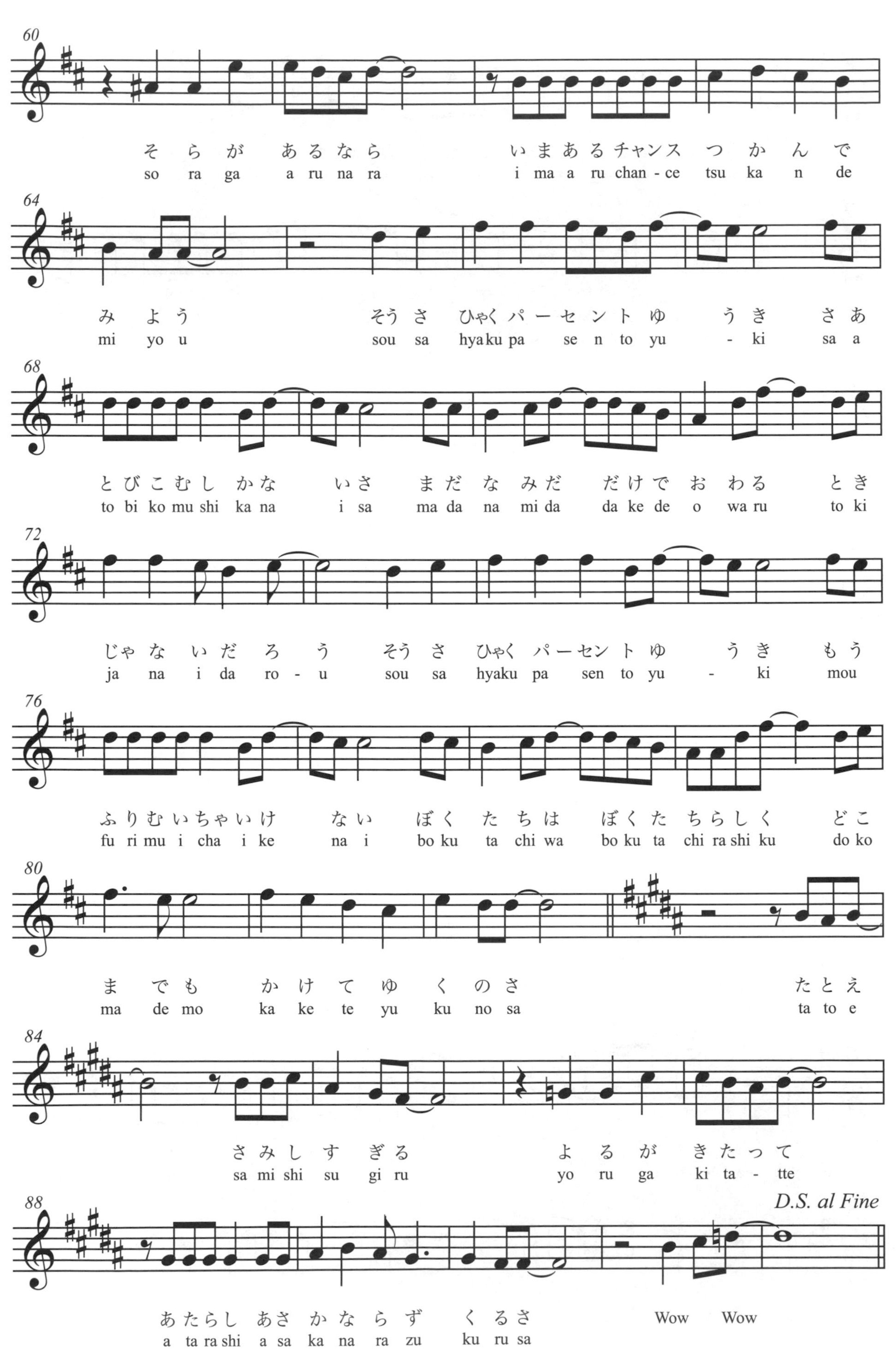
60
そ ら が あ る な ら いまあるチャンス つ か ん で
so ra ga a ru na ra i ma a ru chan - ce tsu ka n de
64
み よ う そう さ ひゃく パ ー セ ン ト ゆ う き さ あ
mi yo u sou sa hya ku pa se n to yu - ki sa a
68
と び こ む し か な い さ ま だ な み だ だ け で お わ る と き
to bi ko mu shi ka na i sa ma da na mi da da ke de o wa ru to ki
72
じゃ な い だ ろ う そう さ ひゃく パ ー セ ン ト ゆ う き も う
ja na i da ro - u sou sa hyaku pa sen to yu - ki mou
76
ふ り む い ちゃ い け な い ぼ く た ち は ぼ く た ち ら し く ど こ
fu ri mu i cha i ke na i bo ku ta chi wa bo ku ta chi ra shi ku do ko
80
ま で も か け て ゆ く の さ た と え
ma de mo ka ke te yu ku no sa ta to e
84
さ み し す ぎ る よ る が き た っ て
sa mi shi su gi ru yo ru ga ki ta - tte
88
D.S. al Fine
あ た ら し あ さ か な ら ず く る さ Wow Wow
a ta ra shi a sa ka na ra zu ku ru sa

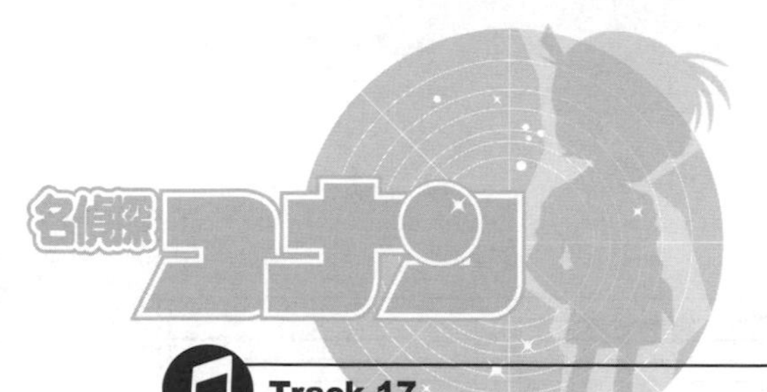

《名偵探柯南》主題曲
DETECTIVE CONAN

因為有你

Track 17

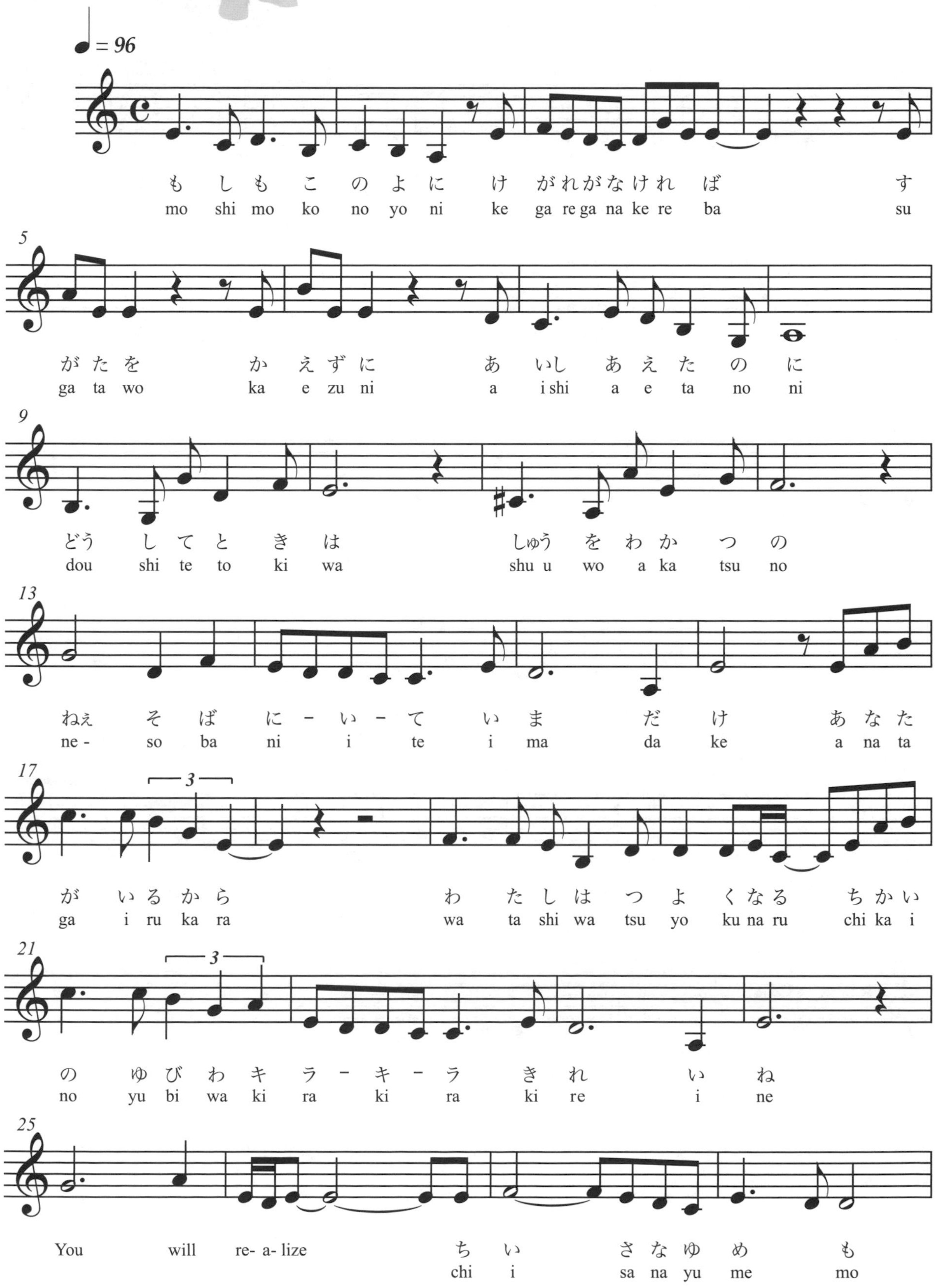

♩= 96

もしもこのよにけがれがなければ す
mo shi mo ko no yo ni ke ga re ga na ke re ba su

5
がたを かえずに あいし あえたのに
ga ta wo ka e zu ni a i shi a e ta no ni

9
どうしてときは しゅうをわかつの
dou shi te to ki wa shu u wo a ka tsu no

13
ねぇそばに－い－ていまだけ あなた
ne - so ba ni i te i ma da ke a na ta

17
がいるから わたしはつよくなる ちかい
ga i ru ka ra wa ta shi wa tsu yo ku na ru chi ka i

21
のゆびわキラ－キ－ラきれいね
no yu bi wa ki ra ki ra ki re i ne

25
You will re- a- lize ちいさなゆめも
chi i sa na yu me mo

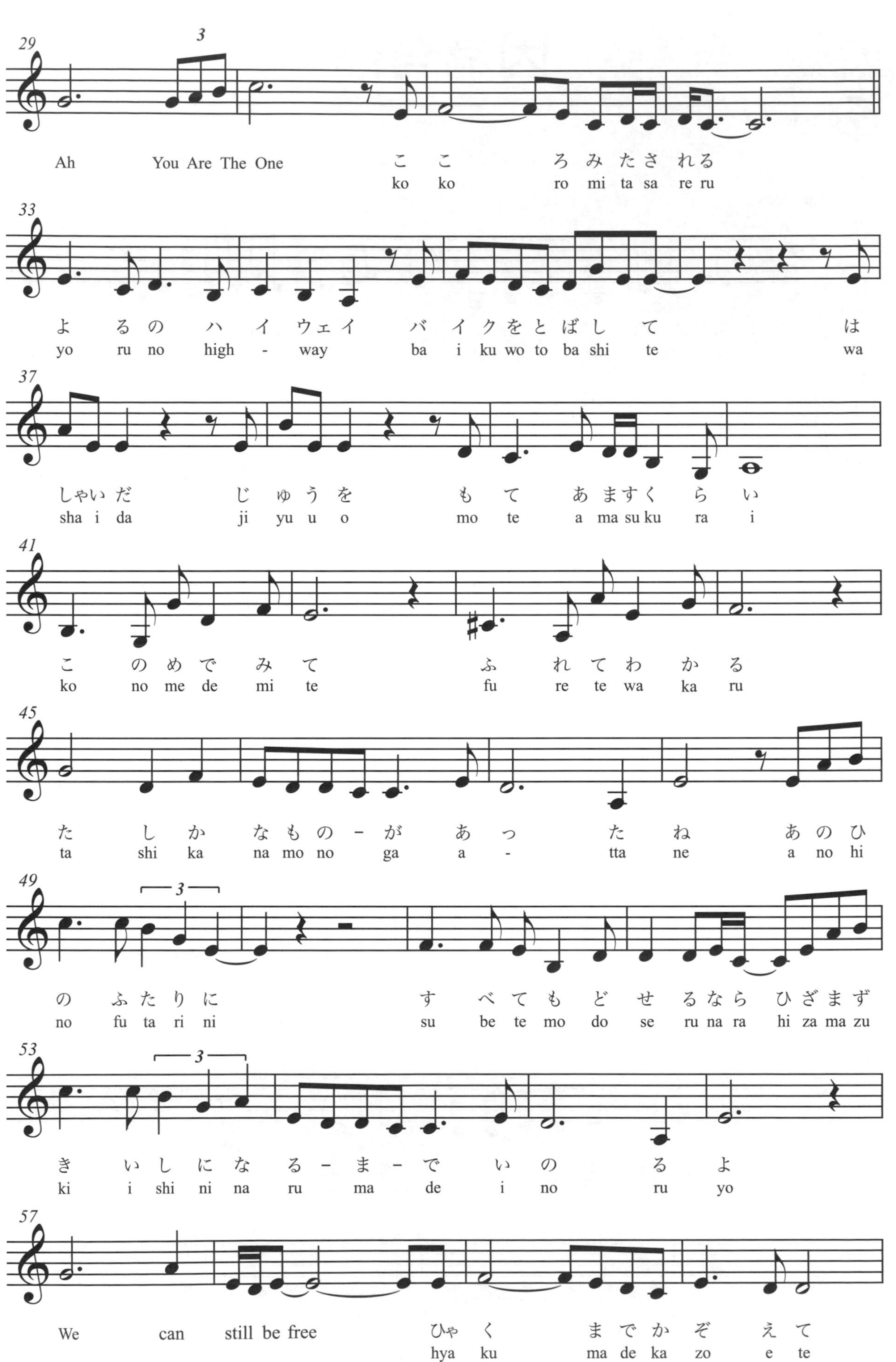
29
3
Ah You Are The One こ こ ろ み た さ れ る
ko ko ro mi ta sa re ru
33
よ る の ハ イ ウェイ バ イ ク を と ば し て は
yo ru no high - way ba i ku wo to ba shi te wa
37
しゃい だ じ ゆ う を も て あ ま す く ら い
sha i da ji yu u o mo te a ma su ku ra i
41
こ の め で み て ふ れ て わ か る
ko no me de mi te fu re te wa ka ru
45
た し か な も の ー が あ っ た ね あ の ひ
ta shi ka na mo no ga a - tta ne a no hi
49
3
の ふ た り に す べ て も ど せ る な ら ひ ざ ま ず
no fu ta ri ni su be te mo do se ru na ra hi za ma zu
53
3
き い し に な る ー ま ー で い の る よ
ki i shi ni na ru ma de i no ru yo
57
We can still be free ひゃ く ま で か ぞ え て
hya ku ma de ka zo e te

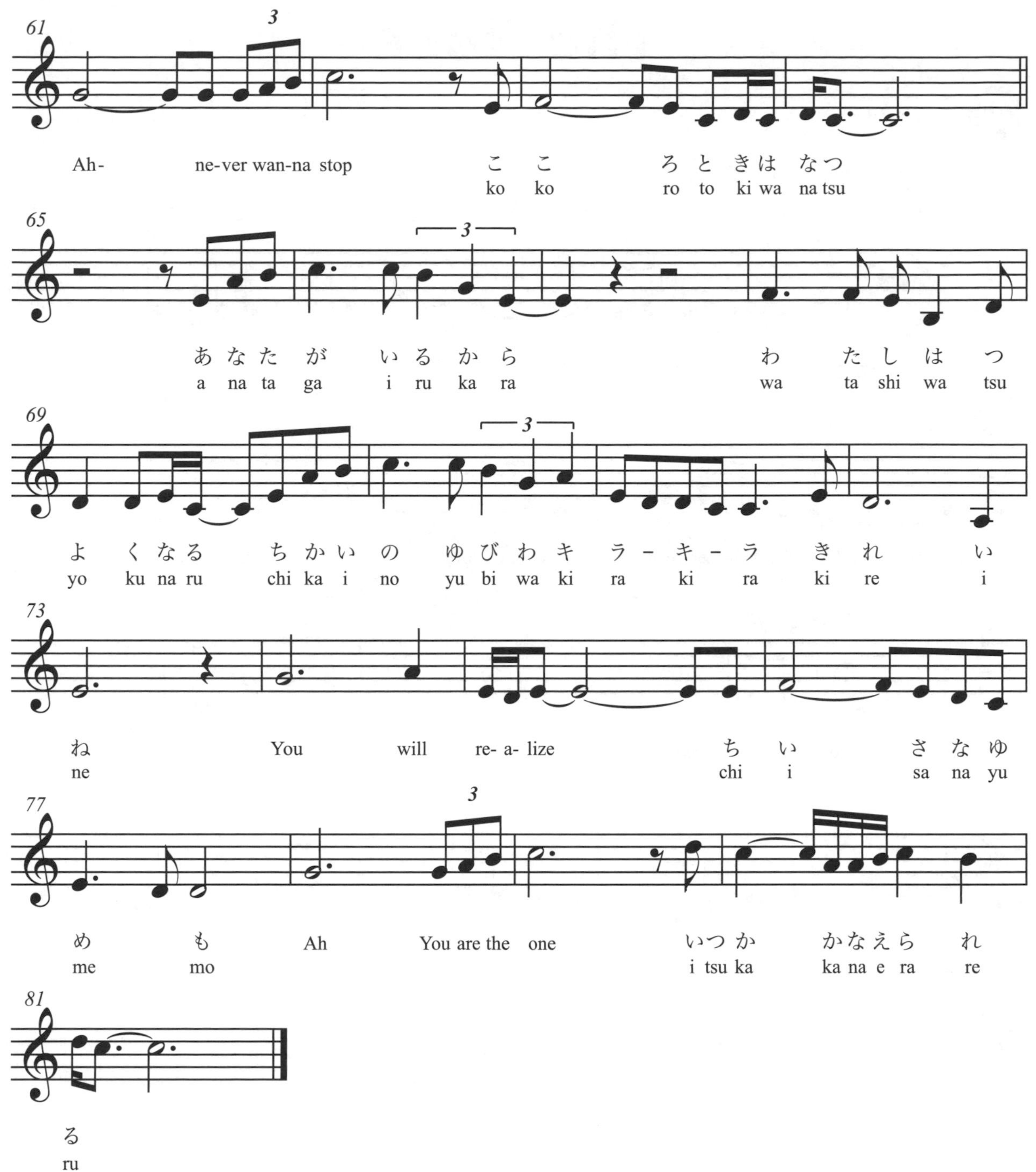
61
Ah- ne-ver wan-na stop こ こ ろ と き は な つ
ko ko ro to ki wa na tsu
65
あ な た が い る か ら わ た し は つ
a na ta ga i ru ka ra wa ta shi wa tsu
69
よ く な る ち か い の ゆ び わ キ ラ ー キ ー ラ き れ い
yo ku na ru chi ka i no yu bi wa ki ra ki ra ki re i
73
ね You will re- a- lize ち い さ な ゆ
ne chi i sa na yu
77
め も Ah You are the one いつ か かなえら れ
me mo i tsu ka ka na e ra re
81
る
ru

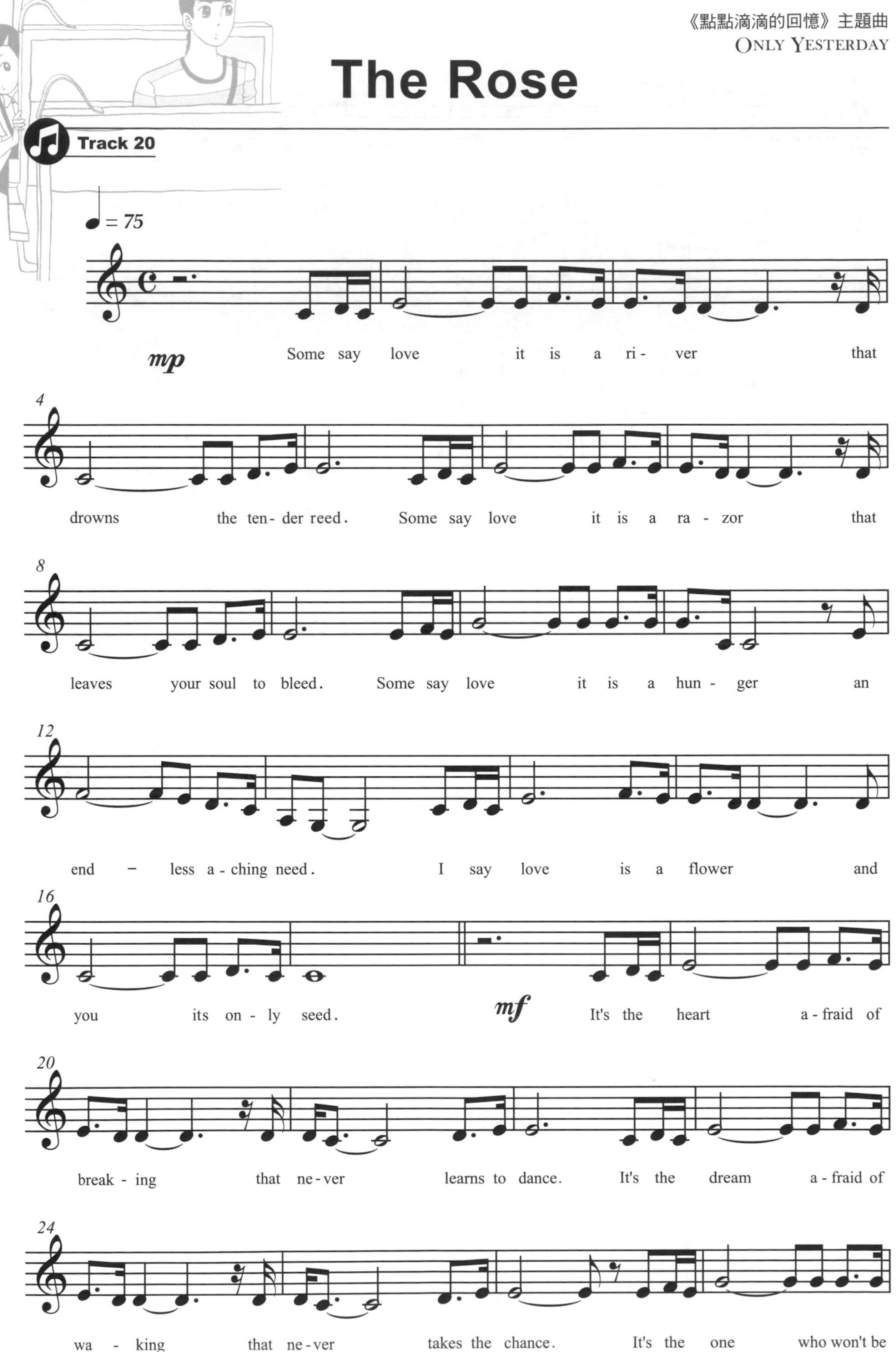
《點點滴滴的回憶》主題曲
ONLY YESTERDAY
The Rose
Track 20
♩= 75
mp
Some say love it is a ri- ver that
drowns the ten- der reed. Some say love it is a ra - zor that
leaves your soul to bleed. Some say love it is a hun - ger an
end – less a - ching need. I say love is a flower and
you its on - ly seed.
mf
It's the heart a - fraid of
break - ing that ne - ver learns to dance. It's the dream a - fraid of
wa - king that ne - ver takes the chance. It's the one who won't be

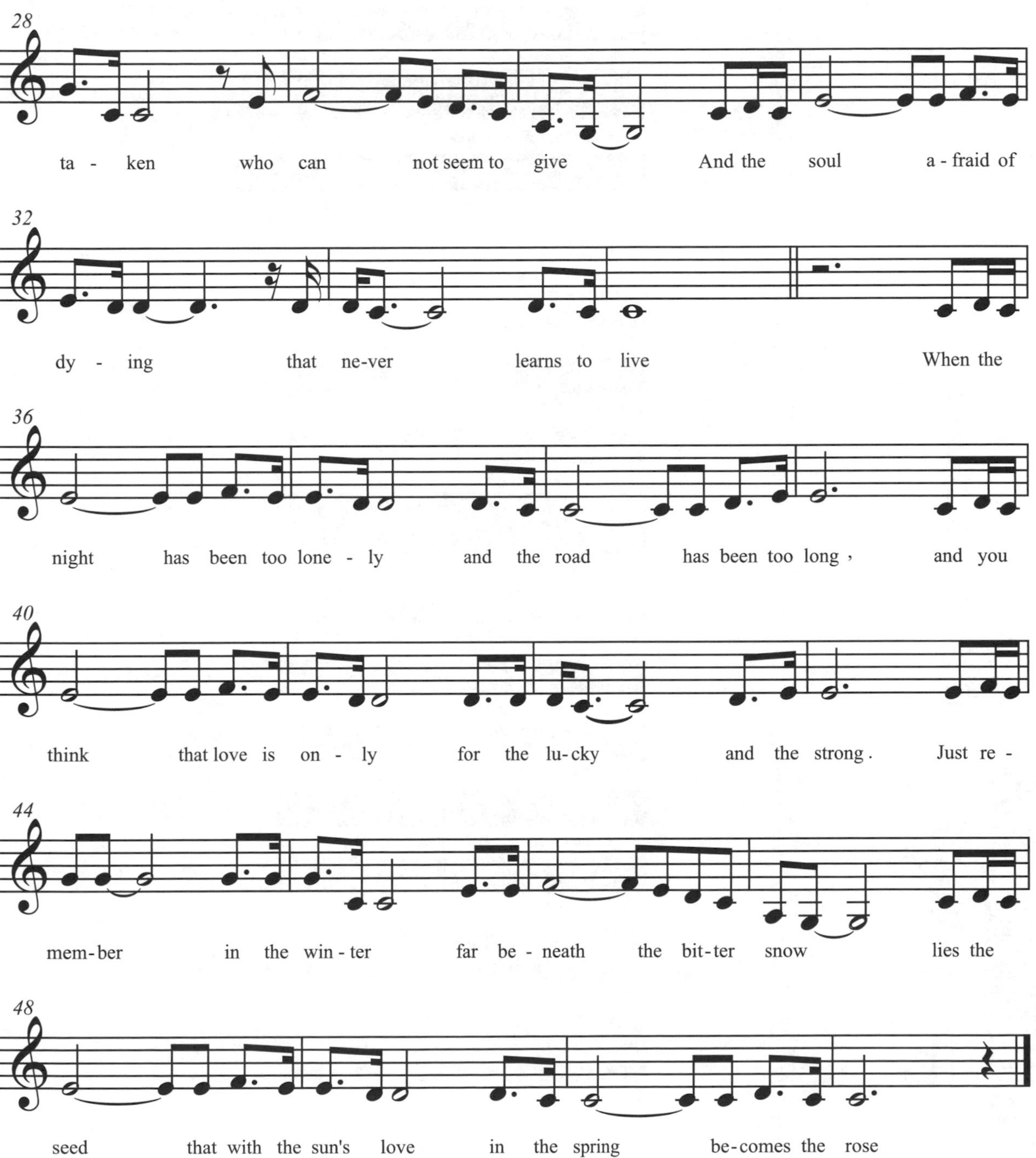
28
ta - ken who can not seem to give And the soul a - fraid of
32
dy - ing that ne-ver learns to live When the
36
night has been too lone - ly and the road has been too long , and you
40
think that love is on - ly for the lu-cky and the strong . Just re -
44
mem-ber in the win - ter far be - neath the bit-ter snow lies the
48
seed that with the sun's love in the spring be-comes the rose

麥書文化 最新圖書目錄

學習音樂最佳途徑

音樂人必備叢書

專業樂譜

COMPLETE CATALOGUE

民謠彈唱系列

彈指之間 Guitar Handbook
潘尚文 編著 定價380元 附影音教學 QR Code
吉他彈唱、演奏入門教本，基礎進階完全自學。精選中文流行、西洋流行等必練歌曲。理論、技術循序漸進，吉他技巧完全攻略。

指彈好歌 Great Songs And Fingerstyle
吳進興 編著 定價400元
附各種節奏詳細解說、吉他編曲教學，是基礎進階學習者最佳教材，收錄中西流行必練歌曲、經典指彈歌曲。且附前奏影音示範、原曲仿真編曲QRCode連結。

就是要彈吉他
張雅惠 編著 定價240元
作者超過30年教學經驗，讓你30分鐘內就能自彈自唱！本書有別於以往的教學方式，僅需記住4種和弦按法，就可以輕鬆入門吉他的世界！

六弦百貨店精選3 Guitar Shop Song Collection
潘尚文、盧家宏 編著 定價360元
收錄年度華語暢銷排行榜歌曲，內容涵蓋六弦百貨歌曲精選。專業吉他TAB譜六線套譜，全新編曲，自彈自唱的最佳叢書。

六弦百貨店精選4 Guitar Shop Special Collection 4
潘尚文 編著 定價360元
精采收錄16首絕佳吉他編曲流行彈唱歌曲－獅子合唱團、盧廣仲、周杰倫、五月天……一次收藏32首獨立樂團歷年最經典歌曲－茄子蛋、逃跑計劃、草東沒有派對、老王樂隊、滅火器、麋先生……

超級星光樂譜集(1)(2)(3) Super Star No.1.2.3
潘尚文 編著 定價380元
每冊收錄61首「超級星光大道」對戰歌曲總整理。每首歌曲均標註有吉他六線套譜、簡譜、和弦、歌詞。

I PLAY詩歌－MY SONGBOOK Top 100 Greatest Hymns Collection
麥書文化編輯部 編著 定價360元
收錄經典福音聖詩、敬拜讚美傳唱歌曲100首。完整前奏、間奏，好聽和弦編配，敬拜更增氣氛。內附吉他、鍵盤樂器、烏克麗麗，各調性和弦級數對照表。

節奏吉他完全入門24課 Complete Learn To Play Rhythm Guitar Manual
顏鴻文 編著 定價400元 附影音教學 QR Code
詳盡的音樂節奏分析、影音示範，各類型常用音樂風格吉他伴奏方式解說，活用樂理知識，伴奏更為生動！

木吉他演奏系列

指彈吉他訓練大全 Complete Fingerstyle Guitar Training
盧家宏 編著 定價460元 *DVD*
第一本專為Fingerstyle學習所設計的教材，從基礎到進階，涵蓋各類樂風編曲手法、經典範例，隨書附教學示範DVD。

吉他新樂章 Finger Stlye
盧家宏 編著 定價550元 *CD+VCD*
18首最膾炙人口的電影主題曲改編而成的吉他獨奏曲，詳細五線譜、六線譜、和弦指型、簡譜完整對照並行之超級套譜，附贈精彩教學VCD。

吉樂狂想曲 Guitar Rhapsody
盧家宏 編著 定價550元 *CD+VCD*
12首日韓劇主題曲超級樂譜，五線譜、六線譜、和弦指型、簡譜全部收錄。彈奏解說、單音版曲譜，簡單易學，附CD、VCD。

古典吉他系列

樂在吉他 Joy With Classical Guitar
楊昱泓 編著 定價360元 附影音教學 QR Code
本書專為初學者設計，學習古典吉他從零開始。詳盡的樂理、音樂符號術語解說、吉他音樂家小故事，完整收錄卡爾卡西二十五首練習曲，並附詳細解說。

古典吉他名曲大全(一)(二)(三) Guitar Famous Collections No.1 / No.2 / No.3
楊昱泓 編著 每本定價550元 *DVD+MP3*
收錄多首古典吉他名曲，附曲目簡介、演奏技巧提示，由留法名師示範彈奏。五線譜、六線譜對照，無論彈民謠吉他或古典吉他，皆可體驗彈奏名曲的感受。

新編古典吉他進階教程 New Classical Guitar Advanced Tutorial
林文前 編著 定價550元 *DVD+MP3*
收錄古典吉他之經典進階曲目，可作為卡爾卡西的銜接教材，適合具備古典吉他基礎者學習。五線譜、六線譜對照，附影音演奏示範。

吹管樂器系列

口琴大全－複音初級教本 Complete Harmonica Method
李孝明 編著 定價360元 *DVD+MP3*
複音口琴初級入門標準本，適合21~24孔複音口琴。深入淺出的技術圖示、解說，全新DVD影像教學版，最全面性的口琴自學寶典。

陶笛完全入門24課 Complete Learn To Play Ocarina Manual
陳若儀 編著 定價360元 *DVD+MP3*
輕鬆入門陶笛一學就會！教學簡單易懂，內容紮實詳盡，隨書附影音教學示範，學習樂器完全無壓力快速上手！

豎笛完全入門24課 Complete Learn To Play Clarinet Manual
林姿均 編著 定價400元 附影音教學 QR Code
由淺入深、循序漸進地學習豎笛。詳細的圖文解說、影音示範吹奏要點。精選多首耳熟能詳的民謠及流行歌曲。

長笛完全入門24課 Complete Learn To Play Flute Manual
洪敬婷 編著 定價400元 附影音教學 QR Code
由淺入深、循序漸進地學習長笛。詳細的圖文解說、影音示範吹奏要點。精選多首耳影劇配樂、古典名曲。

音樂製作系列

專業音響實務秘笈 Professional Audio Essentials
陳榮貴 編著 定價500元
華人第一本中文專業音響的學習書籍。作者以實際使用與銷售專業音響器材的經驗，融匯專業音響知識，以最淺顯易懂的文字和圖片來解釋專業音響知識。內容包括混音機、麥克風、喇叭、效果器、等化器、系統設計...等等的專業知識及相關理論。

專業音響X檔案
陳榮貴 編著 定價500元
專業影音技術詞彙、術語中文解譯。專業音響、影視廣播，成音工作者必備工具書。A To Z 按字母順序查詢，圖文並茂簡單而快速。音樂人人手必備工具書！

錄音室的設計與裝修
劉連 編著 定價680元
室內隔音設計寶典，錄音室、個人工作室裝修實例。琴房、樂團練習室、音響視聽室隔音要訣。全球知名錄音室設計典範。

DJ唱盤入門實務 The DJ Starter Handbook
楊立欽 編著 定價500元 附影音教學 QR Code
從零開始，輕鬆入門－認識器材、基本動作與知識。演奏唱盤；掌控節奏－Scratch刷碟技巧與Flow、Beat Juggling；創造律動，玩轉唱盤－抓拍與丟拍、提升耳朵判斷力、Remix。

爵士鼓系列

爵士鼓完全入門24課 Complete Learn To Play Drum Sets Manual
方翊瑋 編著 定價400元
爵士鼓入門教材，教學內容由深入淺、循序漸進。掃描書中QR Code即可線上觀看教學示範。詳盡的教學內容，學習樂器完全無壓力快速上手！

邁向職業鼓手之路 Be A Pro Drummer Step By Step
姜永正 編著 定價500元 *CD*
姜永正老師精心著作，完整教學解析、譜例練習及詳細單元練習。內容包括：鼓棒練習、揮棒法、8分及16分音符基礎練習、切分拍練習...等詳細教學內容，是成為職業鼓手必備之專業書籍。

爵士鼓技法破解 Decoding The Drum Technic
丁麟 編著 定價800元 *CD+VCD*
爵士DVD互動式影像教學光碟，多角度同步樂譜自由切換，技法招術完全破解。完整鼓譜教學譜例，提昇視譜功力。

最適合華人學習的Swing 400招
許厥恆 編著 定價500元 *DVD*
從「不懂JAZZ」到「完全即興」，鉅細靡遺講解。Standand清單500首，40種手法心得，職業視譜技能…秘笈化資料，初學者保證學得會！進階者的一本爵士通。

新書系列

二胡入門三部曲 By 3 Step To Playing Erhu
黃子銘 編著　定價400元 附影音教學 QR Code
教學方式創新，由G調第二把位入門。簡化基礎練習，針對重點反覆練習。課程循序漸進，按部就班輕鬆學習。收錄63首經典民謠、國台語流行歌曲。精心編排，最佳閱讀舒適度。

薩克斯風完全入門24課 Complete Learn To Play Saxophone
鄭瑞賢 編著　定價500元 附影音教學 QR Code
薩克斯風從零起步，循序漸進的學習，採簡譜、五線譜對照練習，且樂譜字體再放大，視譜學習更輕鬆，內附Alto、Tenor雙調性伴奏音樂。

中音薩克斯風經典動漫曲集 Best Animation Songs for Alto Saxophone
麥書文化編輯部 編著　定價400元 附影音教學 QR Code
精選14首經典動漫主題音樂，固定調、首調雙樂譜，全書曲目提供高音質配景音樂伴奏。內附中音薩克斯風全音域指法圖，另附20首每日練習。

童謠100首
麥書文化編輯部 編著　定價400元 附歌曲伴奏 QR Code
收錄102首耳熟能詳的兒歌童謠，全書彩色印刷、精心編輯排版。適用於親子閱讀、帶動唱、樂器演奏學習等方面，樂譜採「五線譜+簡譜+歌詞+和弦」，適用多種樂器彈奏樂曲。掃描QRCode，立即聆聽歌曲伴奏音樂。

烏克麗麗系列

烏克麗麗完全入門24課 Complete Learn To Play Ukulele Manual
陳建廷 編著　定價360元 附影音教學 QR Code
烏克麗麗輕鬆入門一學就會，教學簡單易懂，內容紮實詳盡，隨書附贈影音教學示範，學習樂器完全無壓力快速上手！

快樂四弦琴(1)(2) Happy Uke
潘尚文 編著　定價320元
(1) 附示範音樂下載QR code
(2) 附影音教學QR code
夏威夷烏克麗麗彈奏法標準教材。(1)適合兒童學習，徹底學「搖擺、切分、三連音」三要素。(2)適合已具基礎及進階愛好者，徹底學習各種常用進階手法，熟習使用全把位概念彈奏烏克麗麗。

烏克城堡1 Ukulele Castle
龍映育 編著　定價320元 DVD
從建立節奏威和音到認識音符、音階和旋律，每一課都用心規劃歌曲、故事和遊戲。附有教學MP3檔案，突破以往制式的伴唱方式，結合烏克麗麗與木箱鼓，加上大提琴跟鋼琴伴奏，讓老師進行教學、說故事和帶唱遊活動時更加多變化！

烏克麗麗民歌精選 Ukulele Folk Song Collection
張國霖 編著　每本定價400元
精彩收錄70-80年代經典民歌99首。全書以C大調採譜，彈奏簡單好上手！譜面閱讀清晰舒適，精心編排減少翻閱次數。附常用和弦表、各調音階指板圖、常用節奏&指法。

烏克麗麗名曲30選 30 Ukulele Solo Collection
盧家宏 編著　定價360元 DVD+MP3
專為烏克麗麗獨奏而設計的演奏套譜，精心收錄30首名曲，隨書附演奏DVD+MP3。

I PLAY－MY SONGBOOK音樂手冊 I PLAY－MY SONGBOOK
潘尚文 編著　定價360元
收錄102首中文經典及流行歌曲之樂譜，保有原曲風格、簡譜完整呈現，各項樂器演奏皆可。

烏克麗麗指彈獨奏完整教程 The Complete Ukulele Solo Tutorial
劉宗立 編著　定價360元 DVD
詳述基本樂理知識、102個常用技巧，配合高清影片示範教學，輕鬆易學。

烏克麗麗大教本 Ukulele Complete textbook
龍映育 編著　定價400元 DVD+MP3
有系統的講解樂理觀念，培養編曲能力，由淺入深地練習指彈技巧，基礎的指法練習、對拍彈唱、視譜訓練。

烏克麗麗彈唱寶典 Ukulele Playing Collection
劉宗立 編著　定價400元
55首熱門彈唱曲譜精心編配，包含完整前奏間奏，還原Ukulele最純正的編曲和演奏技巧。詳細的樂理知識解說，清楚的演奏技法教學及示範影音。

電吉他系列

爵士吉他完全入門24課 Complete Learn To Play Jazz Guitar Manual
劉旭明 編著　定價360元 DVD+MP3
爵士吉他速成教材，24週養成基本爵士彈奏能力，隨書附影音教學示範DVD。

電吉他完全入門24課 Complete Learn To Play Electric Guitar Manual
劉旭明 編著　定價400元 附影音教學 QR Code
電吉他輕鬆入門，教學內容紮實詳盡，掃描書中QR Code即可線上觀看教學示範。

主奏吉他大師 Masters of Rock Guitar
Peter Fischer 編著　定價360元 CD
書中講解大師必備的吉他演奏技巧，描述不同時期各個頂級大師演奏的風格與特點，列舉大量精彩作品，進行剖析。

節奏吉他大師 Masters of Rhythm Guitar
Joachim Vogel 編著　定價360元 CD
來自頂尖大師的200多個不同風格的演奏Groove，多種不同吉他的節奏理念和技巧，附CD。

搖滾吉他秘訣 Rock Guitar Secrets
Peter Fischer 編著　定價360元 CD
書中講解蜘蛛爬行手指熱身練習，搖桿俯衝轟炸、即興創作、各種調式音階、神奇音階、雙手點指等技巧教學。

前衛吉他 Advance Philharmonic
劉旭明 編著　定價600元 2CD
從基礎電吉他技巧到各種音樂觀念、型態的應用。最扎實的樂理觀念、最實用的技巧、音階、和弦、節奏、調式訓練，吉他技術完全自學。

現代吉他系統教程Level 1～4 Modern Guitar Method Level 1~4
劉旭明 編著　每本定價500元 2CD
第一套針對現代音樂的吉他教學系統，完整音樂訓練課程，不必出國就可體驗美國MI 的教學系統。

調琴聖手 Guitar Sound Effects
陳慶民、華育棠 編著　定價400元 附示範音樂 QR Code
最完整的吉他效果器調校大全。各類吉他及擴大機特色介紹、各類型效果器完整剖析、單踏板效果器串接實戰運用。內附示範演奏音樂連結，掃描QR Code。

電貝士系列

電貝士完全入門24課 Complete Learn To Play E.Bass Manual
范漢威 編著　定價360元 DVD+MP3
電貝士入門教材，教學內容由深入淺、循序漸進，隨書附影音教學示範DVD。

The Groove The Groove
Stuart Hamm 編著　定價800元 教學DVD
本世紀最偉大的Bass宗師「史都翰」電貝斯教學DVD，多機數位影音、全中文字幕。收錄5首「史都翰」精采Live演奏及完整貝斯四線套譜。

放克貝士彈奏法 Funk Bass
范漢威 編著　定價360元 CD
最貼近實際音樂的練習材料，最健全的系統學習與流程方法。30組全方位完正訓練課程，超高效率提升彈奏能力與音樂認知，內附音樂學習光碟。

搖滾貝士 Rock Bass
Jacky Reznicek 編著　定價360元 CD
電貝士的各式技巧解說及各式曲風教學。CD內含超過150首關於搖滾、藍調、靈魂樂、放克、雷鬼、拉丁和爵士的練習曲和基本律動。

www.musicmusic.com.tw

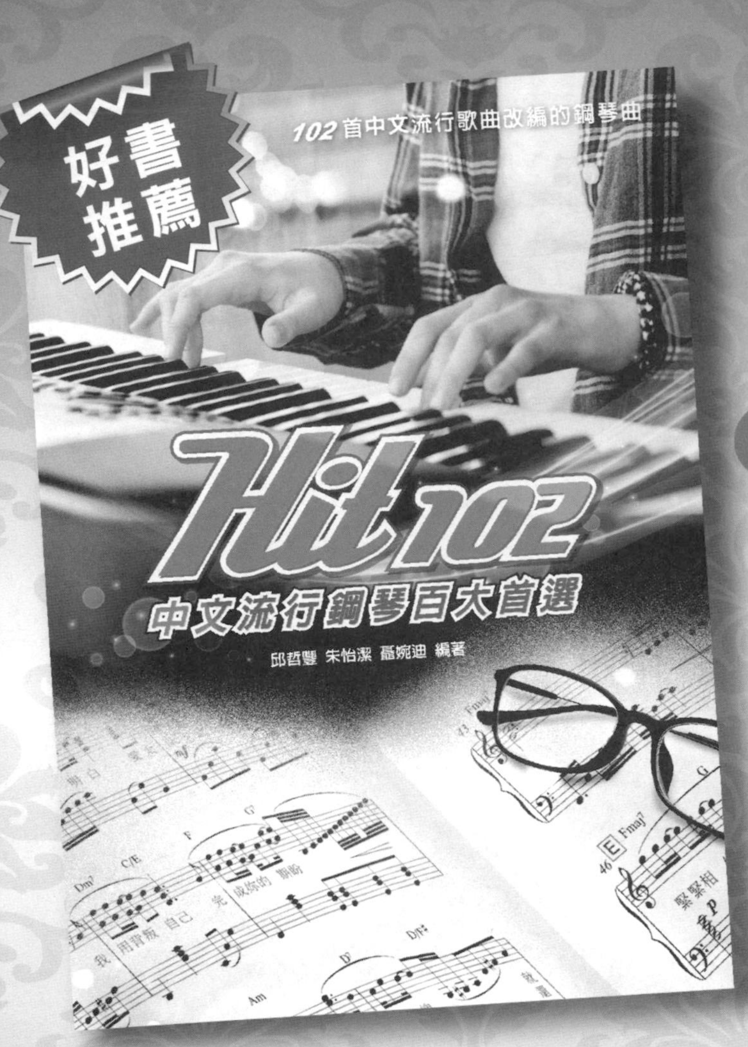

Hit 102 中文流行鋼琴百大首選

五線譜版
簡譜版

邱哲豐 朱怡潔 聶婉迪 編著 / 售價 480 元

- 本書收錄近十年中最經典、最多人傳唱之中文流行曲共 102 首。
- 鋼琴左右手完整總譜，每首歌曲均標註完整歌詞、原曲速度與和弦名稱。
- 原版、原曲採譜，經適度改編，程度難易適中。
- 善用音樂反覆記號編寫，每首歌曲翻頁降至最少。

Hit 101 鋼琴百大首選系列

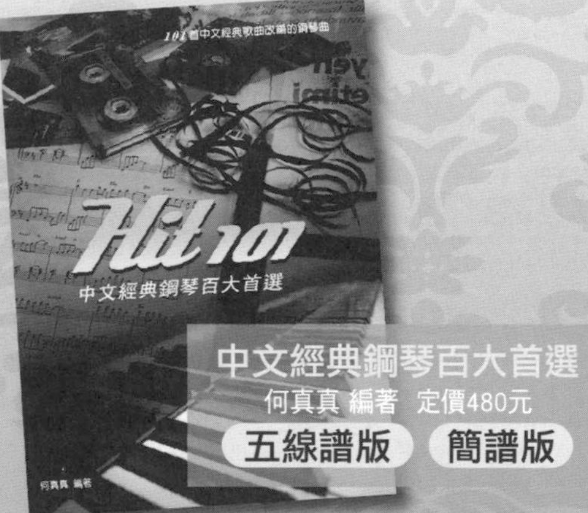

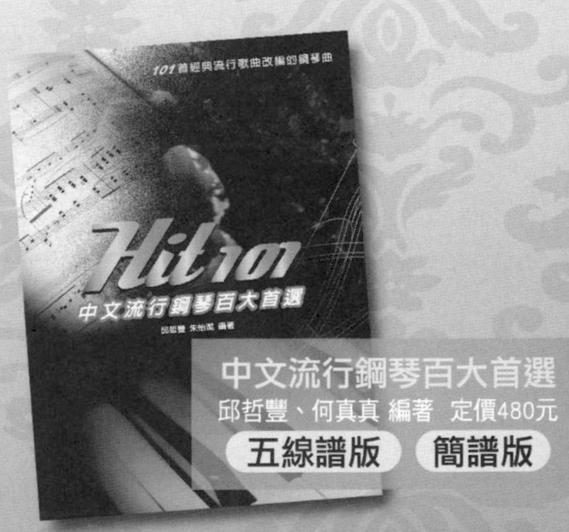

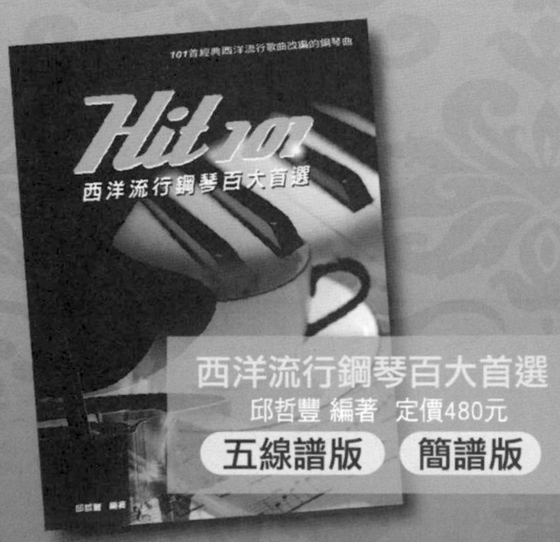

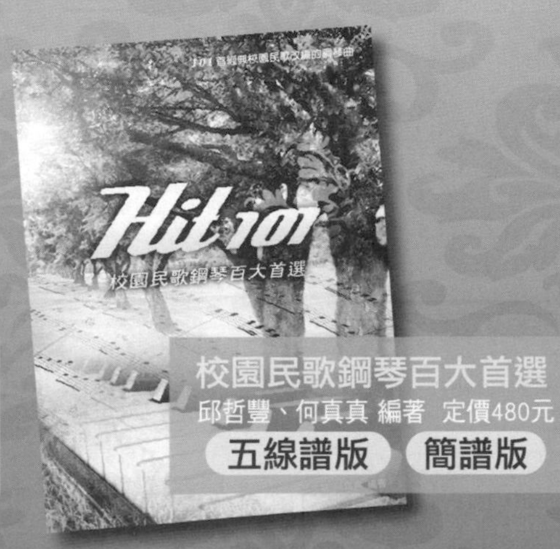

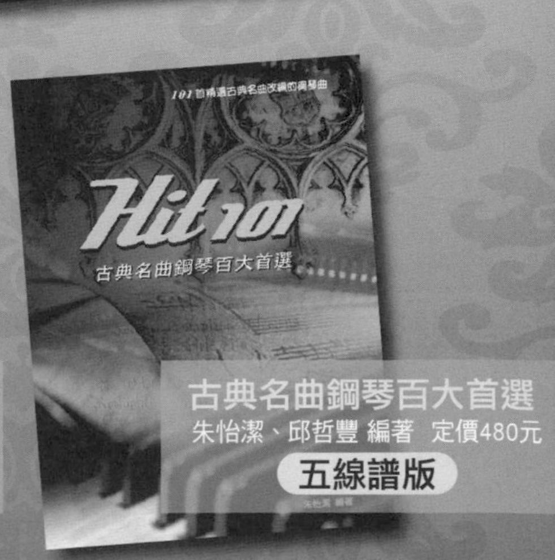

麥書國際文化事業有限公司 http://www.musicmusic.com.tw

全省書店、樂器行均售．洽詢專線：（02）2363-6166

Ten Secrets of Playing The Pop Piano

流行鋼琴的彈奏奧秘

邱哲豐 編著

10大章節 流行鋼琴編曲實務

教學、自學 進階輔助教材

▶本書深入探討

和弦基礎｜變化和弦｜和聲重組｜分解和弦｜黃金樂句

填音技巧｜節奏型態｜代理和弦｜藍調音樂｜常用移調

流行鋼琴的彈奏奧秘

流行鋼琴 ✖ 理論解析 ✖ 實務運用

引領音樂學習者一探流行鋼琴的奧秘，鋼琴老師不可或缺的教學工具書！

定價:280元

流行鋼琴自學秘笈

最完整的基礎鋼琴學習教本，內容豐富多元，收錄多首流行歌曲鋼琴套譜。

定價:400元

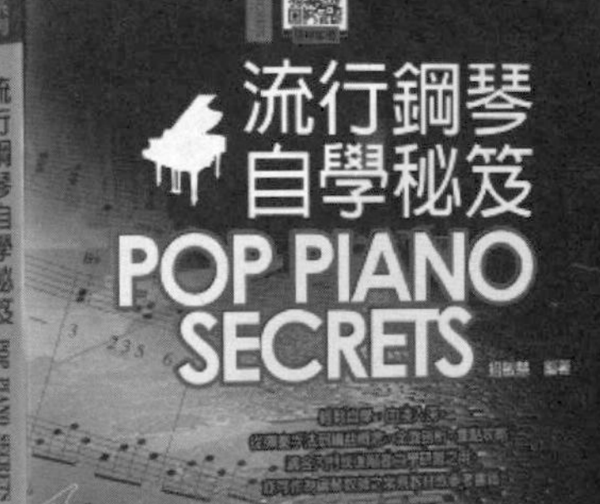

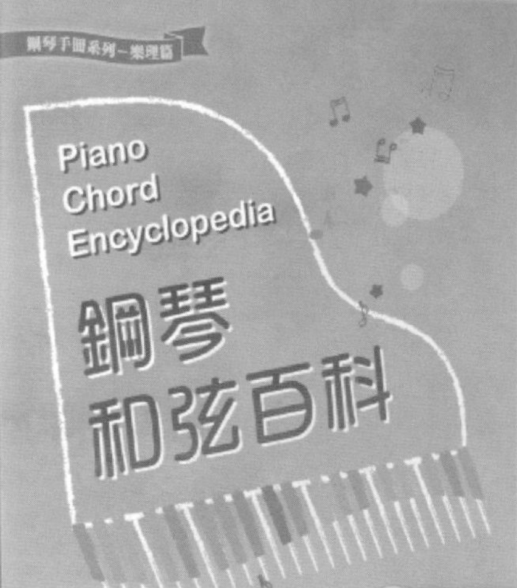

鋼琴和弦百科

漸進式了解各式和弦，
並以簡單明瞭和弦方程式，
讓你了解各式和弦的組合方式，
每個單元都有配合的應用練習題，
讓你加深記憶、舉一反三。

定價:200元

Playtime 陪伴鋼琴系列

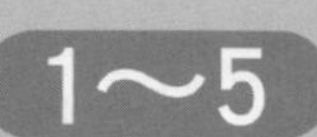

拜爾鋼琴教本

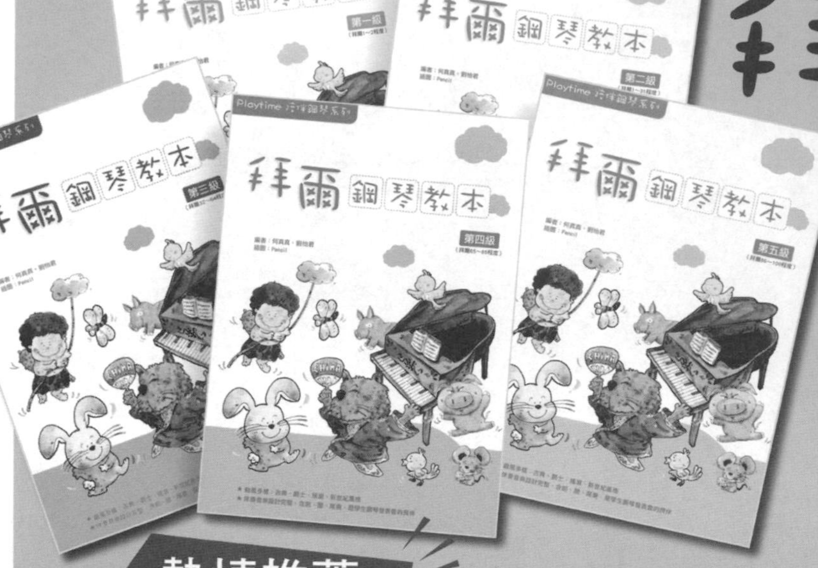

- 本書教導初學者如何正確地學習並演奏鋼琴。
- 從最基本的演奏姿勢談起，循序漸進地引導讀者奠定穩固紮實的鋼琴基礎。
- 加註樂理及學習指南，讓學習者更清楚掌握學習要點。
- 全彩印刷，精美插畫，增進學生學習興趣。

· 拜爾鋼琴教本（一）～（五）
特菊8開 / 附DVD / 定價每本250元

熱情推薦

· 拜爾併用曲集（一）～（二）特菊8開 / 附CD / 定價每本200元
· 拜爾併用曲集（三）～（五）特菊8開 / 雙CD / 定價每本250元

拜爾 1～5 併用曲集

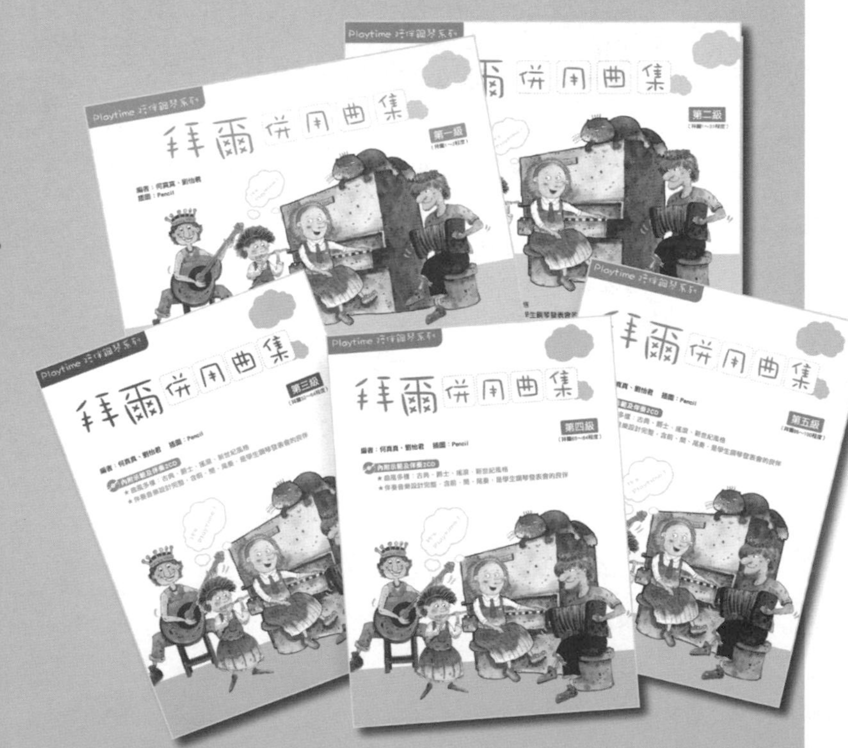

- 本套書藉為配合拜爾及其他教本所發展出之併用教材。
- 每一首曲子皆附優美好聽的伴奏卡拉。
- CD 之音樂風格多樣，古典、爵士、音樂視野。
- 每首 CD 曲子皆有前奏、間奏與尾奏，設計完整，是學生鋼琴發表會的良伴。

何真真、劉怡君 編著

憑本書劃撥單購買
「拜爾鋼琴教本」或「拜爾併用曲集」

全套優惠價 1000元（免郵資）

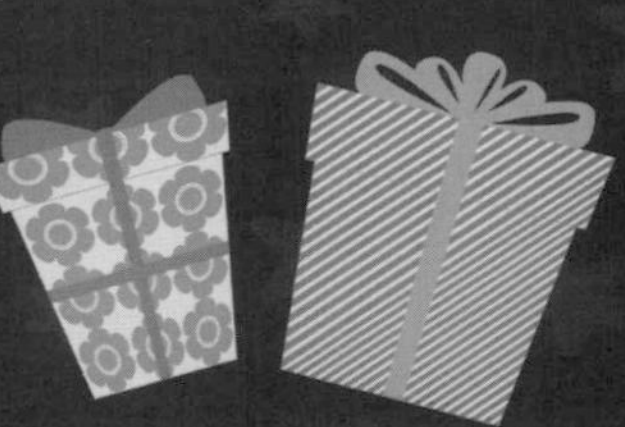

交響情人夢

のだめカンタービレ

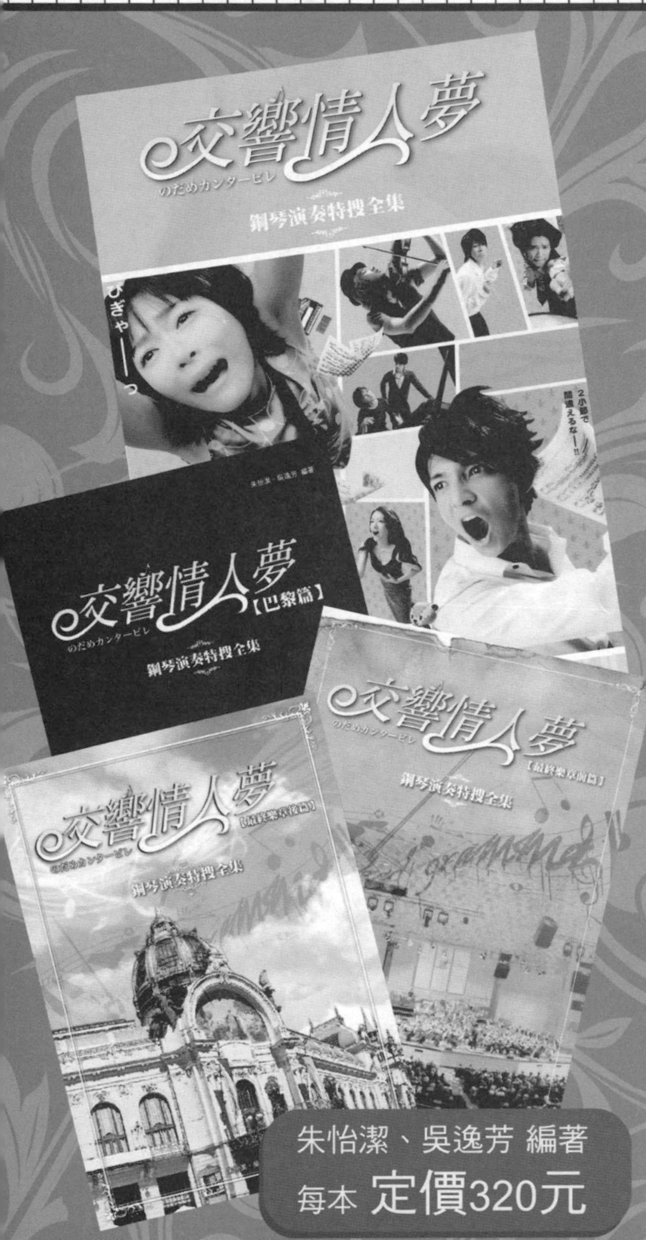

朱怡潔、吳逸芳 編著

每本 定價320元

劇「交響情人夢」、「交響情人夢－巴黎篇」、交響情人夢－最終樂章前篇」、「交響情人夢－終樂章後篇」，經典古典曲目完整一次收錄，內巴哈、貝多芬、林姆斯基、莫札特、舒柏特、柴夫斯基…等古典大師著名作品。適度改編，難易中，喜愛古典音樂琴友絕對不可錯過。

全系列4本

1000元

【免郵資】

郵政劃撥儲金存款單

帳號 1 7 6 9 4 7 1 3

金額 新台幣（小寫） 仟 佰 拾 萬 仟 佰 拾 元

戶名 麥書國際文化事業有限公司

寄款人

姓名

通訊處 □□□－□□

電話

經辦局收款戳

通訊欄（限與本次存款有關事項）

鋼琴動畫館【日本動漫】訂購單

□「拜爾鋼琴教本」全套優惠1000元

□「拜爾併用曲集」全套優惠1000元

□「交響情人夢鋼琴演奏特搜全集」全系列4本1000元

小計＿＿＿元

贈送音樂飾品1件

＊書籍未滿1000元，酌收郵資80元

總金額＿＿＿元

虛線內備供機器印錄用請勿填寫

郵政劃撥儲金存款收據

◎寄款人請注意背面說明

◎本收據由電腦印錄請勿填寫

收款帳號戶名

存款金額

電腦記錄

經辦局收款戳

樂享音樂趣

憑本書**劃撥單**購買任一書籍

可享**9**折優惠，滿千免運

另加贈**音樂飾品**1件

（數量有限，送完為止）

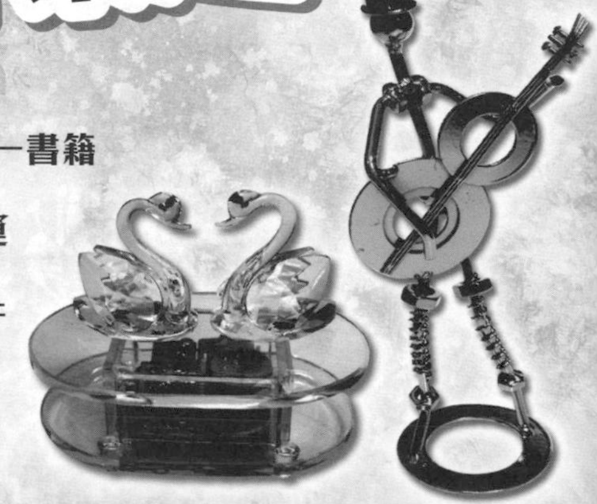

※套書優惠價恕不配合此9折優惠。

※公司保有活動變更之權利。

郵政劃撥存款收據 注意事項

一、本收據請詳加核對並妥為保管，以便日後查考。

二、如欲查詢存款入帳詳情時，請檢附本收據及已填妥之查詢函向各連線郵局辦理。

三、本收據各項金額、數字係機器印製，如非機器列印或經塗改或無收款郵局收訖章者無效。

請寄款人注意

一、帳號、戶名及寄款人姓名通訊處各欄請詳細填明，以免誤寄；抵付票據之存款，務請於交換前一天存入。

二、每筆存款至少須在新台幣十五元以上，且限填至元位為止。

三、倘金額塗改時請更換存款單重新填寫。

四、本存款單不得黏貼或附寄任何文件。

五、本存款金額業經電腦登帳後，不得申請撤回。

六、本存款單備供電腦影像處理，請以正楷工整書寫並請勿摺疊。帳戶如需自印存款單，各欄文字及規格必須與本單完全相符；如有不符，各局應婉請寄款人更換郵局印製之存款單填寫，以利處理。

七、本存款單帳號及金額欄請以阿拉伯數字書寫。

八、帳戶本人在「付款局」所在直轄市或縣（市）以外之行政區域存款，需由帳戶內扣收手續費。

交易代號：0501、0502現金存款　0503票據存款　2212劃撥票據託收

本聯由儲匯處存查　保管五年

麥書文化・全新官網
線上購書方便又快速
付款方式｜ATM轉帳、線上刷卡、Line Pay
立即前往

www.musicmusic.com.tw

PIANO POWER PLAY SERIES ANIMATION • 鋼琴動畫館

鋼琴動畫館 日本動漫

鋼琴動畫館 西洋動畫

鋼琴動畫館2 日本動漫

鋼琴動畫館3 日本動漫

ドキ

ドキ

好評發售中

鋼琴動畫館

PIANO POWER PLAY SERIES ANIMATION 1·2·3

每本定價：360元

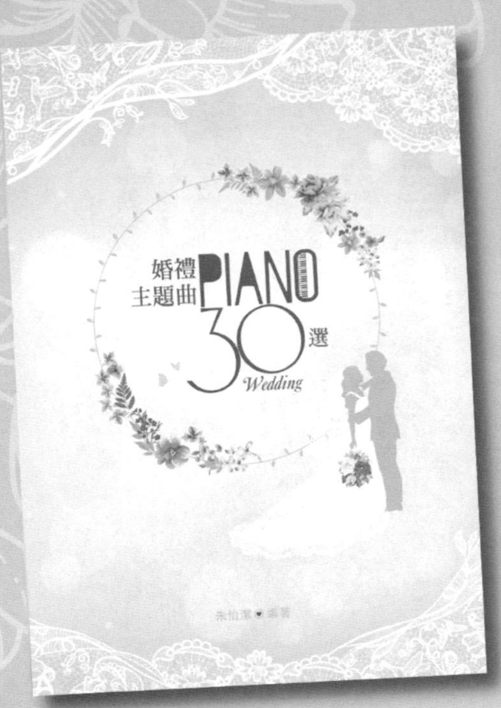

婚禮主題曲PIANO 30選 Wedding

五線譜版

Comme au premier jour、三吋日光、Everything、聖母頌、愛之喜、愛的禮讚、Now, on Land and Sea Descending、威風凜凜進行曲、輪旋曲、愛這首歌、Someday My Prince Will Come、等愛的女人、席巴女王的進場、My Destiny、婚禮合唱、D大調卡農、人海中遇見你、終生美麗、So Close、今天你要嫁給我、Theme from Love Affair、Love Theme from While You Were Sleeping、因為愛情、時間都去哪兒了、The Prayer、You Raise Me Up、婚禮進行曲、Jalousie、You Are My Everything

朱怡潔 編著 定價：320元

經典電影主題曲PIANO 30選 Movie

五線譜版 簡譜版

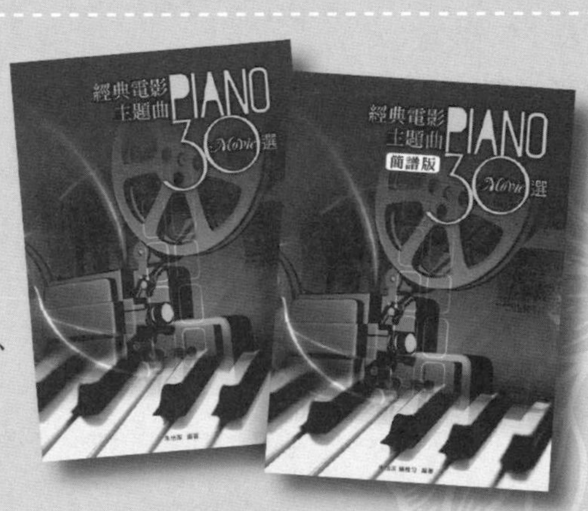

1895、B.J.單身日記、不可能的任務、不能說的秘密、北非諜影、在世界的中心呼喊愛、色・戒、辛德勒的名單、臥虎藏龍、金枝玉葉、阿凡達、阿甘正傳、哈利波特、珍珠港、美麗人生、英倫情人、修女也瘋狂、海上鋼琴師、真善美、神話、納尼亞傳奇、送行者、崖上的波妞、教父、清秀佳人、淚光閃閃、新天堂樂園、新娘百分百、戰地琴人、魔戒三部曲

朱怡潔 編著 每本定價：**320元**

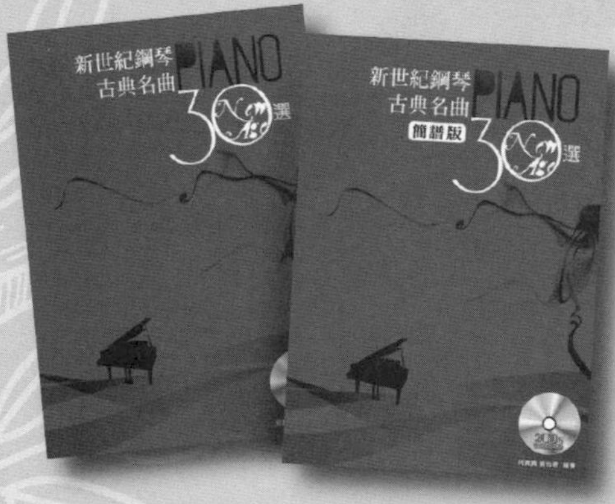

新世紀鋼琴古典名曲 30選 New Age

五線譜版 簡譜版

G弦之歌、郭德堡變奏曲舒情調、郭德堡變奏曲第1號、郭德堡變奏曲第3號、降E大調夜曲、公主徹夜未眠、我親愛的爸爸、愛之夢、吉諾佩第1號、吉諾佩第2號、韃靼舞曲、阿德麗塔、紀念冊、柯貝利亞之圓舞曲、即興曲、慢板、西西里舞曲、天鵝、鄉村騎士間奏曲、卡門間奏曲、西西里舞曲、卡門二重唱、女人皆如此、孔雀之舞、死公主之孔雀舞、第一號匈牙利舞曲、帕格尼尼主題狂想曲、天鵝湖、Am小調圓舞曲

何真真 劉怡君 著 每本定價**360元** 內附有聲**2CDs**

新世紀鋼琴台灣民謠 30選 New Age

五線譜版 簡譜版

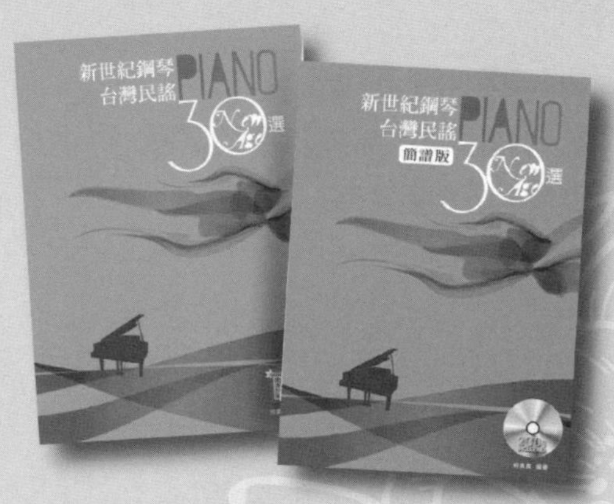

一隻鳥仔哮啾啾、五更鼓、卜卦調、貧彈仙、病子歌、乞食調、走路調、都馬調、西北雨、勸世歌、思想起、採茶歌、天黑黑、青蚵嫂、六月茉莉、農村酒歌、牛犁歌、草螟弄雞公、丟丟銅仔、桃花過渡、舊情綿綿、望春風、雨夜花、安平追想曲、白牡丹、補破網、河邊春夢、燒肉粽、思慕的人、四季紅

何真真 著 每本定價**360元**

五線譜版附演奏示範**QR Code**、簡譜版附有聲**2CDs**

麥書國際文化事業有限公司 http://www.musicmusic.com.tw
全省書店、樂器行均售 · 洽詢專線：（02）2363-6166

PIANO POWER PLAY SERIES ANIMATION

鋼琴★動畫館

【日本動漫】

編著 / 朱怡潔
封面設計 / 劉珊珊
美術設計 / 劉珊珊、沈育姍
電腦製譜 / 朱怡潔
譜面輸出 / 李國華
譜面校對 / 朱怡潔
演奏 / 朱怡潔
混音後製 / 陳韋達
錄音 / Vision Quest Media Studio
封面、內頁插畫 / 「進」設計工作室
日文歌詞編譯 / 朱俊維

發行 / 麥書國際文化事業有限公司
Vision Quest Publishing International Co., Ltd
地址 / 10647 台北市羅斯福路三段325號4F-2
4F.-2, No.325, Sec. 3, Roosevelt Rd.,
Da'an Dist., Taipei City 106, Taiwan (R.O.C.)
電話 / 886-2-23636166，886-2-23659859
傳真 / 886-2-23627353

郵政劃撥 / 17694713
戶名 / 麥書國際文化事業有限公司
http://www.musicmusic.com.tw
E-mail:vision.quest@msa.hinet.net

民國108年4月 五版
本書如有破損、缺頁請寄回更換
版權所有、翻印必究